中国工资制度改革研究

于东阳◎著

Research on the reform of
China's wage system

REFORM OF CHINA'S
WAGE SYSTEM

经济管理出版社
ECONOMY & MANAGEMENT PUBLISHING HOUSE

图书在版编目（CIP）数据

中国工资制度改革研究/于东阳著 . —北京：经济管理出版社，2022. 12
ISBN 978-7-5096-8883-0

Ⅰ.①中… Ⅱ.①于… Ⅲ.①工资制度—研究—中国 Ⅳ.①F249. 24

中国版本图书馆 CIP 数据核字（2022）第 250078 号

组稿编辑：张广花
责任编辑：张广花
责任印制：黄章平
责任校对：张晓燕

出版发行：经济管理出版社
　　　　　（北京市海淀区北蜂窝 8 号中雅大厦 A 座 11 层　100038）
网　　址：www. E-mp. com. cn
电　　话：(010) 51915602
印　　刷：唐山玺诚印务有限公司
经　　销：新华书店
开　　本：720mm×1000mm/16
印　　张：16. 25
字　　数：213 千字
版　　次：2022 年 12 月第 1 版　　2022 年 12 月第 1 次印刷
书　　号：ISBN 978-7-5096-8883-0
定　　价：88. 00 元

前　言

改革开放 40 多年来，我国经济体制发生了历史性的转变，从高度集中的计划经济体制转为社会主义市场经济体制，工资制度也从计划经济体制下单一的等级工资制度逐渐向适应社会主义市场经济体制的多元化工资制度转变。本书从经济史学视角，以马克思主义理论为指导，在厘清工资相关概念及工资决定理论的基础上，尝试对改革开放以来的我国工资制度进行专题研究。本书以三次工资改革（1985 年、1993 年、2006 年）为主线，以行政机关、事业单位和企业为横切面，从工资制度和工资水平两个方面梳理改革开放以来我国工资制度的变化过程，试图探究各个历史阶段工资制度和工资水平的状况与特点，探讨中国工资制度和工资水平发展演变的历史规律，为今后制定政策提供经验借鉴。

第一阶段是市场经济转轨初期的工资制度改革（1979～1991 年）。1979～1991 年是中国社会经济发展历程中相对完整的一个历史阶段，传统的计划经济体制慢慢向市场经济体制转轨，资源配置的方式也发生了变化，所有制结构也由单一的公有制向多元化转变。党的十一届三中全会以后，随着经济体制改革的不断深入，多种经济成分与多种经营方式出现并发展，工资分配形式出现了多样化。1985 年，我国在全国范围内进行了第二次工资制度改革，首先在行政机关和事业单位实行了以职务工资为主的结构工资制度，要求把工作人员的工资同他们的工作职务和承担的责任结合起来。同时，行政机关、事业单位的工资制度和国有企业的工资制度相分离。国有企业开始实行工资总额同经济效益挂钩办法，进行分级管理，企业可以根据自己的经营范围和实际需要决定本单位的工资制度、工资发放形式以及工资分配方法，从而调动了职工工作的积极性。在非国有部门，劳动力市场供求状况影响着工资制度的形成，市场化的工资决定机制初见端倪。

第二阶段是建立社会主义市场经济体制时期的工资制度改革（1992～2001年）。党的十四届三中全会明确提出建立社会主义市场经济体制，与此相适应，1993 年开始进行工资制度改革。对国有企业职工进行了岗位技能工资制改革，对国有企业高层管理者（以下简称高管）进行了年薪制的初步尝试，工资管理从直接管制向间接调控转变。同时，行政机关与事业单位工资制度相分离，二者分别实行不同的工资制度。行政机关实行以职务级别为主要内容的结构工资制，事业单位根据不同的工作特点实行专业技术职务等级工资制，专业技术职务岗位工资制，艺术结构工资制，体育津贴、奖金制，行员等级工资制。

第三阶段是完善社会主义市场经济体制时期的工资制度改革（2002 年至今）。2002 年 11 月，党的十六大提出要坚持改革开放，不断完善社会主义市场经济体制。之后，我国个人收入分配理念由社会主义市场经济体制建立之初的"效率优先、兼顾公平"逐步向完善社会主义市场经济体制时期的"效率与公平并重"且更强调公平转变。国有企业进行了岗位绩效工资制度改革，更加注重劳动结果，国有企业高管年薪制也进一步确立和完善。2006 年，行政机关、事业单位也进行了符合各自特点的工资制度改革。行政机关基本工资构成由现行职务工资、级别工资、基础工资、工龄工资四项调整为职务工资和级别工资两项，取消基础工资和工龄工资；完善津贴补贴制度；建立工资水平正常增长机制。事业单位实行岗位绩效工资制度，并根据事业单位功能、职责和资源配置等不同情况实行工资分类管理。

1978~2016年，我国工资水平总体上保持高速增长（见正文中表6-1），全国城镇单位就业人员平均工资由1978年的615元上涨到2016年的67569元，2016年约是1978年的109.87倍，扣除物价因素后，实际平均工资年均增长7.41%，呈现出低速大波动、高速小波动和中速小波动的阶段性特征。1978~1997年，城镇单位就业人员平均工资年均增长4.29%，增速较低，但波动幅度较大；1998~2009年，城镇单位就业人员平均工资年均增长12.96%，增速较高，同时波动幅度较小；2010~2016年，城镇单位就业人员平均工资年均增长8.15%，增速放缓，波动幅度也较小。完善社会主义市场经济体制以来，国家注重收入分配调节，工资增长不再大起大落，而且实际平均工资增速与GDP增速趋于同步。

工资水平在快速增长的同时，不同行业、不同类型以及不同地区之间的工资差距也逐渐扩大，并引发了新的收入分配不公平问题。进入完善社会主义市场经济时期，在"效率与公平并重"的理念下，国家采取"提低、控高、扩中"等各类措施，不断缩小工资收入差距。

中国工资制度改革遵循经济体制改革的整体步骤与逻辑，具有明显的渐进式和"双轨"特征；个人收入分配理念从"效率优先、兼顾公平"转变为"效率与公平并重"；国有企业工资增长原则从"两低于"转变为"两同步"；劳动力市场逐步发展完善；工资制度由注重资历向注重能力再向注重结果转变，激励作用明显加强。今后，我们要建立以市场化为改革方向的工资决定机制，同时加强国家宏观调控，并逐步建立长效的工资增长机制。

目　录

第一章 绪论

第一节 研究背景和意义

1978 年底，党的十一届三中全会召开，我国开始了改革开放的伟大征程，经济体制发生了历史性的转变，从以往高度集中的计划经济体制转为市场经济体制。工资制度也从计划经济体制下单一的等级工资制逐渐向适应社会主义市场经济体制的多元化工资制度转变，工资水平打破了平均主义，实现快速增长，人民生活水平得到了极大提高。与此同时，中国的收入分配制度改革正处在攻坚阶段，还存在居民收入在国民收入中的比重下降，劳动报酬在初次分配中的比重下降，城乡之间、地区之间、行业之间、高管与普通劳动者之间、劳务派遣员工与正式员工之间工资收入差距扩大等问题。这些不合理状况已成为制约经济发展方式转变和社会和谐稳定的突出因素。工资是劳动收入的主要构成部分，是家庭收入的主要来源，在工业化和后工业化的国家，已占到国民收入的 60%~70%。① 它直接关系到劳动者、单位（企业）和国家三方利益的分配以及劳动者工作积极性的调动，较低的工资水平制约着居民消费，不利于扩大内需、促进经济增长和社会和谐稳定。

2018 年 3 月 28 日，中央全面深化改革委员会第一次会议审议通过了《关于改革国有企业工资决定机制的意见》，为今后的工资改革工作指明了方向。本书通过对改革开放以来我国工资制度和工资水平进行专题研究，以期在理论上厘清工资发展的历史脉络，进而为构建现代科学的工资体制框架提供决策依据；对完善我国的工资制度、优化收入分配结构、缓解劳资矛盾、进一步促进经济社会发展、实现发展成果由人民共享等具有重要的现实意义。

第二节　主要研究内容、基本观点、研究思路、研究方法

一、主要研究内容

本书从七个部分展开研究：

第一部分为绪论。介绍了本书的研究背景、研究内容、创新与不足等。

第二部分为工资理论和研究成果综述。首先，从工资的相关概念入手，厘清工资、劳动报酬、薪酬、收入等相关概念；其次，系统回顾不同历史时期的经济学家关于工资决定的理论，并在此基础上提出市场化工资决定机制的框架；最后，梳理总结目前学术界关于工资制度、工资水平、工资决定机制方面

---

① 曾湘泉：《劳动经济学》，复旦大学出版社 2012 年版。

的研究成果。

第三部分为市场经济转轨初期的工资制度改革（1979~1991年）。党的十一届三中全会以后，随着经济体制改革的不断深入，多种经济成分与多种经营方式的出现和发展使工资分配形式呈现多样化。1985年在全国范围内进行了第二次工资制度改革，首先在行政机关和事业单位实行了以职务工资为主的结构工资制度，要求把工作人员的工资同他们的工作职务和承担的责任结合起来。同时，行政机关、事业单位的工资制度与国有企业的工资制度相分离。国有企业开始实行工资总额同经济效益挂钩方法，进行分级管理，企业可以根据自己的经营范围和实际需要决定本单位的工资制度、工资发放形式和工资分配方法，把市场机制逐步引入企业的分配领域，从而调动了职工工作的积极性。在非国有部门，劳动力市场供求状况影响着工资制度的形成，市场化的工资决定机制初见端倪。

第四部分为建立社会主义市场经济体制时期的工资制度改革（1992~2001年）。党的十四届三中全会通过了《中共中央关于建立社会主义市场经济体制若干问题的决定》，明确提出建立社会主义市场经济体制，与此相适应，1993年开始进行工资制度改革。对国有企业职工进行了岗位技能工资制改革，对国有企业高管进行了年薪制的初步尝试，工资管理从直接管制向间接调控转变。同时，行政机关与事业单位工资制度相分离，二者分别实行不同的工资制度。行政机关实行以职务级别为主要内容的结构工资制，事业单位根据不同的工作特点实行专业技术职务等级工资制，专业技术职务岗位工资制，艺术结构工资制，体育津贴、奖金制，行员等级工资制。

第五部分为完善社会主义市场经济体制时期的工资制度改革（2002年至今）。2002年11月，党的十六大提出了完善社会主义市场经济体制的改革目标，此后，国有企业进行了岗位绩效工资制度改革，更加注重劳动结果，国有企业高管年薪制得到进一步确立和完善；2006年，行政机关、事业单位也进行了符合各自特点的工资制度改革。行政机关基本工资构成由现行职务工资、级别工资、基础工资、工龄工资四项调整为职务工资和级别工资两项，取消基础工资和工龄工资；完善津贴补贴制度；建立工资水平正常增长机制。事业单位实行岗位绩效工资制度，并根据事业单位功能、职责和资源配置等不同情况实行工资分类管理。

第六部分为工资水平的演变（1979～2016年）。一是纵向比较，通过工资水平与经济增长、物价的变化考察了国内工资水平的变化。二是横向比较，考察了不同经济类型、不同行业、不同地区工资水平的变化。三是考察了农民工工资的增长趋势。

第七部分为结论和启示。我国工资制度改革遵循经济体制改革的整体步骤与逻辑，具有明显的渐进式和"双轨"特征；个人收入分配理念从"效率优先、兼顾公平"转变为"效率与公平并重"；国有企业工资增长原则从"两低于"转变为"两同步"；劳动力市场逐步发展完善；工资制度由注重资历向注重能力再向注重结果转变，激励作用明显加强。今后，我们要建立以市场化为改革方向的工资决定机制，同时加强国家宏观调控，并逐步建立长效的工资增长机制。

二、基本观点

中华人民共和国成立以来，工资制度几经变革，经历了一个从建立到与计划经济体制相适应，再到改革开放后与社会主义市场经济体制相适应的制度安排和变迁过程。在这一过程中，劳动力供需双方的自主选择权不断扩大，市场化因素的作用逐渐增强。

当前，中国形成了四元结构的工资制度：国有企业的准市场型工资制度、非国有企业的市场型工资制度、行政机关的政府主导型工资制度、事业单位的半政府主导型工资制度。在全面深化改革和市场在资源配置中起决定性作用的背景下，我们要打破四元分割的局面，逐步实现工资制度的并轨、统一，消除造成工资收入差距不合理的因素，发挥市场在工资分配中的决定性作用，按照市场机制调节、企业自主分配、平等协商确定、政府监督指导的原则，形成反映劳动力市场供求关系与企业经济效益的工资决定机制和增长机制，最终实现"效率与公平并重"。

三、研究思路

本书从经济史学视角，以马克思主义理论为指导，在厘清工资相关概念及工资决定理论的基础上，借鉴前人的研究成果，尝试对改革开放以来的中国工资制度进行专题研究。本书以行政三次工资改革为主线（1985 年、1993 年、2006 年），以行政机关、事业单位和企业为横切面，从工资制度和工资水平两个方面梳理改革开放以来我国工资的变化过程，试图探究各个历史阶段工资制度和工资水平的状况与特点，探讨我国工资制度和工资水平发展演变的历史规律，为今后政策的制定提供经验借鉴。

四、研究方法

在研究方法上，本书运用量化研究与质性研究相结合的方法。在量化研究方面，本书运用统计年鉴数据、劳动部门档案资料以及实地调研数据，综合运用经济学、历史学、管理学等多个学科的知识和方法，尝试对改革开放以来我国工资制度的发展史和工资水平变化进行专题性研究。在质性研究方面，本书运用史学方法考证史料，并按历史发展逻辑分析工资制度变迁的轨迹；同时，运用经济学理论，以马克思主义经济学为指导，尝试运用西方的工资理论以及新制度经济学的理论进行实证研究。

第三节 创新与不足

创新之处：一是对工资水平进行量化研究，分析工资水平与 GDP、物价水平、居民收入的关系，考察工资水平的所有制结构和行业结构的变化；二是充实对 1992 年至今的工资制度发展史的专题研究；三是弥补对非国有部门市场化工资形成机制的研究，完善我国的工资制度发展史。

不足之处：首先，由于篇幅所限，对历次工资改革的情况仅作了简要介绍，内容不够详尽。其次，在研究对象方面，未涉及我国香港、澳门和台湾地区，同时也缺少对国外工资制度的考察，没有对中外工资制度进行对比研究。最后，在经济史的研究中，未能运用计量模型对影响工资水平的因素进行更深入的分析。

第二章　工资理论和研究成果综述

第一节　工资的相关概念

对于"工资"有多种提法，如工资、劳动报酬、薪酬、收入等，即使是"工资"本身，在不同的使用场合，也有不同的含义。为了更准确地理解工资的内涵，本书首先对工资的相关概念进行分析。

一、工资

狭义的工资是指员工因从事雇佣劳动而获得的仅仅限于固定货币报酬收入的部分，不包括奖金、津贴，更不包括其他福利性收入。而广义的工资是指劳动者因从事劳动而获得的所有报酬收入，包括固定工资、奖金、津贴以及其他货币或非货币的福利收入。为了准确定义工资的概念，本书从国家法律法规和工资统计层面来了解工资的内涵。

在国家法律法规层面，《工资支付暂行规定》（劳部发〔1994〕489号）第三条规定："工资是指用人单位依据劳动合同的规定，以各种形式支付给劳动者的工资报酬。"《关于贯彻执行〈中华人民共和国劳动法〉若干问题的意见的通知》（劳部发〔1995〕309号）第五十三条进一步规定，劳动法中的"工资"是指用人单位依据国家有关规定或劳动合同的约定，以货币形式直接支付给本单位劳动者的劳动报酬，一般包括计时工资、计件工资、奖金、津贴和补贴、延长工作时间的工资报酬以及特殊情况下支付的工资等。"工资"是劳动者劳动收入的主要组成部分。劳动者的以下劳动收入不属于工资范围：①单位支付给劳动者个人的社会保险福利费用，如丧葬抚恤救济费、生活困难补助费、计划生育补贴等；②劳动保护方面的费用，如用人单位支付给劳动者的工作服、解毒剂、清凉饮料费用等；③按规定未列入工资总额的各种劳动报酬及其他劳动收入，如根据国家规定发放的创造发明奖、国家星火奖、自然科学奖、科学技术进步奖、合理化建议和技术改进奖、中华技能大奖等，以及稿费、讲课费、翻译费等。

在工资统计层面，《中国劳动统计年鉴（1991）》对工资的相关概念解释如下：

工资总额"指各单位在一定时期内直接支付给本单位全部就业人员的劳动报酬总额。工资总额的计算应以直接支付给就业人员的全部劳动报酬为根据。各单位支付给就业人员的劳动报酬以及其他根据有关规定支付的工资，不论是计入成本的还是不计入成本的，不论是以货币形式支付的还是以实物形式支付的，均应列入工资总额的计算范围。工资总额包括计时工资、计件工资、奖金、津贴和补贴、加班加点工资、特殊情况下支付的工资"。[①]

①　国家统计局社会统计司、劳动部综合计划司：《中国劳动统计年鉴（1991）》，中国劳动出版社1991年版。

平均工资"指企业、事业、机关等单位的就业人员在一定时期内平均每人所得的货币工资额"。计算公式为：平均工资 = $\dfrac{报告期实际支付的全部就业人员工资总额}{报告期全部就业人员平均人数}$。

平均实际工资"指扣除物价变动因素后的就业人员平均工资"。计算公式为：

平均实际工资 = $\dfrac{报告期就业人员平均工资}{报告期城市居民消费价格指数}$。

从法律法规和工资统计层面可以看出，它们在工资所包含的内容上是一致的，但在工资支付上略有差异。《工资支付暂行规定》（劳部发〔1994〕489号）第五条规定："工资应当以法定货币支付。不得以实物及有价证券替代货币支付。"《关于贯彻执行〈中华人民共和国劳动法〉若干问题的意见》进一步规定，"劳动法中的'工资'是指用人单位依据国家有关规定或劳动合同的规定，以货币形式直接支付给本单位劳动者的劳动报酬"。但是《中国劳动统计年鉴（1991）》指出，不论是以货币形式支付的还是以实物形式支付的，均应列入工资总额的计算范围。本书借鉴《工资支付暂行规定》（劳部发〔1994〕489号）中的定义，认为工资是指用人单位依据劳动合同的规定，以各种形式支付给劳动者的工资报酬，包括计时工资、计件工资、奖金、津贴和补贴、加班加点工资，但不包括社会保险、福利和其他劳动收入。本书中所涉及的工资数据，无特殊说明均以《中国劳动统计年鉴》中的工资统计口径为依据。

二、劳动报酬

劳动报酬[①]是我们常用的概念之一，在很多语境下它可以和工资互换。劳

---

① 在收入分配研究领域还有"劳动者报酬"这一概念，它是指在核算期内劳动者从事生产活动应获得的全部报酬。具体包括两大类：一是劳动者在单位就业获得的劳动报酬，包括工资、奖金、津贴和补贴，单位为员工缴纳的社会保险费和住房公积金及其他各种形式的福利和报酬等；二是个体经济活动中自雇者的劳动报酬。从定义上来看，劳动者报酬比劳动报酬范围更广，包括了自雇者的劳动报酬，本书只考察用人单位支付给劳动者的劳动报酬，所以这里对劳动者报酬不再进一步分析。

动报酬是指用人单位在生产过程中支付给劳动者的全部报酬，包括货币工资、实物报酬以及社会保险等。报酬一般可以分为内在报酬和外在报酬两大类。[①]内在报酬通常指员工由工作本身所获得的心理满足和心理收益，例如参与决策、工作自主性、个人成长、挑战性的工作等。外在报酬通常指员工所得到的各种货币收入和实物，包括两种类型：一种是经济性报酬，也就是我们所说的薪酬；另一种是非经济性报酬，如宽敞的办公室、私人秘书、专属停车位等。报酬、薪酬和工资的关系如图2-1所示。

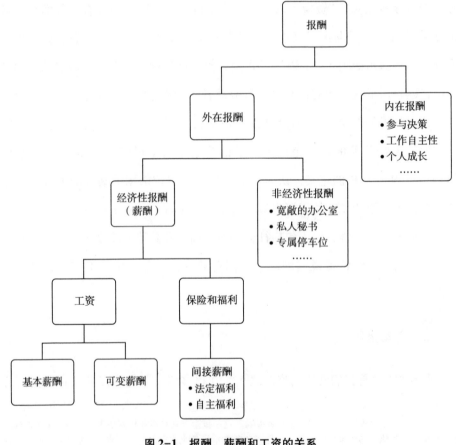

图2-1 报酬、薪酬和工资的关系

---

① 刘昕：《薪酬管理》，中国人民大学出版社2014年版。

《中国劳动统计年鉴（1995）》增加了一项"从业人员和平均劳动报酬"统计指标，在主要统计指标解释中增加了"其他从业人员劳动报酬"。在此之前，《中国劳动统计年鉴》中统计指标只有职工平均工资和职工工资总额。在主要指标解释中，从业人员"指从事一定社会劳动并取得劳动报酬或经营收入的人员。从业人员按就业身份分组包括：①职工；②再就业的离退休人员；③私营业主；④个体户主；⑤私营企业和个体从业人员；⑥乡镇企业从业人员；⑦农村从业人员；⑧其他从业人员。职工指在国有经济、城镇集体经济、联营经济、股份制经济、外商和港澳台投资经济、其他经济单位及其附属机构工作，并由其支付工资的各类人员。职工中不包括下列人员：①乡镇企业从业人员；②私营企业从业人员；③城镇个体劳动者；④离休、退休、退职人员；⑤再就业的离退休人员；⑥民办教师；⑦其他按有关规定不列入职工统计范围的人员"。① 其他从业人员劳动报酬"指各单位在一定时期内直接支付给本单位其他从业人员的全部劳动报酬"。② 从中我们发现"劳动报酬"是针对全体从业人员而言，而"工资"仅针对职工而言，从这个意义上讲，劳动报酬的涵盖面要大于工资。

在《中国劳动统计年鉴（2000）》主要统计指标解释中，首次出现了"城镇单位从业人员劳动报酬"这一概念，"指各单位在一定时期内直接支付给本单位全部从业人员的劳动报酬总额。包括职工工资总额和其他从业人员劳动报酬总额。"③《中国劳动统计年鉴（2002）》将"从业人员"改为"就业人员"，但解释没有变化。在《中国劳动统计年鉴（2010）》中，对"工资总额"的解释发生了变化，"工资总额指各单位在一定时期内直接支付给本单位全部就业人员的劳动报酬总额……"④ 它将原来的"职工"替换为"就业人

①② 国家统计局：《中国劳动统计年鉴（1995）》，中国劳动出版社1995年版。

③ 国家统计局：《中国劳动统计年鉴（2000）》，中国劳动出版社2000年版。

④ 国家统计局：《中国劳动统计年鉴（2010）》，中国劳动出版社2010年版。

员"，进而将原来的"就业人员和劳动报酬"以及"职工人数和工资总额"统一为"就业人员和工资总额"，所以在2010年以后的《中国劳动统计年鉴》中不再出现"劳动报酬"这一指标，统一为"工资总额"，而"工资总额"的涵盖范围较之前有所扩大，也就等同于"劳动报酬"。

三、薪酬

薪酬是企业人力资源管理领域常用的概念，是指员工从企业那里得到的各种直接的和间接的经济收入。在企业中，员工的薪酬一般是由三个部分组成的，一是基本薪酬，二是可变薪酬，三是间接薪酬。基本薪酬是指企业根据员工所承担的工作或者所具备的技能而支付给他们的较为稳定的经济收入；可变薪酬则是指企业根据员工、团队或者企业自身的绩效而支付给他们的具有变动性质的经济收入；间接薪酬是指给员工提供的各种保险和福利。所以，薪酬所包含的内容比工资和劳动报酬包含的范围更广，不仅包括工资、奖金、津贴和补贴等，还包括社会保险和福利。

四、收入

收入是最宽泛的概念，是指某个时期（通常是一年）个人和家庭成员的全部所得，包括转移性收入、财产性收入、经营性收入和工资性收入。其中，工资性收入是城镇居民可支配收入的主要组成部分。

第二节 工资决定理论回顾和市场化工资决定机制

工资决定理论是对一定时期内劳动者的工资水平、工资变动以及不同劳动者群体工资差别的一般规律的理论解释。各个时期的经济学家都试图以合理的理论来解释工资现象。

一、代表性的工资决定理论

代表性的工资决定理论有维持生存工资理论、供求均衡薪酬理论、边际生产力工资理论、马克思的工资理论、集体谈判工资理论、效率工资理论等。

（一）维持生存工资理论

维持生存工资理论又称"糊口工资理论"或"最低工资理论"，它是指以维持劳动者生计的水平来确定工资的理论，是在18世纪中期提出、19世纪初发展起来的。在这个时代，英国产业革命迅速发展，社会财富大量增加，如何更迅速地加快资本积累的步伐成为资产阶级关注的焦点。

大卫·李嘉图是维持生存工资理论的代表性人物。在大卫·李嘉图的经济理论中，分配理论是其核心内容，工资理论又是分配理论的主要内容之一。大卫·李嘉图认为，劳动是一种商品，有其自然价格和市场价格。"劳动的自然价格是使工人大体上能够生存下去并且能够在人数上不增不减地延续其后代所必需的价格"。[1] "劳动的市场价格是根据供求比例的自然作用实际支付的价格"。[2] 劳动的自然价格可能与市场价格相背离，但"劳动的市场价格不论和其他自然价格有多大的背离，它也还是和其他商品一样，具有符合自然价格的倾向"。[3] 大卫·李嘉图试图用劳动力供求关系的变化来解释工资水平的变动，说明工资必然以劳动的自然价格即工人最低限度生活资料的价值为基础，提出了对工资变动规律的见解。他认为，超过劳动的自然价格的高工资会刺激人口的自然增长，当人口的增长使劳动供给超过劳动需求时，劳动的市场价格就会降低到其自然价格之下，从而使劳动者的生活状况恶化，而贫穷又会使人口减

---

①②③　大卫·李嘉图：《政治经济学及赋税原理》，商务印书馆1962年版。

少。当人口减少而使劳动的供给不能满足劳动的需求时，工资就会上升。大卫·李嘉图用人口的自然增长来解释工资水平的变动取决于社会生产的发展和一定的社会分配方式。

维持生存工资理论认为，工人工资一旦超过必要的最低限度就会引起人口增长，导致大规模失业，将工资重新压回到最低限度。该理论的应用有利于早期资本主义原始资本的积累，它为资本家剥削工人提供了理论上的辩护。但该理论违背了生产决定消费且不同生产力水平规定相应消费水平与消费结构的一般规律。而就发达国家情况而言，在劳动生产率的增长大大超过人口自然增长率的情况下，绝大多数工人的工资明显提高，工资水平超过维持生存的水平已成为可能，这一理论已不适用。

（二）供求均衡薪酬理论

供求均衡薪酬理论是指工资水平决定于劳动力供求双方在市场竞争中形成的均衡价格的理论。19 世纪末 20 世纪初，著名经济学家马歇尔以均衡分析为方法论基础，提出了供求均衡薪酬理论。当时西方资本主义社会发生了深刻的变化，随之资产阶级经济学说也发生了重大变化，从 19 世纪 70 年代开始的"边际革命"逐渐改变着西方经济学说的整体面貌。

马歇尔认为，工资是由劳动力的需求价格与供给价格相均衡时的价格决定的。他认为，"有一种不断趋于正常均衡位置的趋势，在正常均衡位置下，各要素的供给和对它的服务的需求保持这样一种关系，以致给予要素供给者的报酬，足以补偿他们的劳作和牺牲"。[①]

供求均衡薪酬理论假设工资是富有弹性的，能够随着劳动力市场供求状况的变化而上下波动，从而实现市场出清。实际上，工资是缺乏弹性的，在萧条时期，企业没有动力降低工人的工资，而是依靠劳动力的数量进行调节。

---

① 马歇尔：《经济学原理》（下卷），商务印书馆 1994 年版。

（三）边际生产力工资理论

边际生产力工资理论是指工资水平取决于劳动力创造的边际收益的理论，1899 年美国经济学家约翰·贝茨·克拉克在《财富的分配》中系统地论述了边际生产力工资理论。19 世纪末，美国在经济上已经赶超西欧发达的资本主义国家，美国也逐渐形成了自己的经济学理论流派。

约翰·贝茨·克拉克运用边际分析的方法，以雇主追求利润最大化为前提，分析了边际生产力递减规律，得出了工资取决于工人的边际生产力的结论。他认为，厂商利润最大化的原则是边际成本等于边际收益，劳动的边际成本等于劳动边际收益就是劳动的最佳雇佣点。"正像消费品最后单位是决定价格的单位那样，劳动的最后单位是决定工资的单位"。① 因此，工资水平是由劳动边际成本等于劳动边际收益决定的。

尽管边际生产力工资理论被一些现代经济学家所推崇，但是这一理论很难在实际工作中运用。该理论的前提是存在着一个完善的、自由竞争的市场，人们对需求和供给的相互作用无法限制，劳动力可以自由流动。在此条件下，工资水平在失业人员寻找工作的压力之下不断下降，直到所有劳动者都能找到工作为止。但在现实的劳动力市场上，无论是作为买方市场的雇主还是作为卖方市场的雇员，他们的竞争条件都不完善，充分竞争只是一种理想的状态。此外，由于各种复杂因素的影响，在生产企业中也很难计算劳动的边际生产率。

（四）马克思的工资理论

马克思的工资理论是在批判地继承古典经济学的基础上建立并发展起来的。19 世纪中叶是马克思的经济理论和马克思的工资理论的产生时期。

马克思认为，"工资的本质是劳动力价值或者价格的转化形式，所以，工资的高低是由劳动力价值决定的。劳动力价值是指生产、发展、维持和延续劳

---

① 约翰·贝茨·克拉克：《财富的分配》，商务印书馆 1959 年版。

动力所需的生活资料的价值。它包括三部分：①维持工人自身正常生活状况所必需的生活资料的价值；②维持工人家属、子女即劳动力的替补者所需要的生活资料的价值；③劳动力的教育费用。但这只是劳动的'自然价格'，'市场价格'要受劳动力供求关系的影响。马克思认为，劳动力价值受到纯生理的要素和历史的或社会的两类要素的影响和制约，尤其是历史或社会方面的要素可能使工资变化具有较大的伸缩性。工人工资决定在一定程度上会受到企业利润的制约；供求关系和市场竞争影响劳动力的价格；考察工人工资的数量和它的变化不仅要看工人所得货币的多少，而且还要考虑这些货币的实际购买能力"。①

（五）集体谈判工资理论

集体谈判工资理论是指工资水平由雇员集体代表（工会）和雇主的谈判力量决定的理论，该理论认为工资水平取决于劳动力市场上劳资双方的力量对比。早在18世纪集体谈判工资理论出现之前，亚当·斯密等就注意到了劳动力市场上集体谈判的问题，但并未引起重视。19世纪中叶以后，在发达的资本主义国家工会势力及会员人数迅速增加，工会在工资决定中的作用也日益增强。一批学者进行了开创性的研究，韦伯夫妇于1897年出版的《产业民主》（*Industrial Democracy*）一书，将集体谈判同工资决定挂钩，英国经济学家庇古、希克斯及莫里斯·多布做了进一步的研究，其中最著名的是庇古的范围论和希克斯模型。

边际生产力工资理论和供求均衡薪酬理论均以劳动力市场买卖双方是完全竞争为假设前提。但是，随着劳动力市场买方和卖方力量的不断成长，该假设前提受到挑战，工资分配越来越取决于市场均衡之外的权利斗争。西方经济学

---

① 陈晓征、刘永梅：《马克思工资理论及其对建立现代企业工资决定机制的意义》，《中外企业家》2013年第12期。

家对该理论持有不同见解，一些笃信集体谈判工资理论的人认为工资只能取决于集体谈判，还有一些经济学家则持相反意见，认为工资变动和集体谈判无关。更多的经济学家对此争论采取了折中的态度，他们认为，集体谈判工资理论决定了短期工资水平，而边际生产力工资理论决定了工资运动的长期趋势。

（六）效率工资理论

效率工资理论是指雇主为了激励雇员提高劳动生产率而主动支付给雇员高于市场均衡水平工资的一种理论。20 世纪 70 年代以后，西方资本主义国家在经历了战后经济恢复和快速增长后，出现了停滞与通货膨胀并存的局面。西方市场工资理论从经济学的视野进入管理学的研究领域，不是将工资视为生产率的结果，而是将工资视为提高生产率的手段。进入 20 世纪 80 年代，效率工资理论迅速发展，关于效率工资的理论模型有很多，其中比较有影响力的是斯蒂格利茨和夏皮罗提出的"怠工模型"（Shirking Model）[1]。

效率工资理论以具有不完全信息的异质劳动力市场为分析对象，要比以完全信息和同质劳动力市场为假设前提的传统理论现实得多，该理论认为雇主支付给雇员高于市场出清水平的工资是为了激励员工努力工作，提高工作效率，因此是雇主的理性选择。效率工资理论合理地解释了失业和工资黏性并存的原因。然而，国内外对效率工资理论的研究主要集中在解释失业和经济周期等宏观经济现象方面，对其微观假定研究很少。[2] 效率工资理论开辟了工资理论研究的新视野，工资不再是一种被动的"成本"，而是作为促进生产率增长的一个重要工具进入了我们的研究视野。

通过上述理论回顾可以看出，工资是个复杂的变量，受多种因素的影响，

---

① Joseph E. Stiglitz, The Causes and Consequences of the Dependence of Quality on Price, *Journal of Economic Literature*, 1987, Vol. 25, No. 1.

② 姚先国、黎煦：《效率工资理论的微观假定及其对报酬激励的启示》，《广东社会科学》2004年第 5 期。

工资决定理论也在不断发展。尽管如此，工资决定理论对于研究中国工资制度的演变仍然具有一定的借鉴意义。

二、市场化工资决定机制

(一) 市场化工资决定机制的三个层次

市场化工资决定机制是指工资的形成是劳动力市场供需双方相互交换的结果，但除了市场作用以外，政府的干预也必不可少。理想的市场化工资决定机制由劳动者个人与企业的议价工资机制、工会与企业的工资集体谈判机制和政府对市场工资形成的干预机制三个层次构成。

1. 劳动者个人与企业的议价工资机制

在市场经济国家中，劳动者与企业之间的工资议价是市场中工资形成的基本机制。议价过程受以下因素的影响：

一是劳动力的价值。马克思的工资理论指出，工资的本质是劳动力价值或价格的转化形式，其形成以劳动力价值为基础，其水平必须与劳动力价值的具体构成相符，即劳动力工资应该包含维持其自身所必需的生活资料价值、负担其家属和子女所必需的生活资料价值以及自身接受教育和培训的费用三个方面。[①] 劳动力价值与其工资水平具有正相关性：劳动力的价值越高，其工资水平也应越高；反之则反是。

二是劳动力的机会成本。劳动力的机会成本越高，其工资水平也越高。以农民工为例，刘易斯认为，流入工业部门的农业劳动者的工资水平是由农业部门的收入水平决定的。[②] 在中国，农村劳动力在家乡的平均收入正是农民工的机会成本，因为农民工外出务工必然放弃其在家乡能够获得的各方面收入，这是农民转化为农民工的损失，这个损失必须在农民工的工资中得到补偿，否则

---

①② 彭红碧：《农民工工资决定的圈层结构：一般性分析框架》，《经济论坛》2014 年第 4 期。

农民将丧失外出务工的动力①，这也成为农民工与用人单位工资议价的底线。

三是劳动力的供求关系。在劳动力市场上，劳动力工资水平受劳动力的供求关系影响，随供求关系的变化而变动。一般而言，当劳动力的供给超过需求时，其市场处于饱和状态，是典型的买方市场，作为劳动力的卖方处于供给弱势，其工资水平会趋于下降。当劳动力市场需求扩张、劳动力供给小于劳动力需求时，劳动力的供给方则处于强势地位，是典型的卖方市场，工资水平会呈现上升趋势。供求机制是市场运行的三大机制之一，作为影响市场状态的主要因素，供求关系是工资决定机制的第一市场要素。

四是劳动力与企业的竞争状况。劳动力与企业的竞争状况是工资决定的竞争机制。劳动力的竞争力由其机会成本、人力资本、组织程度、谈判能力、维权意识与能力等因素决定；企业的竞争力由其资源禀赋、技术水平、经营状况、所在行业的产品市场和劳动力市场状况等因素决定。双方竞争的焦点是劳动力工资水平的高低。劳动者倾向于通过竞争获取更高的工资，而企业则倾向于支付尽可能低的工资。

2. 工会与企业的工资集体谈判机制

普通劳动者在与企业的竞争中往往处于弱势地位，工会作为劳动者利益的代表组织逐渐发展壮大，工资集体谈判也应运而生。所谓工资集体谈判，就是以劳动者集团，即工会为一方，以雇主或雇主集团为另一方进行的劳资谈判。集体谈判的主要特点是由于工会有效地遏制了劳动者之间的竞争，使自己成为劳动供给的垄断者，并力图使劳动市场成为卖方垄断市场。工会通常通过限制劳动力供给、提高工资标准、向上移动需求曲线和消除买房垄断来提高工资。工会与企业的工资集体谈判是市场经济国家的主要工资决定机制。

---

① 彭红碧：《农民工工资决定的圈层结构：一般性分析框架》，《经济论坛》2014 年第 4 期。

3. 政府对市场工资形成的干预机制

在市场经济国家中，政府一般不直接干预工资决定，而是通过立法和宏观管理来控制工资水平。具体而言，政府在市场化工资决定机制中的作用有：①制定法定最低工资标准，作为工资集体谈判的底线，保障最低工资收入者的工资可以维持基本的生活消费；②收集、研究并传播集体谈判当事人有用的信息，如工资数据的变化趋势、物价水平和生产率的变化等；③定期公布工资指导线、工资控制线以及人工成本预警线等，供集体谈判参考；④对集体谈判过程中所发生的争议进行调解或仲裁，防止冲突激化；⑤政府通过公共部门工资调整的示范作用间接影响企业和劳动者工资谈判中的工资增长。[①]

（二）市场化工资决定机制的结果——市场化的工资水平

在劳动者个人与企业的议价机制、工会与企业的工资集体谈判机制和政府对市场工资形成的干预机制的共同作用下，最终形成了市场化的工资水平。劳动力价值、机会成本、最低工资标准分别是劳动力工资水平的中心线、最低界限和制度底线，与其工资水平正相关；劳动力的供求关系影响着工资水平的变动；劳动者与雇主之间的力量对比和集体谈判直接决定了工资水平；政府的干预又对双方利益进行了平衡，最终形成了市场化的工资水平。

第三节　研究成果综述

随着中国工资制度改革的不断深入，对工资方面的研究取得了丰硕成果。这些成果主要涉及工资制度、工资水平和工资决定机制等方面。中国的工资制

---

① 侯玲玲：《经济全球化视角下的中国企业工资形成机制研究》，华中师范大学出版社 2007 年版。

度也从计划经济时期政府主导型的工资制度走向四元结构的工资制度，市场化因素逐渐加强。但是，在全面深化改革和市场在资源配置中起决定性作用的背景下，中国市场化的工资决定机制任重而道远。

一、工资制度研究

（一）公务员工资制度研究

2006 年 1 月 1 日，《中华人民共和国公务员法》正式实施，公务员工资制度改革正是按照该法的要求，适应我国市场经济体制的发展，立足国情，为建立科学和规范的公务员工资制度而制定的一项重要决策。[①] 本次工资改革将公务员基本工资构成由职务工资、级别工资、基础工资、工龄工资四项调整为职务工资和级别工资两项，取消基础工资和工龄工资；完善津贴补贴制度；加大不同职务对应级别的交叉幅度，各职务对应的级别数相应增加；建立工资水平正常增长机制。但是，公务员工资目前还存在着工资结构不合理、津补贴所占比例过高、地区间工资差距偏大、基层公务员工资水平偏低、晋升空间有限、工资增长及工资标准确定缺乏科学合理依据等问题。所以，新一轮公务员工资改革总的目标是调整工资结构、扩展晋升空间、建立比较机制、实施配套改革。[②]

（二）事业单位工资制度研究

2006 年，在改革公务员工资制度的同时，事业单位也相应地进行了以绩效工资制度改革为核心的工资改革，将工资分为岗位工资、薪级工资、绩效工资三个部分，绩效工资作为工资收入中活的部分，对于调动事业单位工作人员积极性、促进社会事业发展、提高公益服务水平具有重要意义，但还存在着如

---

① 刘昕：《对公务员工资制度改革的几点认识》，《光明日报》2006 年 7 月 12 日第 3 版。
② 吴木銮：《60 年来，中国公务员怎样发工资》，《南方周末》2014 年 8 月 28 日。

何确定各个单位的绩效工资总量、绩效工资的经费渠道、指标体系难以量化等问题。有学者通过与外国非营利组织薪酬管理的比较与借鉴，并在分析我国事业单位收入分配基本情况的基础上，提出了我国事业单位内部收入分配模式选择：不同的事业单位以及同一单位的不同岗位，可以尝试依据投入产出薪酬模型，分析各自特点，找到最适合自己的分配模式。[①] 学者们对不同事业单位的工资制度也展开了研究。

自 2006 年事业单位开始岗位绩效工资制改革后，2009 年国务院转发了中华人民共和国国家发展和改革委员会（以下简称国家发展改革委）《关于 2009 年深化经济体制改革工作的意见》，随后各地高等学校也开展了新一轮绩效工资制度改革。通过绩效工资制度改革，一方面扩大了高校分配自主权，激发了高校的内在活力，激发了广大教职员工的工作积极性，有助于吸引并留住优秀人才；另一方面也存在绩效评估的全面量化导致的学校公益性损伤、滋生学术上的急功近利与道德风险等问题。我们应该合理确定基础性绩效工资与奖励性绩效工资之间的比例，处理好教学和科研二者的关系，做到相辅相成，规范高校创收，增加财政投入。[②]

（三）国有企业工资制度研究

有学者通过对改革开放以后国有企业奖金制度的恢复、工资总额与企业经济效益挂钩、工资形态的多元化相关联的一系列工资改革的考察，指出国有企业的工资已开始从计划经济体制下的国家统一等级工资制发展成为考虑市场要素的、工资总额范围内企业自主分配的、以职务为中心的、具有企业特色的工资体系。目前部分国有企业工资制度还存在着工资支付依据不够明晰、职工工资差距划分不合理、工资未能与市场接轨等问题，今后应发挥市场在工资决定

---

① 岳颖：《事业单位薪酬管理——内部收入分配的决定基础与模式选择》，中国劳动社会保障出版社 2009 年版。

② 周小葵：《高校实行绩效工资制度存在的问题与对策》，《财务与金融》2010 年第 3 期。

过程中的主导作用，使工资支付制度更加透明化，并建立起更为公正、合理的绩效评估机制。[1]

还有学者对国有企业高管薪酬制度进行了研究。20 世纪 90 年代初期，以建立现代企业制度为目标的国有企业改革，使经营者的激励问题取得了突破性发展。国有企业高管薪酬制度从单一的薪金发展到工资、年薪、股票、期权等多元的薪酬体系。当前，大多数国有企业高管实行年薪制。然而，部分国有企业高管高收入问题受到公众质疑，部分国有企业的高管薪酬制度存在着薪酬结构单一、与企业绩效脱节、在职消费泛滥、内部人控制以及公众知情权丧失情况下的伪激励问题。有学者提出，国有企业高管薪酬改革应明确区分具有国家公职人员身份和不具有国家公职人员身份的两类经理人，实行差异化的工资制度。"行政高管"参照实行公务员工资制度，"市场高管"实行市场化工资制度。[2]

（四）非国有企业工资制度研究

随着市场经济体制的确立和多种经济成分的发展，构建符合现代企业制度要求的企业分配制度是完善企业激励机制、协调劳资双方利益、实现企业持续发展的必然抉择。然而，目前我国部分私营企业工资分配制度有待健全，需要通过建立私营企业工资正常增长机制、健全企业财会制度和工资支付保障机制、完善三方利益协调机制和工资集体谈判机制及劳资双方利润共享机制等举措，尽快建立健全私营企业分配制度。[3]

二、工资水平研究

就个人而言，工资水平是指在一定时期内劳动者平均工资的高低程度，它

① 张贺全：《新形势下国有企业薪酬体制改革》，《人民论坛》2014 年第 17 期。
② 宋晶、孟德芳：《国有企业高管薪酬制度改革的几个问题》，《财经问题研究》2012 年第 6 期。
③ 杨云善：《论私营企业分配制度的建立与完善》，《江汉论坛》2008 年第 2 期。

能够反映社会的经济发展水平，并决定国民消费水平。工资的增长率应等于劳动生产率与通货膨胀增长率之和。如果工资增长率低于劳动生产率和通货膨胀率之和，消费需求的增长就不充分。同时，较低的工资水平不能形成可靠的收入预期，为了应对未来的不确定因素，居民不敢大胆消费，导致低收入水平下的高储蓄率，进一步制约了消费量的扩大和消费水平的提高，不利于经济增长和就业增加。[1] 学者对我国工资水平的相关研究主要集中在以下几个方面：

一是劳动报酬占 GDP 的比重。有学者指出自 20 世纪 90 年代中期后，劳动报酬占 GDP 的份额持续下降。[2] 也有学者对改革开放后的有关劳动报酬的数据进行了调整，发现"调整后的劳动报酬份额在改革开放以来的大部分时间内保持了相对稳定，仅仅在最近几年开始出现明显下降。我国初次收入分配格局存在的问题不是劳动报酬占 GDP 份额的下降，而是这一比例水平长期过低"。[3]

二是行业间工资差距。有学者分析了 1983～2010 年我国行业工资差距，指出我国行业工资差距在 20 世纪 80 年代呈下降趋势，并于 1988 年达到最低点，之后开始持续上升。行业工资分布的演化表明，我国行业工资呈现出高者愈高、低者愈低的行业"马太效应"。[4] 也有学者指出，2008 年全球金融危机以后行业工资收入差距有所缩小，但总体尚未回到合理水平，工资增长中的非劳动因素难以剔除，行业之间平均工资增长差距比较大，而且一些行业工资增长更多依赖于要素价格的上涨。这主要是由于工资分配改革缺乏理论指导、垄断、市场泡沫化以及政府宏观调控手段缺乏等因素造成的。[5]

---

① 莫荣、廖骏：《工资增长：经济发展方式转变的要求》，《中国劳动》2011 年第 7 期。
② 李稻葵、刘霖林、王红领：《GDP 中劳动份额演变的 U 型规律》，《经济研究》2009 年第 1 期。
③ 赵洪山：《我国学者对劳动收入份额决定因素的研究综述》，《宁夏大学学报（人文社会科学版）》2011 年第 11 期。
④ 王询、彭树宏：《中国行业工资差距的演化与特征》，《中国人口科学》2012 年第 5 期。
⑤ 王力：《我国行业工资关系变化趋势与政策建议》，《中国劳动》2013 年第 8 期。

三是特定行业或群体工资水平。有学者对农民工的工资水平进行了专题研究，通过对现有数据资料的搜集整理发现，1979~2010 年农民工的名义工资水平长期呈增长趋势，年均增速约为 9.7%，扣除物价因素，实际工资指数变动具有阶段性特征：20 世纪 80 年代前中期显著增长，随后十年相对停滞。[①] 1992~2012 年，公务员实际平均工资以年均 10.14% 的速度增长，呈现出中速大波动、高速小波动和低速小波动的阶段性特征。有学者利用 1993~2012 年的统计数据，分析了我国科技人员工资水平，发现 1993 年以来科技人员工资总额与人均工资不断上升，但实际工资增幅较小；科技人员工资水平在国民经济各行业中吸引力不够，与人均 GDP 比值远低于合理水平；各地区科技人员工资总额与人均工资差距不断扩大。[②] 还有学者使用 2002~2009 年我国上市公司的数据分析发现，垄断行业的职工工资收入要显著高于非垄断行业的职工工资收入，并且垄断行业和非垄断行业的职工工资收入差距有持续扩大的趋势。同时，垄断行业的职工工资并未带来企业业绩的提升，说明垄断行业的高收入可能是不合理的。[③] 有学者指出，垄断行业高收入的原因在于：行政垄断、所有者缺位、政府监管不力。[④]

三、工资决定机制研究

工资决定机制是指针对由工资决定因素构成的工资决定框架及由工资决定主体相互作用而形成的制度化的工资决定办法。[⑤] 在市场经济条件下，工资决

① 卢锋：《中国农民工工资走势：1979—2010》，《中国社会科学》2012 年第 7 期。

② 李文军：《我国科技人员工资水平演变与优化对策研究》，《厦门特区党校学报》2014 年第 4 期。

③ 刘渝琳、梅斌：《行业垄断与职工工资收入研究——基于中国上市公司数据的分析》，《中国人口科学》2012 年第 1 期。

④ 潘胜文：《垄断行业高收入的形成机理分析及改革思路》，《湖北社会科学》2009 年第 6 期。

⑤ 宋晶、孟德芳：《企业工资决定：因素、机制及完善对策研究》，《财经问题研究》2013 年第 5 期。

定机制的一般规律是："第一，工资水平受劳动力供求关系影响，劳动力供求关系的变动会引起工资水平的变动；第二，劳动力价值是决定工资的基础；第三，劳动力市场具有不完全竞争的特征，工资水平很大程度上取决于劳资双方的谈判议价能力，但随着经济的发展，劳动力价值只是构成了工资水平的基础，实际工资水平一般高于劳动力价值，超过劳动力价值的那部分工资或是具有利润分享性质或是具有效率激励性质；第四，工资不仅是要素市场上劳动力要素的价格，而且与宏观经济紧密相连，同时受政治体制、社会伦理等因素制约，政府以及非政府组织的干预都会影响工资的决定。"①

计划经济时期，我国企业工资由国家指令性计划决定，这一时期的等级工资制度首先表现为劳动力价格与劳动力供求没有直接和显著的联系；其次，劳动力价格与人力资本投资没有直接和显著的联系；最后，劳动力价格与劳动者的生产效率没有直接和显著的联系。② 改革开放初期，经过国有企业扩大企业自主权试点、试行经济责任制和实施利改税，原先集中在政府手中的工资决定权逐步下放到了企业，企业取得了包括奖金在内的一部分工资分配自主权，通过1985年的工资制改革，使职工工资与企业经济效益相挂钩，从而取得了与市场的联系。而非国有企业从产生之初就采取了市场化的企业组织方式，它们不仅成为劳动力市场一体化进程的主要推动者，而且其工资决定也体现了劳动力市场实际的供求关系。③ 在经济体制"双轨制"的条件下，工资决定也存在着"双轨制"，但这只是改革过程中的一种过渡形式，工资决定市场化将是大势所趋。④ 建立社会主义市场经济体制以后，劳动力作为社会生产的基本资

① 吴佳强、潘文轩：《提高初次分配中劳动所得比重问题研究：基于工资决定机制的分析》，《当代经济管理》2013年第5期。

② 陈瑛：《我国劳动力市场分割到一体化的演进趋势分析（1949—2010）》，《经济界》2012年第4期。

③ 刘学民：《中国薪酬发展报告（2011年）》，中国劳动社会保障出版社2012年版。

④ 苏树厚、任洪彦：《论工资决定的市场化》，《聊城师范学院学报（哲学社会科学版）》1997年第1期。

源，与生产资料的配置一样，必然要通过市场供求机制来调节，尽管我国劳动力市场已经形成并逐渐发育，但它仍然是一个不完善的市场，还存在着较严重的户籍分割、行业分割等现象。[①] 所以，在现行社会主义市场经济体制下，还存在准市场化工资形成机制与市场化工资形成机制并存的局面。国有企业是在工资总额控制框架下的工资分配自主，其工资水平并非完全由市场决定；而部分小型国有企业和非公有制企业的工资完全由市场决定。[②] 随着我国低端劳动力市场由无限供给向有限供给转变，其工资形成机制正从传统的"生存工资定价法则"向"保留工资约束下的市场议价法则"转变，它将进一步带动中高端劳动力市场的劳资关系和工资形成机制的变革，从根本上改变中高端劳动力市场的政府导向型的工资调整机制。低端劳动力市场的变化必将使我国工资形成机制迎来全面市场化的新时期。[③]

当前，工资决定机制的市场化程度还有待进一步完善。首先，制约劳动力流动的政策因素、体制因素依然存在；[④] 其次，工资与劳动生产率的联系不充分，对失业率的反应滞后；[⑤] 最后，作为劳动力供求双方决定工资机制的主要形式——工资集体协商制度，在我国由于行业层面雇主组织的缺失、企业层面工会组织的弱势地位以及法律制度障碍等原因，[⑥] 尚未充分发挥作用。

以上对改革开放以来的工资制度改革做了比较系统的回顾和阐述，总结了

① 王亚柯、罗楚亮：《经济转轨背景下的中国劳动力市场发育》，《中国人民大学学报》2012年第3期。

② 侯玲玲：《经济全球化视角下的中国企业工资形成机制研究》，华中师范大学出版社2007年版。

③ 杨瑞龙：《工资形成机制变革下的经济结构调整——契机、路径与政策》，中国人民大学出版社2012年版。

④ 胡放之：《我国当前工资决定机制研究》，《求实》2006年第11期。

⑤ 宁光杰：《中国市场化进程中的工资形成机制——来自各省面板数据的证据》，《财经研究》2007年第2期。

⑥ 沈琴琴：《基于制度变迁视角的工资集体协商：构架与策略》，《中国人民大学学报》2011年第5期。

工资改革工作中的经验与教训，为我国工资理论与实践的发展做出了巨大贡献，但也存在一些不足之处。在研究内容方面，研究工资制度的较多，系统研究工资水平和工资决定机制的较少。在研究视角方面，更多的是从管理学或劳动经济学的视角进行研究，较少从经济史学的视角进行研究，系统考察工资制度和工资决定机制的演变历史，探究各个历史阶段工资制度形成的背景和逻辑，分析其特征、历史作用和缺陷。

第三章 市场经济转轨初期的工资制度改革（1979~1991年）

改革开放前，我国选择了优先发展重工业的经济战略，各种要素资源均由政府进行计划配置，工资由国家统一规定，资源配置效率低下。1979~1991年是我国启动经济体制改革和市场化进程的一个特殊时期。1978年12月召开了党的十一届三中全会，在这次会议上，中共中央作出将党和国家的工作重心转移到经济建设上来的决定，这个决定标志着中共中央在经济建设的指导思想的历史性转折。经济结构和经济体制改革也开始启动，我国的经济发展也进入了飞速发展的新时期。中国传统的计划经济体制开始削弱，但计划经济体制在资源配置中仍占据了主要的地位，不过市场化因素开始复苏和成长，并在资源配置中具有越来越重要的作用，中国开始了对计划与市场关系的探索。在工资制度方面，改革了单一的等级工资制度，国营企业推行工资总额同经济效益挂钩的工资制度；国家机关、事业单位建立起以职务工资为主要内容的结构工资制，非国有部门市场化工资决定机制开始显现。

第一节　改革的历史起点：等级工资制度

等级工资制度是在优先发展重工业的经济战略选择下，与计划经济体制相适应，并借鉴苏联经验，通过 1956 年的工资制度改革而确立形成的。在中华人民共和国开始经济建设的初期，等级工资制度不仅是一种重新分配的方法，而且被设计为国家发展战略的有机组成部分。

一、等级工资制度的内容

1956 年，国务院颁布了一系列文件，对企业、事业单位和国家机关的工资制度进行全面改革。主要内容包括：

第一，取消了工资分制度和物价津贴制度，全国统一实行直接用货币规定工资标准的制度。为了能使工资制度比较正确地反映经济建设布局调整和各地区生活、物价水平，在实行货币工资的同时，划分了工资区类别并制定了地区工资标准。各部门划分的工资区类别之间的工资标准差别各不相同，对生活艰苦、物价又高的边远地区，另外增加一定的生活补贴。第二，调整产业、地区、部门之间和人员之间的工资关系。在产业之间，根据各产业在国民经济中的重要性、技术复杂程度和劳动条件等因素，排出产业顺序，分别制定工资标准。第三，统一和改进了工人工资等级制度。就产业工人的工资等级而言，在这次改革中出现了三个方面的变化：一是根据各产业工人的生产技术特点，建立了不同的工资等级制度，使工人的工资等级与企业的生产技术特点结合得更加紧密。二是提高了高级技术工人的工资标准，从而使熟练劳动与非熟练劳动、复杂劳动与简单劳动在工资标准上有了比较明显的差距，以便从物质利益上鼓励人们提高技术水平。一级工人工资标准一般提高了8%左右，八级工人工资标准一般提高了18%左右。高等级工人与低等级工人之间的工资标准差距有所扩大，以钢铁冶炼工人为例，新定工资等级系数比华北地区原工资等级系数高0.3~0.6倍，比东北地区高0.17~0.33倍，比华东地区高0.2~0.45倍，比中南地区高0.38~0.5倍，比西南地区高0.2~0.3倍。① 三是按产业统一规定了工人的工资标准，从而使工资标准数目有所减少。第四，改进国家机关、事业单位和企业职员（包括管理人员和技术人员）的职务等级工资制。第五，推广计件工资制，改革奖励津贴制度。按照国务院相关文件的要求，各产业部门凡是能够计件的工作，全部或大部分实行计件工资制，并规定计件工资标准可以比计时工资标准高4%~8%；各产业部门根据生产需要，制定统一的奖励办法，积极建立质量提高、产品创新、节能降耗、任务超额等多种奖项。

案例3-1：常州色织厂的岗位等级工资制

常州色织厂原来实行计件工资制，于1958年12月改为岗位工资制。但是，这种工资制只要是工人的工作岗位相同就可以拿到同样多的工资，不能体现工人之间技术熟练程度的差别，也不完全符合按劳分配原则。因此，它给生产带来了某些不利影响，使布的日产量呈现下降的趋势。

为了正确地贯彻按劳分配原则，充分调动工人的生产积极性，促进生产效率的迅速提高，该厂经反复研究，在不增加工资基金的条件下，决定于1959年4月将岗位工资制改为岗位等级工资制。这种制度是将岗位工资划分为三等

---

① 《中国劳动人事年鉴》编辑部：《中国劳动人事年鉴（1949.10—1987）》，劳动人事出版社1989年版。

五级，并相应地规定了每等每级的条件：一等一级的工资标准比原来岗位工资标准增加9元，条件是完成织布计划的115%，看两台车的工人完成计划的125%；一等二级的工资标准比原来岗位工资标准增加3元，条件是完成计划的105%~115%，看两台车的工人完成计划的115%~125%；二等三级的工资标准等于原来岗位工资制的工资标准，条件是完成计划的95%~105%，看两台车的工人完成计划的105%~115%；三等四级的工资标准较原来岗位工资标准减少3元，条件是完成计划的85%~95%，看两台车的工人完成计划的90%~105%；三等五级的工资标准较原来岗位工资减少9元，条件是完成计划的85%以下，看两台车的工人完成计划的90%以下。

实行岗位等级工资制以后，生产效率日益上升，1959年3月日产布6880米，4月平均日产量达到10000米，5月平均日产量又提高到11500米，远远超过了实行计件工资制时日产量9500米的水平。

资料来源：徐自学、沙本业：《常州色织厂将岗位工资制改为岗位等级工资制》，《劳动》1959年第14期，内容有删改。

二、等级工资制度的意义和存在的问题

通过1956年等级工资制度改革，取消了工资分制度和地区物价津贴制度，全部采用了货币工资标准；按产业统一制定了工资标准以及技术等级标准，使工人升级工作有所遵循；熟练劳动和不熟练劳动、复杂劳动和简单劳动之间工资上的平均主义有所改善；产业之间、地区之间、部门之间某些不合理的工资关系也有了一些改进。这次工资改革纠正了过去某些部门工资增加过少甚至没有增加的缺点，使绝大多数职工增加了工资收入，极少数原来工资偏高的职工除外。这次改革是在较多地增加工资的基础上，根据按劳分配原则，克服了过去工资制度某些不合理、不统一的情况，贯彻统一的工资政策，建立起了比较统一、合理的工资制度，调动了广大职工的劳动积极性，保证了"一五"计

划的顺利完成。但随着经济的不断发展，等级工资制度对职工的激励作用有限，工资改革势在必行。

第二节　市场经济转轨初期的工资制度改革历程

1979～1991年这一阶段，在中国的社会经济发展史中，相对看来是较为完整的部分。在此过程中，中国的经济体制实现转轨，资源配置方式由计划转向市场，所有制结构也由单一性向多元化转变。经过这十余年的探索与实践，到1991年，在中国的经济体制中，计划部分和市场部分基本处于平衡状态，中国特色的二元经济结构初步形成。与经济转型相适应，工资制度改革以计划经济时期形成的等级工资制度为起点，在国营企业、机关事业单位和非国有部门陆续展开。对国营企业和机关事业单位工资制的改革，是国家通过不断放松"计划轨"对工资收入分配的控制，采取边际改革的方式向市场机制靠拢；非国有部门工资的决定则主要源于劳动力市场的供求力量，形成了工资制度改革过程中的"市场轨"①，两者相互作用、相互影响。

一、工资制度改革的背景

中国传统计划经济体制的特点与弊端在收入分配方面的表现就是单一的分配方式和平均主义的分配制度。前者表现为职工个人获得收入的方式和来源仅有工资这一种形式；后者表现为劳动者的收入水平与其劳动贡献相脱离。这种个人收入分配体制与传统计划经济体制是相适应的。因此，工资制度改革是

---

① 蔡昉：《中国劳动与社会保障体制改革30年研究》，经济管理出版社2008年版。

1979 年以来中国经济体制改革的一个重要组成部分。

（一）按劳分配理论的重新认识

自 1977 年 4 月到 1978 年 10 月连续召开了多次全国规模的按劳分配讨论会，内容涉及按劳分配与物质刺激的界限、按劳分配与资产阶级法权、按劳分配与奖励和计件工资制等多个方面。① 经过讨论，对许多问题有了一致的看法。比如，按劳分配原则的属性是社会主义，是社会主义社会的一个根本标志和特有规律，既不具有资本主义性质，也不是资本主义和资产阶级的产生基础。相反，多劳多得，少劳少得，不劳动者不得，正是资产阶级剥削、不劳而获的对立物。再如，在社会主义条件下，按劳分配是实现个人物质利益的重要手段。物质鼓励和物质刺激只是用语不同，在经济学上没有本质的区别，等等。

1978 年 3 月 28 日，邓小平同志在同国务院政治研究室负责人谈话中明确指出："按劳分配的性质是社会主义的，不是资本主义的。""我们一定要坚持按劳分配的社会主义原则。按劳分配就是按劳动的数量和质量进行分配。根据这个原则，评定职工工资级别时，主要是看他的劳动好坏、技术高低、贡献大小。……处理分配问题如果主要不是看劳动，而是看政治，那就不是按劳分配，而是按政分配了。"他还指出："颁发奖牌、奖状是精神鼓励，是一种政治上的荣誉。这是必要的。但物质鼓励也不能缺少。在这方面，我们过去行之有效的各种措施都要恢复。奖金制度也要恢复。对发明创造者要给奖金，对有特殊贡献的也要给奖金。搞科学研究出了重大成果的人，除了对他的发明创造给予奖励外，还可以提高他的工资级别。"② 1978 年 5 月 5 日，《人民日报》发表题为《贯彻执行按劳分配的社会主义原则》的特约评论员文章，阐明了按

---

① 袁伦渠：《中国劳动经济史》，北京经济学院出版社 1990 年版。

② 《邓小平文选》（第二卷），人民出版社 1994 年版。

劳分配的性质和作用，指出按劳分配不仅不会产生资本主义，而且是最终消灭一切形式的资本主义和资产阶级的重要条件；按劳分配不是"生产力发展的障碍"，而是促进社会主义阶段生产力发展的重要力量。文章还指出，我们的最高理想是实现各尽所能、按需分配的共产主义，但中国现在还是一个发展中的社会主义国家，生产力水平还不高，经济落后，因此，当前不是按劳分配实行得"过头"了，而是还没有得到应有的充分实现。对于劳动报酬的形式，文章认为，计时工资、计件工资和奖金在本质上是相同的，都是根据劳动者给予社会的劳动量，即劳动的数量和质量支付的。实践经验充分证明，在中国现阶段实行计时工资为主、计件工资为辅，是符合社会主义经济发展的客观要求的。奖金的特点是能够比较及时地、准确地反映劳动者支出劳动量的变化情况，运用起来比较灵活，所以它可以弥补计时工资的不足。

此后，坚持按劳分配的指导思想不断深化。1978年12月13日，邓小平同志在中共中央工作会议闭幕会上的讲话提出，把允许一部分地区、一部分人先富起来作为解放思想、激发人民群众生产积极性的一个大政策。他说："在经济政策上，我认为要允许一部分地区、一部分企业、一部分工人农民，由于辛勤努力成绩大而收入先多一些，生活先好起来。一部分人生活先好起来，就必然产生极大的示范力量，影响左邻右舍，带动其他地区、其他单位的人们向他们学习。这样，就会使整个国民经济不断地波浪式地向前发展，使全国各族人民都能比较快地富裕起来。"① 他进一步指出："我们提倡按劳分配，对有特别贡献的个人和单位给予精神奖励和物质奖励；也提倡一部分人和一部分地方由于多劳多得，先富裕起来。这是坚定不移的。"②

全国第五次按劳分配理论讨论会讨论了社会主义商品经济条件下的按劳分配问题，对共产主义低级阶段实行按劳分配又有了新的认识。比如，在社会主

---

① ② 《邓小平文选》（第二卷），人民出版社1994年版。

义商品经济条件下，进行按劳分配仅有社会平均劳动时间这一尺度是不够的，还需要社会必要劳动这一尺度相配合。因为这里的"劳"，既是生产过程中耗费的劳动量，又是通过商品交换已经实现的劳动量。除"劳动本身"绝对地表现这些劳动量外，还要伴之以价值尺度即社会必要劳动尺度来计量，也就是通过商品交换实现了的劳动量来检验、校正和补充。再如，要处理好国家与企业、企业与职工的物质利益关系，就必须改变高度集中的管理体制，实行国家、地方、企业分级管理体制和与之相适应的工资分配制度，给予企业相对独立的分配权，搞活企业的分配，以增强企业的活力。①

1984 年 10 月，党的十二届三中全会通过的《中共中央关于经济体制改革的决定》进一步确立了在城市经济体制改革中要贯彻执行按劳分配原则和克服平均主义的指导思想。该决定指出，平均主义是贯彻执行按劳分配原则的一个严重障碍，平均主义的泛滥必然破坏社会生产力。企业要建立各种形式的经济责任制，坚决克服平均主义。在企业改革中，要扩大工资差距，拉开工资档次，以充分体现奖勤罚懒、奖优罚劣的原则，充分体现各种劳动的差别。

上述对按劳分配原则理论上的正本清源和新认识，以及鼓励一部分人通过辛勤劳动先富起来并带动共同富裕的政策，解放了人们的思想，为中国工资制度改革奠定了坚实的理论基础，指明了正确的方向。

(二) 调整职工工资的实践探索

为了有计划、有步骤地解决多年积累下来的工资问题，在国民经济正在进行调整、财政还有较大困难的情况下，国家采取了积极措施，开始分期、分批地调整职工工资，恢复、改进计件和奖励工资制，使长期处于冻结状态的职工工资开始活了起来。

1977~1983 年，国家多次进行部分职工的升级工作，除了新参加工作的职

---

① 严忠勤：《当代中国的职工工资福利和社会保险》，中国社会科学出版社 1987 年版。

工和少数工资比较高的干部没有升级外，普通职工一般每人都升了一级至两级。这次调整后增加工资的职工有3100多万人，占当时全民所有制单位职工总数的50.8%，平均每人每月增加工资5.56元。1978年，对一般单位不超过总人数2%、文艺单位不超过6%的在工作中做出优异成绩而工资偏低的职工提升了工资等级。1979年9月24日，中共中央、国务院批转的《全国物价工资会议纪要》中规定，从1979年11月起，给部分职工升级；1979年10月25日，国务院发出《关于职工升级的几项具体规定》，对职工升级做出了具体安排。这次职工升级要求真正体现"各尽所能、按劳分配"的原则，反对平均主义，从而调动了职工学习技术和业务的积极性，也提高了企业管理水平。

1981年、1982年调整了事业单位和国家机关职工的工资。这两次调整工资的目的是解决工资水平偏低的问题。因此，凡列入调整工资范围的职工，一般都升一级。中年知识分子中起骨干作用或工资偏低的，一般都升两级；成绩显著、贡献较大的职工也升两级。

1983年，企业职工工资也开始了"两挂钩"和"一浮动"调整与改革相结合的办法，通过这次工资调整，进一步把职工工资的调整与企业的经营成果和职工本人的劳动成果挂钩，提高了企业的经济效益，提高了职工的技术业务水平。特别是规定了经营性亏损企业要在扭亏以后才能调整工资，对亏损企业压力极大，促使他们努力改善经营管理，扭转亏损局面。

随着职工工资的调整和升级，企业恢复了终止多年的奖金制度和计件工资制度。《国务院关于实行奖励和计件工资制度的通知》发布以后，一些部门结合本部门的实际情况，还推出了一些具体的奖励制度。如基本建设企业实行全优综合超额奖、理发业基本工资加超额奖、统配煤矿的"吨煤奖"以及各行业普遍适用的技术改进奖、产品质量奖、特定燃料和原材料节约奖等。奖励和计件工资制度的恢复，以及上述规定的贯彻执行，使企业初步有了决定部分工资收入的权力，激发了职工的责任感和积极性，推动了企业改进经营管理和提高劳动生产率，对促进国民经济发展发挥了积极作用。但是，在恢复实行奖励制度的过程中也出现了一些问题，主要是奖金与企业经济效益和个人劳动成果联系不密切，有奖金多发、滥发的弊病。

总之，为贯彻按劳分配原则，恢复实行奖励和计件工资制度以及其他工资形式，通过不断提高工资水平等措施，拉开了工资分配制度改革的序幕。但按人头、年头确定调整和增加工资，按标准工资总额提取和支付奖金，特别是高度集中统一的工资管理和分配体制，仍然严重束缚着企业和职工的手脚，不利于企业精简机构，不利于调动企业经营管理和职工个人劳动的积极性，不利于企业的生产重心转到以提高经济效益为中心的轨道上来。

二、1979～1984 年工资制度改革的探索

在党的十一届三中全会解放思想、实事求是的思想路线指引下，在农村改革的影响下，为了促使企业的生产转到以提高经济效益为中心的轨道上来，随着国家对国营企业的"放权让利"，中国工资制度改革的探索首先是从改革奖励分配制度开始的。

1979 年 7 月 13 日，国务院颁发了《关于国营企业实行利润留成的规定》等文件，将企业基金改为核定比例的利润留成①，以把企业经营的好坏同职工的物质利益挂钩。1980 年，在扩权试点的多家企业中，改变了按工资总额提取奖励基金的办法，实行职工奖励基金从利润留成中提取。实行这种办法，使企业经济效益提高，留成利润增加，奖励基金也增加。这样，奖金便与企业经

---

① 利润留成相应地划分为生产发展基金、职工福利基金和职工奖励基金三项，其中用于职工福利设施和职工奖金的部分不得超过利润留成资金的 40%。

济效益挂钩浮动，职工的收入也与企业经营管理的好坏直接联系起来了。1981年 1 月 16 日，《国务院关于正确实行奖励制度、坚决制止滥发奖金的几项规定》要求，所有企业必须是在完成和超额完成国家计划规定的产量、质量、利润、供货合同等主要经济技术指标的条件下，才能提取和发放奖金。企业全年发放的各种奖金的最高额，一般不得超过本企业职工两个月标准工资总额。1981 年 10 月，国务院批转的《国家经济委员会、国务院体制改革办公室关于实行工业生产经济责任制若干问题的意见》为以后的工资分配制度改革指明了方向。

从 1982 年起，国务院决定逐步对奖金实行计划管理。1983 年，国营企业实行第一步——利改税。实行利改税的企业，奖励基金改由税后留用的利润中提取，并核定了职工奖励基金所占的比例，从而把企业和国家的利益分配关系用法律形式固定了下来，企业留利增多了，提留的奖励基金也增多了，这就为加快企业内部工资制度的改革创造了条件。全国各行业结合经济责任制的贯彻和企业整顿，选择若干企业开展了多种形式的改革工资制度的探索和试点。由于进行这种改革而新增加的工资是从企业留成的奖励基金中开支的，不计入成本，或经批准部分计入成本，所以这种改革又称自费工资改革。自费工资改革的方式有很多类型，包括建立津贴和奖励工资，实行计件工资，试行分成制、浮动工资制、结构工资制、除本分成制等。在改革试点中也有些行业、企业经过批准，突破了自费工资改革的限制，如百元产值工资含量包干、吨煤工资含量包干以及工资总额与企业经济效益挂钩浮动。[1] 这种自费工资改革探索和试点较好地把职工的工资与他们的劳动贡献直接挂钩，搞活了企业内部分配；把企业工资总额与企业经济效益挂钩浮动有利于搞好企业与国家利益的分配。但是，由于这些探索和试点主要限于奖励基金的范围，而且奖金的发放和使用是

---

① 严忠勤：《当代中国的职工工资福利和社会保险》，中国社会科学出版社 1987 年版。

受限制的，也就是"封顶"，即奖金数量不准超过两个月标准工资总额。这样，随着企业经济效益的提高，在大多数企业的奖金达到"封顶"线的情况下，如果奖金继续"封顶"，不准突破，就会束缚职工的劳动积极性，影响企业生产的发展，也会影响自费工资改革的进一步发展。

1984 年，国务院发布了《关于国营企业发放奖金有关问题的通知》和《关于进一步扩大国营工业企业自主权的暂行规定》两个文件，进一步扩大了企业自主权，取消了平均每人每年奖金不得超过两个月标准工资总额的"封顶"限制，实行奖金同企业经济效益挂钩"上不封顶、征收奖金税"的办法。发放奖金超过一定限额的，企业要缴纳奖金税。发放的奖金和应缴纳的奖金税均从提取的职工奖励基金中开支。在奖金的使用上企业有自主权，可以采取记分发奖、浮动工资、计件超额工资等形式；也可以少发奖金，而用少发的奖金给一部分职工浮动升级，或进行自费工资改革。由于取消了奖金"封顶"限制且奖金使用由企业自行决定，进一步使奖励基金的使用方向扩大到改革工资分配制度的各方面，因而奖金同经济效益挂钩浮动所造成的结果和产生的影响已远远超出奖金制度改革的范围，对基本工资制度改革的起步和发展有积极的推动作用。

一般来说，奖金在职工的全部劳动报酬中只占一小部分。仅把奖金同企业经济效益挂钩对职工的鼓励作用还是有限的，因此，不少企业在拥有一定的分配自主权的条件下，对历来认为是神圣不可侵犯的标准工资开始了试探性的触动搞活，即把职工标准工资的一部分或大部分同奖金合并在一起，随企业经济效益变化上下浮动，这就是在改革中创造的浮动工资制。之后，有些企业又开始进行包括奖金、标准工资、津贴补贴在内的全部工资总额同经济效益挂钩浮动的新尝试，即"工资总额包干浮动试点"，不仅使工资构成中活的部分的比重进一步增大，而且工资奖励形式更加多样化。这种改革试验受到了企业和广大职工的普遍欢迎，取得了前所未有的积极成果，它体现了改革的方向，是把企业工资改革引向系统、完善阶段的良好方式。[1]

综上所述，1979～1984 年是中国工资改革史上比较活跃的时期，各企业单位和职工群众结合奖励分配制度改革所创造的多种多样的工资形式，为以后的工资改革提供了宝贵经验。

案例 3-2：青岛市第一建筑工程公司百元产值工资含量包干搞活企业内部分配

青岛市第一建筑工程公司下设五个施工队、一个混凝土预制构件厂、一个铁加工厂、一个材料供应站。公司实行独立核算，施工队（厂、站）实行内部核算。

1984 年，根据国家、山东省、青岛市关于建筑业改革的有关规定和要求，青岛市第一建筑工程公司实行百元产值工资含量包干，即国家根据企业完成产值的多少，按一定比例提取工资总额，由企业包干使用。在企业内部实行多劳多得、少劳少得、高不封顶、低不保底的职工基本工资。这是建筑业在工资分配制度上的一项重大改革，它改变了过去按人头核定工资总额的办法。该公司在上级主管部门的指导下，不断完善百元产值工资含量包干办法，并在按上级核定给公司的含量包干系数提取的工资总额范围内对改革企业内部分配进行了多种形式的探索。

一、公司对施工队（厂、站）的分配

（一）合理确定工资含量包干系数

总公司于 1986 年核定给青岛市第一建筑工程公司的百元产值工资含量包干系数为 16.15%，即每完成 100 元产值，可提取工资 16.15 元。该公司对施

---

[1]　令狐安、孙桢：《中国改革全书（1978—1991）——劳动工资体制改革卷》，大连出版社 1992 年版。

工队（厂、站）采取层层包干办法，将公司的含量包干系数全部分解、下达到各施工队（厂、站），由施工队（厂、站）包干使用。具体办法为：

（1）施工队的工资含量包干系数，采取按单位工程分别测算下达工资含量系数的办法。即将承建的各个单位工程在编制预算的同时，根据预算人工费分别测算下达工资含量包干系数。月（季）度按系数的90%预借工资总额，年终将施工队所完成的各个单位工程的工资含量包干系数综合起来，作为该施工队本年度的实际工资含量包干系数结算全年工资总额，高不封顶、低不保底。采用此办法避免了因工程对象不同对工资含量的影响，使施工队干什么工程就得什么工资含量。此办法既准确地反映了各施工队应得的工资含量，又解决了各施工队在分配任务上"挑肥拣瘦"的问题。队与队之间的工资收入拉开了差距。1986年，公司五个施工队的平均工资含量包干系数为12.43%。其中最高的施工队的工资含量包干系数为13.26%，最低的施工队的工资含量包干系数为11.46%。职工人均工资收入为1631元，其中最高的施工队年人均收入为1858元，最低的施工队年人均收入为1390元。

（2）铁件加工厂、构件加工厂的工资含量包干系数，均采用工业总产值（按现行内部结算价格计算）确定工资含量包干系数。铁加工厂的工资含量包干系数核定为5.90%，构件加工厂的工资含量包干系数核定为9.00%。

（3）材料供应站的工资含量包干系数，采取产值利润率和利润工资率双控办法。即按公司完成产值考核其利润，按实现利润提取工资，将产值利润率定为2.5%，利润工资率定为30%。

（4）公司机关的工资含量包干系数，按公司完成总产值的0.75%提取工资总额，包干使用。

（二）工资含量与主要经济技术指标挂钩

实行百元产值工资含量包干办法，企业工资总额随完成产值的多少而浮动，同时与主要经济技术指标挂钩。超额完成指标，给予奖励增加工资含量，未完成指标，要相应地扣减一定的工资含量。公司考核施工队的主要经济技术指标有工程质量、竣工率、产值利润率、安全生产率、机械完好率、利用率、周转工具亏失率、材料节约率等。考核指标实行按月考核，奖罚兑现、年终算总账的办法。例如，公司规定施工队的降低成本（产值利润）率指标为7%，对超额完成指标的，奖励超额部分的15%；对完不成指标的，其差额由计提的工资含量总额补足。1986年，第三施工队实际完成降低成本率为8.15%，按规定奖励12750元，人均约31元。第六施工队实际完成降低成本率仅为4.26%，较降低额指标少122542元，也按规定从该队的工资含量总额中扣122542元。由于工资含量与主要经济技术指标挂钩，把职工的个人收入同企业的经济效益紧密联系起来，执行中目标明确，奖罚兑现，促使职工重视企业的综合经济效益。克服了片面追求产值、轻视质量和忽视经济效益的倾向，从而保证了公司各项经济技术指标的完成。

二、施工队（厂、站）对班组和职工个人的分配

青岛市第一建筑工程公司改进了企业内部工资分配形式，逐步下放工资分配权限，不搞"一刀切"，要求灵活多样。对一线生产工人主要有以下几种分配形式和方法：

（一）实行计件超额工资制

以全国统一劳动定额和山东省补充定额为依据，达到定额发放基本工资；达不到定额扣发基本工资；超过定额，按超额工日提取超额工资，超额工资单价按劳动定额规定的平均技术等级和分项工程分别测算确定。具体为：砖面工程、抹灰工程、手工木作、模板工程、钢筋工程（施工现场部分）的超额工资单价为2.50元；材料运输和材料加工、人力土方的超额工资单价为2.10元；其余项目的超额工资单价均为2.30元。超额工资单价同工程质量挂钩，

工程质量合格者，超额工资按上述单价计发；工程质量优良者，超额工资按上述相应单价分别增加 0.50 元计发。工程质量不合格者立即返工，直至合格为止。

（二）按分部、分项工程包工或按栋号包工

主要采取以下几种方法确定包工工日：

（1）以劳动定额为基础，增加不可预见工日系数，确定包工工日。

（2）以设计预算定额工日作为包工工日。

（3）以劳动定额工日为基础，增加部分"两算对比"差额（设计预算与施工预算对比的差额），增加比例在 40%～80%，具体按不同工程项目、达到定额的难易程度分别确定增加比例，确定包工工日。

（4）对于无定额执行的项目或收尾工程，一般采用一次性估工或小包工等形式，确定包工工日。

包工工日确定以后，由施工队组织混合作业队（或专业组），按分部、分项工程承包或按栋号承包。施工队与承包队（组）签订承包合同。合同内容包括工期要求、质量要求、安全生产、文明施工、材料节约、包工范围、人数等。按合同要求提前完成包工项目的，按节约工日和超额工资单价计发超额工资。如第二施工队承建的四机分厂 X 光探伤室的主体工程，采用了按设计预算定额工日包工，施工队组织了青年混合作业队，承包了主体工程，调动了职工的积极性。他们早上班，晚下班，充分利用工时，大大提高了劳动效率和施工速度，合同工期为 95 天，他们提前 27 天完成，定额工效平均达到 17%，人均获得超额工资 130 元。

（三）按分部、分项工程或按栋号包人工费

以建筑工程预算定额人工费（重点工程有的增加一部分工期奖）作为承包工资额，按分部、分项工程或按栋号对混合作业队（或专业组）进行承包，签订承包合同，超支不补，节约归己，并与工期、质量等指标挂钩浮动。在内部分配上也不尽相同。主要有：

（1）全额浮动工资制。即把职工的基本工资、各种津贴、超额工资、奖金等捆在一起，全额浮动，原工资等级变为"档案工资"，按照职工完成定额的程度和操作质量分配应得工资，多劳多得，少劳少得。如第一施工队施工的重点工程——邮电×分局工程，在进行内墙抹灰时，为了保工期，对该工程的抹灰班组采取了全额浮动工资制，承包工资额与工期、质量等指标挂钩浮动。班组内部按完成定额程度和质量评定分数进行工资分配，调动了职工的积极性。

他们工作不计时间，13层内墙抹灰用15天就完成了，工期提前2天，平均定额工效达到了137%，人均工资收入达85.70元。其中，一名五级工定额工效高、质量好，分得工资113元；一名七级工分得87.30元；一名五级工只分得63.02元，在分配上拉开了差距。

（2）实物量定额包干。即将承包工资额根据工程类物量换算成单位产品工资，根据完成实物量的多少提取工资额。如第二施工队在承建乳制品厂消毒奶车间主体三层至四层砌砖工程时，采用了实物量定额包干办法。他们把设计预算人工费作为承包工资额。根据三层与四层的砌砖总量换算出技工、壮工综合每一块砖工资为七厘，还规定在保证质量的前提下，每一位技工每天必须砌满1300块砖。在分配上，以每人完成砌砖量多少计算应得工资，他们充分利用工时，加快了施工速度，承包前的二层砌砖用了一个半月，承包后的三层砌砖只用8天就完成了，平均定额工效达到了161%，8天的人均工资收入达40.18元。

（3）计时工资加奖励。即将承包所得工资额，先按工人现有工资等级标准发放基本工资津贴外，其余额部分再按定额工效、质量等考核评分，按分计奖，进行工资分配。

（四）辅助生产工人的工资分配办法

参加混合作业队搞承包的辅助生产工人，按其在混合作业队承包过程中的贡献大小分配工资。不参加混合作业队承包的辅助生产工人，凡有定额的，按完成定额情况实行计件超额工资或实行包工。无定额的辅助生产工人，按配合一线生产工人工作的好坏与一线生产工人的工资奖金挂钩浮动。

（五）服务人员的工资分配办法

对能搞承包的服务人员实行承包办法。如第六施工队的炊事班，实行了按营业额提取超额工资的办法，就是由施工队按照就餐人数、炊事班定员、销售额等指标，根据平均先进性原则确定营业额定额。按月考核，完成者发放基本工资，完不成者相应扣发基本工资。超额完成按超额部分提取超额工资。通过承包，提高了饭菜质量，增加了饭菜品种，降低了成本，就餐人数增多了，营业额明显增加，平均每人每月可得超额工资35元。对不能承包的服务人员按完成岗位责任制情况，与一线生产工人的工资收入挂钩浮动，还有的按岗位责任制的条件，由职工对服务人员进行考核评分，按分计奖。

三、管理人员的工资分配办法

公司机关各科室、部门均按分红指标制定了科室、部门经济责任制，由公司考核小组按经济责任制每月对各科室、部门考核评分，根据得分多少确定科室、部门奖金。同时对科室、部门进行了定员，增人不增奖、减人不减奖。科室人员由科室负责人进行考核评分。

四、改革成效及经验

（一）实行百元产值工资含量包干，提高了企业经济效益，妥善处理了国家、企业、个人三者利益关系

1986年完成施工产值4013.51万元，比1985年提高了25.06%；实现利润

458.51 万元，比 1985 年提高了 23%。1986 年，上交国家 192.69 万元，比 1985 年增长了 6.32%；企业留利 206.08 万元，比 1985 年增长了 7.91%；职工年平均工资收入为 1631 元，比 1985 年增长了 6.05%，职工收入增长幅度低于劳动生产率和产值增长幅度。三者利益关系基本做到了同步增长。

（二）实行百元产值工资含量包干，扩大了企业对工资分配的自主权

在包干提取的工资总额范围内，企业有权根据生产特点，选择灵活多样的工资分配形式，搞活了企业内部的工资分配，多劳多得，少劳少得，进一步调动了职工的积极性。

（三）改革了企业内部分配，加强了劳动定额等基础管理工作

劳动定额是贯彻执行按劳分配原则的依据。为适应企业内部分配制度的改革和经济承包责任制的形势，必须加强对劳动定额的管理，对生产班组可以采取按设计预算包工和按设计预算人工费承包等多种承包形式，但对职工个人的分配必须以劳动定额为主要依据，这是体现按劳分配原则的必要条件。

（四）加强了企业管理

随着百元产值工资含量包干办法的不断改革和完善，企业管理工作不断加强。各业务职能部门自觉主动地适应改革的需要。自 1984 年以来，青岛市第一建筑工程公司先后改革、建立健全了企业管理制度 20 余项。例如，为了工资含量的按月考核兑现，财务部门将季度成本核算改为内部月度成本核算；质量科、安全科、机械科等将原来对施工队（厂、站）的季度检查评比改为月度检查评定；材料部门将原来材料管理的“以盘存定消耗制”改为“实际消耗制”；等等。全面推行承包后，施工队（厂、站）管理人员的工作量加大而且工作变得更加复杂了。例如，统计工作原来按旬、月统计的，现在要按天统计；原来按班组和单位工程统计的，承包后要统计到人。设置定额，原来按月、按班组考勤、结算计发超额工资，承包后要按人、按工程项目考勤结算。

总之为了适应形势的需要，该公司不断加强管理，使管理工作越做越细，从而提高管理水平。

（五）改革了企业内部分配制度，加强了职工思想政治工作

改革企业内部分配制度，关系到职工的切身利益。该公司加强了职工思想政治工作，坚持精神鼓励和物质鼓励相结合，激发职工的"主人翁"责任感和劳动热情。

资料来源：刘杰三：《企业工资改革实用手册》，中国城市经济社会出版社 1988 年版，第 500-507 页，内容有删改。

三、工资制度改革的正式实施

从 1985 年起，中国工资制度改革进入正式实施阶段。其特征是从企业到行政机关、事业单位进行了较为全面和系统的改革。

（一）国营企业的工资制度改革

1984 年 10 月，党的十二届三中全会通过了《中共中央关于经济体制改革的决定》，标志着中国经济体制全面改革的开始。《中共中央关于经济体制改革的决定》指出："确立国家和企业、企业和职工这两方面的正确关系，是以城市为重点的整个经济体制改革的本质和基本要求。"1985 年 1 月，国务院发布了《关于国营企业工资改革问题的通知》，这次国营企业工资改革的主要内容如下：

一是国家与企业的工资分配关系实行职工工资总额同经济效益按比例浮动的办法，简称"工效挂钩"。还规定"企业与国家机关、事业单位的工资改革和工资调整脱钩"，"国家不再统一安排企业职工的工资改革和工资调整"。也就是说，企业职工工资的增长取决于本企业经济效益的提高，经济效益提高，工资就可以增长；经济效益下降，工资就相应减少。具有相同学历、资历和工资等级的人，因其所在企业的经济效益和个人贡献不同，允许工资收入有所不

同。二是国家对企业的工资实行分级管理体制。国家负责核定省、自治区、直辖市（包括计划单列城市）和国务院有关部门所属企业的全部工资总额，及其随同经济效益浮动的比例。每家企业的工资总额与浮动比例，由省、自治区、直辖市和国务院有关部门在国家核定给本地区、本部门所属企业的工资总额和浮动比例的范围内逐级核定。国家通过制定政策和控制企业工资总额以及浮动比例，对企业工资基金的增长实行宏观调节；企业增加的工资总额超过国家规定幅度的，征收累进工资调节税或超额奖金税。"工效挂钩"使企业的工资制度与市场相联系，有利于在微观上搞活企业的内部分配。

为了适应企业工资制度改革的需要，1985 年，劳动人事部印发了《国营大中型企业工人工资标准表》（见表 3-1）和《国营大中型企业干部工资标准

表 3-1　国营大中型企业工人工资标准表

单位：元

各类地区适用标准范围	等级	1		2		3		4		5		6		7		8
		正	副	正	副	正	副	正	副	正	副	正	副	正	副	正
11类工资区	11	43	47	51	56	61	66	72	78	84	91	98	105	113	121	129
10类工资区	10	42	46	50	55	60	65	70	76	82	89	96	103	110	118	126
9类工资区	9	41	45	49	54	59	64	69	75	81	87	94	101	108	115	123
8类工资区	8	40	44	48	53	58	63	68	73	79	85	91	98	105	112	120
7类工资区	7	39	43	47	52	57	62	67	72	78	84	90	96	103	110	117
6类工资区	6	38	41	45	49	54	59	64	69	75	81	87	93	100	107	114
5类工资区	5	37	40	43	48	52	56	61	66	72	78	84	90	97	104	111
	4	36	39	43	47	51	56	60	65	70	76	82	88	94	101	108
	3	35	38	42	46	50	54	59	64	69	74	80	86	92	98	105
	2	34	37	41	45	49	52	56	61	66	71	76	81	87	96	102
	1	33	36	40	44	48	52	56	61	66	71	76	81	87	93	99

资料来源：翁天真：《企业工资管理》，劳动人事出版社 1988 年版。

表》（见表3-2）及其说明，供企业实行新拟工资标准时参考。各地区、各部门的国营企业按照新拟的参考工资标准进行了工资套改，简化归并了工资标准，同时还安排了大部分职工升级，增加了职工工资。

表3-2　国营大中型企业干部工资标准表

单位：元

各类区适用标准范围　　等级	5类工资区　1	6类工资区　2	7类工资区　3	8类工资区　4	9类工资区　5	10类工资区　6	11类工资区　7	8	9			
1	248	255	263	270	277	285	292	299	306			
2	224	230	236	243	250	256	263	269	276			
3	202	208	214	220	226	231	237	243	249	大型联合企业经营管理者		
4	185	190	196	201	207	212	217	222	227			
5	170	175	180	185	190	195	199	204	209		大型企业经营管理者	
6	155	160	165	169	173	178	182	187	192			中型企业经营管理者
7	141	145	150	154	158	162	166	170	175			
8	128	131	136	139	143	147	150	154	158			
9	115	118	122	125	128	132	135	138	142			
10	102	105	108	111	114	117	120	123	126			
10副	96	98	101	104	107	110	112	115	118			
11	90	92	94	97	100	103	105	108	110			
11副	84	86	88	90	93	96	98	101	103			
12	78	80	82	84	87	90	91	94	96			
12副	73	74	76	78	81	84	85	87	89			
13	68	69	70	72	75	78	79	81	82			
13副	63	64	65	66	69	72	73	75	76			
14	58	59	60	61	64	67	68	69	70			

续表

各类区 适用标准 范围									
等级	5类工资区	6类工资区	7类工资区	8类工资区	9类工资区	10类工资区	11类工资区		
	1	2	3	4	5	6	7	8	9
14 副	53	54	55	56	59	62	63	64	65
15	49	50	51	52	54	57	58	59	60
15 副	45	46	47	48	49	52	53	54	55
16	41	42	43	44	45	47	48	49	50
16 副	37	38	39	40	41	43	44	45	46
17	34	35	36	37	38	39	40	41	42

资料来源：翁天真：《企业工资管理》，劳动人事出版社1988年版。

根据国务院的部署，国营企业的工资改革从1985年起陆续展开。1986年12月，《国务院关于深化企业改革增强企业活力的若干规定》中规定："在国家规定的工资总额（包括增资指标）和政策范围内，对于企业内部职工工资、奖金分配的具体形式和办法，以及调资升级的时间、对象等，由企业自主决定，国家一般不再作统一规定。"截至1990年底，全国有5.7万户国营企业（约占国营企业总户数的35%）、4000多万职工（约占国营企业职工总数的55%）实行各种形式的工效挂钩的办法（主要有一般工业企业及交通运输企业工资总额根据上交税利或实现税利多少上下浮动、煤炭开采业根据采煤量多少浮动、建筑业根据产值多少上下浮动三种形式）；其他未实行"工效挂钩"办法的企业，一般都实行了标准工资总额包干、奖励基金随同企业留利浮动的办法。为了配合企业"工效挂钩"的实施，这个期间还试验并推行了地区或部门企业工资总额同本地区或本行业经济效益总挂钩浮动的办法。① 企业的工资总额浮动比例一般在 1：0.3~1：0.7 的幅度之内。由于实行"工效挂钩"，企业拥有了比较多的分配自主权，从而推动了企业工资形态的多元化，因此，企业内部分配制度的改革开展更广泛。不少企业不再坚持"八级工资制"（包括在八级制基础上演变的十五级工资制），纷纷改行适合本单位需要的岗位工资制、结构工资制、岗位技能工资制或其他制度形式。一些改革实践表明，岗位技能工资制是一种能够较好体现按劳分配原则、适用面比较广的分配制度。

（二）企业基本工资制度

在过去高度集中统一的经济体制中，我国基本工资制度是由国家统一制定的，全国不分企业、机关和事业单位，均统一实行以等级工资制为核心的工资制度。但是，随着经济体制改革的深入展开，统一的工资制度已不适应新经济模式的需要，必须对其进行改革。1985 年，企业工资制度改革后，国家只制定了全国大体统一的国营大中型企业的工资标准，作为平衡和调节地区之间、行业之间、企业之间工资关系的重要手段以及企业确定职工基本工资水平的依据。至于企业工资制度是实行等级工资制，还是岗位工资制、结构工资制，根据国发〔1985〕2 号文件《国务院关于国营企业工资改革问题的通知》精神，"均由企业根据实际情况，自行研究确定。"许多企业遵照上述有关文件精神，结合本单位实际情况，进行了改革企业工资制度的探索，开始形成了企业基本工资制度多样化的格局，主要有岗位工资制、结构工资制、岗位技能工资制等。

1. 岗位工资制

岗位工资制是按照职工在生产工作中的不同岗位确定工资的一种制度。岗

---

① 令狐安、孙桢：《中国改革全书（1978—1991）——劳动工资体制改革卷》，大连出版社 1992 年版。

位工资标准是根据各岗位的工作难易、技术业务复杂程度、责任大小、劳动轻重等条件制定的。一般是一个岗位对应一项工资标准，有技术业务熟练程度差别的岗位，则采用两项或两项以上的工资标准。

（1）岗位工资制的形式。岗位工资制是一种传统的工资制度，在20世纪50年代就已经在纺织行业中实行。后来，为了适应经济体制改革，一些行业、企业对岗位工资制进行了改革，扩大了岗位工资制的实行范围，进一步发展了岗位工资制的形式。岗位工资制主要有三种具体形式：

1）新五岗岗位工资制。新五岗岗位工资制是根据国发〔1986〕39号文件《国务院批转国家经委、劳动人事部、纺织部等五个部门关于改善纺织、丝绸工人工资待遇的请示的通知》精神，在纺织企业的运转生产工人中普遍实行的岗位工资制。新五岗岗位工资制对棉、毛、麻、针织、印染、丝绸等纺织企业的运转生产的各个工种，根据岗位责任、技术繁简、劳动强度、劳动条件确定各工种的岗位顺序，统一设一岗、二岗、三岗、四岗、五岗（棉印染、辊筒印花等技术比较复杂的工种设特岗）。各岗位顺序代表各工种的工作物的等级差别。按照岗序和岗差制定岗位工资标准，即《劳动人事部关于印发国营大中型企业职工工资标准的通知》（劳人薪〔1985〕31号）文件中的二类产业的六级半、六级、五级半、五级、四级半的标准。实行岗位工资，采取经过考核逐步过渡的办法，即一岗、二岗、三岗工人熟练期满后，经考核合格，从岗位工资的60%开始，以后逐年均衡增加，即第二年获得岗位工资的70%，第三年获得岗位工资的80%，第四年获得岗位工资的90%，第五年达到岗位工资标准。四岗、五岗工人熟练期满后经考核合格，第一年获得岗位工资的80%，第二年获得岗位工资的90%，第三年达到岗位工资标准。

2）"一岗一薪"岗位工资制。"一岗一薪"岗位工资制指一个岗位只有一项工资标准，各岗位工资标准与各岗位相对应，排列顺序由低到高，组成一个统一的岗位工资标准体系，它只体现不同岗位之间的工资差别，不体现岗位内部的工资差别。实行"一岗一薪"岗位工资制，岗内不升级。新工人上岗采取"试用期"或"熟练期"的办法，不实行"过渡期"。试用（熟练）期满，经考核合格者，即可执行岗位工资标准。"一岗一薪"岗位工资制，适用于专业化、自动化程度较高，流水作业，工种技术比较单一，工作物等级和工作物对象比较固定的产业、企业或工种。

3）岗位等级工资制。岗位等级工资制是按岗位和岗内劳动差别确定工资，一岗数薪。它是融合技术等级工资和岗位工资的优点，以适应生产岗位之间存在的劳动差异与岗位内部劳动者之间存在的技术深化程度和劳动贡献差异来区别不同报酬的一种工资制度。岗位等级工资制中的各个岗位，按照工作难易、技术业务复杂程度、责任大小、劳动轻重等条件划分，岗位内部还要按照技术、业务复杂程度等划分等级，然后，相应确定各岗各级工资标准。职工在本岗内可以考核升级，逐步提高岗位工资，直至达到本岗位最高工资标准。岗位等级工资制一般适宜于在专业化程度较高、流水作业、分工细，同时各岗位内部技术要求不一的产业、企业或工种中实行。

（2）岗位工资制的特点。①岗位工资制按照各工作岗位的技术难易、劳动繁简和责任大小等规定工资标准，每个岗位都规定明确的职责范围、技术业务要求和操作规程等，职工只有达到要求时，才能上岗工作。上岗位工作后，按照岗位工资制规定的具体办法领取工资。②实行岗位工资制的职工的增资办法与等级制职工不同，职工的工资随工作岗位的变动而变动。职工上岗和下岗工资有区别，上岗发放岗位工资，下岗则按本人岗位工资的一定百分比支付工资。③岗位工资制能有效地调节劳动力合理流向，把生产工人吸引到生产需要的岗位上，做到人尽其责、贵在其岗，使之适应深化企业改革的需要，与企业的专业分工、劳动组织和劳动定员相统一，有利于巩固岗位责任制，有利于改善企业管理。④岗位工资制能使职工在能力最强、贡献最大的时候，得到相应的报酬。因此，它不仅符合劳动力消耗补偿规律，及时地体现按劳分配，同时它能激励工人奋发向上，促进企业提高经济效益。但是，采用岗位工资制也要注意如何更好地反映各岗位内部职工技术、业务水平，特别是实际劳动贡献的差别，这就需要把岗位工资制同其他工资形式结合起来，比如同计件工资制或者奖金制度有机地结合起来，以体现同一岗位内不同贡献的职工之间的实际劳动差别。

2. 结构工资制

结构工资制是基于这样一种思路建立的，即企业职工的劳动差别主要是由劳动条件的差别、劳动者素质（能力、经验、业务技术水平）的差别、实际劳动消耗量的差别和劳动成果的差别诸要素构成的。这几个要素可以单独或是一起变动。因此，工资也应与上述劳动差别的诸要素相配套，随其变动而变动。只有这样才能有效地将工资分配与职工的劳动紧密联系起来，更好地贯彻按劳分配原则。

企业结构工资制的内容和构成，不宜简单照搬国家机关、事业单位的现行办法，各企业可以根据不同情况做出不同的具体规定。为了体现结构工资制的特点和工资的职能，一般应包含以下基本内容：

（1）基础工资。基础工资即保障职工基本生活需要的工资。设置这一工资单元是为了保证维持劳动力的简单再生产。基础工资主要采取按绝对额或系数两种办法确定和发放。绝对额办法，主要是考虑职工基本生活费用及占总工资水平的比重，统一规定同一数额的基础工资；系数办法，主要是考虑职工现行工资关系和占总工资水平的比重，按大体统一的参考工资标准规定的职工本人标准工资的一定百分比确定基础工资。

（2）岗位（职务）工资或技能工资。岗位（职务）工资或技能工资是根据岗位（职务）的技术与业务要求、劳动繁重程度、劳动条件优劣、所负责任大小等因素来确定的。它是结构工资制的主要组成部分，发挥着激励职工努力提高技术与业务水平、尽力尽责完成本人所在岗位（职务）工作的作用。岗位（职务）工资有两种具体形式：一种是采取岗位（职务）等级工资的形式，岗（职）内分级，一岗（职）几薪，各岗位（职务）工资上下交叉；另一种是采取一岗（一职）一薪的形式。岗位（职务）工资标准一般按行政管理人员、专业技术人员、技术工人、非技术工人分别列表。

（3）效益工资。效益工资是根据企业的经济效益与职工实际完成的劳动的数量和质量支付给职工的工资。效益工资发挥着激励职工努力实干、多做贡献的作用。效益工资没有固定的工资标准，一般采取奖金或计件工资的形式，全额浮动，对职工个人上不封顶、下不保底。

（4）年功工资。年功工资是根据职工参加工作的年限，按照一定标准支付给职工的工资。它是用来体现企业职工逐年积累的劳动贡献的一种工资形式。它有助于鼓励职工长期在本企业工作并多做贡献，同时，又可以适当调节新老职工的工资关系。年功工资采取绝对额或按系数两类形式发放的办法。绝对额又可分为按同一绝对额或分年限按不同绝对额的办法发放。按系数又可分为按同一系数或不同系数增长的办法发放。一般来说，增加年功工资，主要取决于职工工龄的增长，同时还应取决于职工的实际劳动贡献大小和企业经济效益的好差。只有这样，才能更好地发挥这一工资单元的作用。

结构工资制的特点：①工资结构应反映劳动差别的诸要素，即与劳动结构相对应，并紧密联系在一起。劳动结构分为几个部分，工资结构就应有相对应的几个部分，并随前者变动而变动。②结构工资制的各个组成部分各自有对应的职能，分别计酬，从劳动的不同侧面和角度反映劳动者的贡献大小，发挥工资的各种职能作用，因此，它具有比较灵活的调节功能。一方面，职工个人可以发挥自己的长处，通过某方面的努力而灵活地增加工资；另一方面，企业在安排职工增加工资时可以避免"一刀切"的做法，对不同的职工分别安排不同的增资项目和增资水平。③结构工资制主要适用于技术密集型企业，其他类型的企业也可以根据实际需要采用结构工资制。

3. 岗位技能工资制

岗位技能工资制是以按劳分配为原则，以加强工资宏观调控为前提，以劳动技能、劳动责任、劳动强度和劳动条件等基本劳动要素为评价基础，以岗位、技能工资为主要内容，按职工实际劳动贡献（劳动数量和质量）确定劳动报酬的企业基本工资制度，是企业内部分配制度的主体和基础。岗位技能工资制是一项复杂的系统工程，它由劳动因素评价指标体系和相应的岗位技能工资标准体系所构成。岗位技能工资制以岗位（职务）工资、技能工资为主要内容，并根据企业的实际情况增设辅助工资单元，还涉及运行机制的建立以及加强宏观调控和配套改革措施等。

岗位技能工资制由岗位工资、技能工资两个单元构成：

（1）岗位工资。岗位工资是根据职工所在岗位或所任职务、职位的劳动责任轻重、劳动强度大小和劳动条件优劣并兼顾劳动技能要求高低确定的工资。工人的岗位工资可按照各岗位评价的总分数的高低，兼顾现行工资关系，划分为几类岗位工资标准，并相应设置若干档次。管理人员和专业技术人员的岗位工资，按照所任职务、职位的劳动评价总分数的高低划分为三类，并相应设置若干档次。从低到高依次为初级管理（专业技术）、中级管理（专业技术）、高级管理（专业技术）岗位工资标准。岗位工资可以一岗一薪，也可以一岗多薪。

由于企业的规模、类型不同，不同的行业、企业的岗位（职务）工资标准应有所区别；即使岗位（职务）名称相同，但在不同的行业、企业甚至同一企业的不同科室、车间、班组因劳动责任、劳动强度和劳动条件不尽相同。其岗位（职务）工资标准也可以有所差别。

（2）技能工资。技能工资是根据不同岗位（包括职务、职位）对劳动技能的要求和职工所具备的劳动技能水平而确定的工资。技术工人的技能工资可分为初级技工、中级技工、高级技工三类工资标准，并相应设置若干档次；非技术工人（普通工、熟练工）的技能工资应视其岗位对劳动技能的要求程度，以及考虑各类人员的工资关系，比照技术工人的技能工资适当确定，为鼓励普通工、熟练工提高技能水平，其技能工资最高可延伸到中级技工的技能工资档次；管理人员和专业技术人员的技能工资可分为初级管理（专业技术）人员、中级管理（专业技术）人员、高级管理（专业技术）人员三类工资标准，并相应设置若干档次。工人和管理人员执行同一技能工资标准，不同职务的管理人员、专业技术人员，技能工资等级可以适当交叉。根据培训、考核、使用、待遇相结合的原则，为使技能考试与技能工资相对应，并使各行业、各企业之间的技术考试具有可比性，技能工资各档次的设置应大体一致。

案例 3-3：第一汽车制造厂基本生产工人的
联产浮动岗位工资制

第一汽车制造厂于 1953 年兴建，1956 年投产，到 1986 年底已累计生产汽车 128 万辆，上缴利税总额 56 亿元。到 1987 年底，第二代产品——CA141 新车正式投产，1983 年国家为促进企业的自我改造、自我发展，批准第一汽车制造厂实行利润递增包干，至 1990 年不变，较好地解决了国家与企业之间的关系，同时为进一步处理企业与职工个人之间的关系创造了良好的条件。

一、实行联产浮动岗位工资制的基本依据

根据深化企业改革、搞活内部分配的精神，第一汽车制造厂在分析干部与工人以及工人中各类人员之间的工资关系时，认为基本生产工人的工资问题是当时的主要矛盾。基本生产工人是企业主导产品的直接创造者，劳动成果体现着企业的产品数量和质量，他们在生产劳动过程中，劳动强度大、劳动频率高、劳动过程单调、劳动时间约束性强、对技术熟练度要求高。辅助生产工人及服务性工人承担的责任大小、劳动强度都低于基本生产工人。在正常情况下，基本生产工人的工资收入应略高于辅助生产工人，辅助生产工人还应高于仓库、服务性工作的工人。根据当时的统计分析结果来看，恰恰相反，基本生产工人的平均工资是最低的。这样的工资分配关系挫伤了基本生产工人的积极性，影响了基本生产工人队伍的稳定和素质的提高。同时，基本生产工人内部由于岗位轻重不同、劳动条件相差较大，单纯地靠基本工资加奖金的办法也难以解决这个矛盾。加上八级工资制不完全适应大批量流水线生产工人的劳动特点，工资等级和技术等级不符，升级制度不健全，使他们在年轻力壮、技术比较熟练、贡献较大时不能得到较高的收入，在一定程度上影响了基本生产工人的积极性。所以基本生产工人不宜简单地实行八级工资制，应从工资制度上进行根本性的改革，以解决基本生产工人劳酬不符的问题，体现按劳分配原则。

二、实行联产浮动岗位工资制的过程

1983年初，曾设想在基本生产工人中建立岗位津贴制度，后来在吸取其他单位改革经验的基础上，认为实行联产浮动岗位工资制更符合第一汽车制造厂的实际情况。1983年6月开始在两个车间试行，到年底扩大到10个专业厂的33个车间，约4150人。1984年初在全面搞好基本生产工人定员和进一步完善管理办法的基础上，将联产浮动岗位工资制扩大到全厂所有的基本生产车间

11000多名基本生产工人中，全面实行联产浮动岗位工资制。1985年正式制定了《第一汽车制造厂联产浮动岗位工资管理办法》（见附件一）。1986年10月，第一汽车制造厂开始全面换型改造，《第一汽车制造厂联产浮动岗位工资管理办法》暂时停止执行。1987年6月CA141新车已达到设计生产能力，质量基本稳定，在总结过去经验的基础上，又恢复实行了联产浮动岗位工资制。

三、实行联产浮动岗位工资制的基本做法

第一汽车制造厂实行的联产浮动岗位工资制，是在保留原八级工资的前提下，把在岗工人的工资分为基本固定部分和浮动工资部分。在岗时执行岗位工资，离岗时执行等级工资的"双轨制"办法。可概括为"五定、三联系"。"五定"是确定个人应得岗位标准工资的前提，"三联系"是确定个人应得浮动工资部分的基本方法。

（一）"五定"工作

1. 定额

劳动定额是企业管理的一项基础工作，是定员及工时考核的基础。劳动定额是否准确，直接关系到工资分配是否公平合理，因此在实行联产浮动岗位工资制前，重新核定定额水平，没有先进合理工时定额的，不能实行。

2. 定员

核定定员基本采取两种方法：一是以定额为基础的定员；二是按岗位定员，即在各专业厂绘制岗位平面图的基础上，逐工位核定劳动分工是否合理，工时利用是否充分，劳动负荷是否达到要求，在保证工时满负荷的情况下，核定出岗位定员人数，多数单位采取这种办法。

3. 定岗

定员核定以后，应根据原有职工的身体情况、技术熟练程度、劳动态度、按照定员确定顶岗人员的生产岗位。具体方法是由车间落实到班组，再由班组

落实到个人。

4. 定岗位等级

岗位等级是确定岗位工资标准的依据，是实行联产浮动岗位工资制的关键。确定岗位等级主要根据《确定岗位等级的因素》（见附件二），即劳动强度、劳动条件、设备工装复杂程度、劳动负荷、技术要求、精神负担程度、安全感受来划分。各单位在审定时基本采取以下两种办法：第一种，按照确定岗位等级的七个因素的系数计算，系数值较高的为一等岗，其他各等岗依次排定；第二种，首先由各车间提出具体划分岗位等级的意见。然后在各车间领导共同讨论的基础上，由专业厂劳资、技术、生产、企管等部门组成的岗位等级审定小组审定。全厂岗位等级共分六等，在一个专业厂内可能分四等或五等，为了合理安排全厂各等岗之间的关系，保持基本平衡，厂统一控制一等岗数，其他各等岗数由专业厂自行安排。

5. 定岗位工资标准

岗位工资标准，在平衡厂内各类工人工资水平关系的基础上，厂统一制定。1986年，冷加工岗位工人执行的岗位工资标准相当于八级工资制的4~6级（61~84元/月），热加工岗位工人执行的岗位工资标准相当于八级工资制的4.5~6.5级（66~90元/月）。除此之外，还规定了特等岗位的岗位工资标准，冷加工岗位工资为90元/月，热加工岗位工资为97元/月。对少数等级标准工资超过岗位标准工资的老工人，为鼓励他们长期从事一线生产岗位工作，尽可能不降低收入，采取岗位补差的办法。岗位补差额相当于等级标准工资超过岗位标准工资的部分。

（二）"三联系"工作

1. 联系产量浮动

主要体现在厂对专业厂的分配，采取"约当辆份工资含量的办法"。即在合理确定约当辆份单价（包括生产奖、岗位津贴、加班工资核定在内）的基础上，根据专业厂实际完成的产值约当辆和完成的工时约当辆，计算出实际完成约当辆乘以当辆单价，得出每月应得的岗位工资总额。产量作为分配的主要依据同时随百分制考核浮动。专业厂对车间、车间对班组、班组对个人的分配，也要考核以产量定额或工时定额确定的月产量基数完成情况，增减产量时工资随之增减。

2. 联系车间各项经济技术指标浮动

主要体现在专业厂对车间的分配，以专业厂落实到车间的经济技术责任指标为基础，按百分制进行考核，只扣不加，百分之百完成得全额工资，完不成按核定比例扣罚车间浮动工资额。

3. 联系个人贡献浮动

这是实行联产浮动岗位工资制的最关键一步，直接关系到工资分配效果。它是把岗位工人的月工资收入与本人当月完成的产量（或工时）、质量及岗位经济责任执行情况联系起来，得出每月应得的实际工资收入。

四、实行联产浮动岗位工资制取得的经济效果

1983 年 6 月至 1986 年 9 月，第一汽车制造厂在基本生产工人中实行联产浮动岗位工资制的实践证明，经验是成功的，效果是好的。概括起来主要体现在以下几个方面：

（1）在大量流水线生产岗位上的基本生产工人中实行联产浮动。岗位工资制是可行的，在体现按劳分配原则方面优于八级工资制。主要在于它克服了八级工资制加奖金的分配办法的不足，适应了大量流水线生产岗位上的基本生产工人技术要求的特点，工作成绩主要表现在技术熟练程度高低、劳动强度大小、劳动态度好坏等方面。

（2）实行联产浮动岗位工资制稳定了一线基本生产工人队伍，提高了工人队伍素质。实行联产浮动岗位工资制以后，基本生产工人平均每月工资收入高于辅助、服务工人20元左右，参加工作时间短、等级标准工资低的青年工人，如在重要岗位工作，生产任务完成得好，各项经济技术指标达到要求，每月工资收入可比后方同等条件的工人多40元左右。实行联产浮动岗位工资制较好地解决了劳酬不符的问题，调动了基本生产工人的积极性，使他们安心从事一线生产，扭转了多年来基本生产工人不稳定的被动局面，提高了工人学习技术的积极性，也提高了工人队伍素质。

（3）促进了定额、定员以及原始记录、考核等基础工作的加强。定额水平、定员工作是贯彻按劳分配原则必不可少的依据和条件。实行联产浮动岗位工资制，要求制定出先进合理的定额、定员，还要求对专业厂、车间、班组及个人的劳动成果进行认真考核和计量，否则浮动工资的分配就失去了科学的依据。为适应这种客观要求，全厂自上而下地建立了一套比较完整的考核办法，健全了各种原始记录。从而加强了各项基础工作，提高了基层的管理水平。

（4）增强了职工的集体观念和主人翁责任感。实行联产浮动岗位工资制，采取了层层考核的办法。第一汽车制造厂对专业厂重点考核产品产量，专业厂对车间、车间对班组、班组对个人，既要考核产品产量或工时，也要考核经济技术指标完成情况，个人收入不仅受本人工作成果的影响，还受所在班组、车间生产任务及经济技术指标完成情况的影响。这样就促使工人不但要很好地完成本人的生产任务，而且还要关心整个班组或车间的生产情况，尽可能为下道工序创造有利条件，并协助他人完成生产任务，增强了他们的集体观念和主人翁责任感。

（5）提高了综合经济效益。实行联产浮动岗位工资制给第一汽车制造厂带来了生机和活力，其经济效益明显提高。与1982年相比，汽车产量提高了

40.5%，工业总产值提高了57.2%，实现利润增长了175倍，五大动能单耗均有大幅度降低，劳动生产率也有了较大幅度的提高，1986年与1982年同期比，按基本生产工人计算的实物劳动生产率提高54.2%。经济效益的提高与实行联产浮动岗位工资制是分不开的。

总之，实行联产浮动岗位工资制的效果是明显的，是符合第一汽车制造厂实际生产情况的，因而对第一汽车制造厂近年来的发展和换型改造都起到了积极的促进作用。但第一汽车制造厂要长久发挥其经济杠杆作用，还有待于在实践中不断研究新情况，解决新问题，进一步巩固和完善工资制度。

附件一

第一汽车制造厂联产浮动岗位工资管理办法

根据《中共中央关于经济体制改革的决定》精神，为了更好地贯彻按劳分配原则，巩固实行联产浮动岗位工资制的成果，统一政策，加强管理，特制定本办法。

一、实行的范围和条件

凡专业厂一线基本生产工人和经批准的检验产品质量工人，符合下列条件，均可实行联产浮动岗位工资制。

（1）生产任务稳步上升，日产量达到设计生产能力以上，质量达到一等品。

（2）以车间为单位计算的平均劳动负荷率达到70%以上。

（3）实行了定额、定员及岗位责任制。

（4）原始记录和基础资料健全。

二、分级管理

联产浮动岗位工资实行分级管理，一般分为厂级管理、专业厂级管理、车间管理、班组管理。联产浮动岗位工资与单位经济承包责任制挂钩，与完成汽车辆份产量挂钩，逐级考核分配，每月兑现。

（一）厂级管理

（1）制定原则性政策，包括联产浮动岗位工资制的基本形式，定员、定岗原则，岗位工资标准，岗位工资制的津贴、补贴标准等。

（2）核定专业厂应得岗位工资总额，包括岗位工资的固定部分、浮动部分以及产量、经济技术考核指标等。

（二）专业厂级管理

（1）具体确定岗位等级及上岗人数。

（2）具体确定产量基数及产量浮动系数。

（3）制定岗位工资各种假期及各种补贴的处理办法。

（4）考核各车间产量及各项经济技术指标完成情况。

（5）在专业厂应得月度岗位工资总额内，核定各车间应得的岗位工资额，并审查实际所付岗位工资额是否超过应得岗位工资额、分配是否合理。

（三）车间管理

（1）主要考核班组生产任务及各项经济技术指标的完成情况，一般采取基础分加减分的百分制等考核办法。由于各车间生产情况不同，考核项、指标也不可能完全一致，归纳起来主要有：①生产指标，包括产量、均衡率、备品品种率在制品管理以及停工单、记工单、投料单的填写，等等。②质量指标，包括项目合格率、废品率、一次交验合格率、工艺纪律等。③消耗指标，包括工具辅助材料模具消耗等。④设备保养与维修，包括一级保养、计划预修、设备事故等。⑤劳动及日常管理，包括出勤情况、劳动纪律、文明生产、环境卫生、安全生产以及各项原始记录等。

（2）根据考核结果核算各班组应得岗位工资额，并按班组上报的个人考核结果计算个人当月应得岗位工资额，在规定时间内上报专业厂劳资科。

（四）班组管理

（1）主要考核个人生产任务及各项经济技术指标完成情况，由于班组情况不同及个人生产岗位、工种的不同，考核项目、指标也不相同，基本与车间考核班组的指标类似。

（2）班组应详细记录、统计考核结果，及时上报车间，作为车间计算个人当月应得岗位工资额的依据。

三、具体实施办法

（1）按平面布置及岗位负荷逐工序计算，确定岗位、岗位等级，并按要求配备上岗人员，依据岗位标准工资和有关津贴、补贴政策核定岗位工资的固定部分。

（2）第一汽车制造厂对实行岗位工资的人员，按汽车辆份单价计算专业厂的岗位工资总额，随完成生产任务的多少进行浮动。辆份单价的初次核定是以基期实际完成的产值约当辆和工时约当辆及实际支付的岗位工资额（含岗位标准工资、超额工资、原奖金等）剔除不合理的因素后，进行核定，一般情况下不做个别调整（如有机构变动、产品转移等特殊情况，重新核定辆份单价）。然后，每月根据计划处提供的产值约当辆和劳资处定额科提供的完成定额工时约当辆，计算应发的岗位工资。各专业厂根据第一汽车制造厂按产量核定的岗位工资总额，再联系车间各项经济技术指标以及个人的贡献进行浮动。

（3）实行岗位工资人员取消生产奖、岗位津贴和加班工资（均核定在辆份单价内）。对第一汽车制造厂统一发的年终奖或季度奖可区别对待，一般规定个人得奖额：季度奖发标准的1/2，年终奖按标准照发。

四、具体问题的处理

（一）统一岗位工资标准

为减少矛盾，全厂实行岗位工资的工人，其岗位工资标准必须统一，凡与第一汽车制造厂规定的标准不一致的，必须按统一规定执行。具体标准见附表1：

附表1　岗位工资标准

工种 岗位等级 工资标准（元）	特等	一等	二等	三等	四等	五等
冷加工岗位	90	81	78	72	66	61
热加工岗位	97	90	81	78	72	66

（二）岗位工龄补贴

实行岗位工资的工人发岗位工龄补贴，岗位工龄补贴只限于岗上执行，离岗人员，从离岗的月份起即行取消。岗位工龄补贴标准是：

冷加工岗位：工龄从第16年开始，每满一年每月发0.5元。

热加工岗位：工龄从第16年开始，每满一年每月发1元。

（三）岗位补差

实行岗位工资的工人同时执行等级工资制，等级标准工资的增加与其他职工相同。为了鼓励老工人坚持在一线生产岗位上工作，使他们在实行岗位工资以后收入不降低，对实行岗位工资的老工人实行岗位补差，补差金额为等级标准工资同岗位标准工资的差额。

（四）新入厂人员的工资处理

新入厂人员上岗前，要经过熟练期，冷加工岗位的熟练期为一年，热加工岗位的熟练期为半年。熟练期内执行等级工资的一级工标准，熟练期满经考试考核合格后上岗，从上岗之月起执行岗位工资的过渡标准，冷加工岗位分四年过渡，热加工岗位分三年过渡。详见附表2。

附表2　冷加工与热加工岗位工资过渡标准

工种＼年限过渡百分比	半年	一年	二年	三年	四年
冷加工岗位	—	熟练期	80%	90%	100%
热加工岗位	熟练期	80%	90%	100%	—

（五）离岗人员的工责处理

执行岗位工资的人员，离开岗位一个月以上，如退休、公出调出、外借、各种假期等离岗期间一律执行等级工资标准。

本办法自1985年7月1日起执行，过去规定与本办法有抵触的，改按本办法执行。

附件二

附表3　确定岗位等级的因素

确定岗位应考虑的因素		划分岗位等级要考虑的条件
劳动强度	经手重量	手工装卡零件的重量、零件的运距、每班产量
	劳动频率	每班经手零件数、每班操作工具等动作次数
	吊装工件器具	推拉工作物的工具（滚道吊车等）手工劳动与吊装工具配合的程度等
劳动条件	环境中的明亮度、粉尘度	工作区域光线情况、粉尘浓度大小
	环境中的接触物、气味等	工作过程接触的气味、使用冷却液的种类（如煤油、乳化液等）
	劳动姿态	如往复的大弯腰、仰面等不同劳动姿势

续表

确定岗位应考虑的因素		划分岗位等级要考虑的条件
设备工程复杂程度	设备工装的复杂系数	以其岗位的复杂系数多少
	调整刀、卡具的数量及难度	以其岗位的复杂系数多少
劳动负荷		以本岗位定成班任务产品的工时定额与班制度时间比
技术要求		以产品对象的精度、光洁度等
精神负担程度		在岗位劳动时要求操作者的精神集中程度，如机动时间长短，发生产品质量事故的可能性等
安全感受		发生工伤事故的可能性

资料来源：刘杰三：《企业工资改革实用手册》，中国城市经济社会出版社1988年版，第561-566页，内容有删改。

案例3-4：华能集团探索工资分配新模式

一、华能集团简介

华能集团是在改革中诞生和发展的新型企业集团，是国家55家首批试点集团之一。其主要任务是适应我国国民经济发展的需要，为国家承担电子、煤炭开发建设任务，围绕能源开发建设进行多种经营。在经营方式上，在社会主义市场经济条件下、在能源等基础产业开发上，华能集团探索出一条自负盈亏、自我发展的企业化经营路子。华能集团从1985年成立后，不断发展壮大，取得了显著的成效。到1993年底，在电力工业方面，华能集团建成规模为1100多万千瓦的电站，累计发电量为1900多亿度，到1993年，华能集团机组发电量已占到全国当年发电量的8.33%。到1993年底，华能集团合并资产总额近500亿元，自有资产达67亿元。为我国能源工业和经济建设做出了积极的贡献。

二、工资改革的指导原则

为适应社会主义市场经济发展的客观需要并转换经营机制，华能集团在开发建设的同时，根据国家关于劳动人事、工资分配制度改革的有关精神，从1991年起，有步骤地推进了人事劳动制度的改革，实行了干部的聘任制和职工优化组合，按照聘任合同对职工进行年度考核。同时，华能集团成立了人才交流中心，疏通了人才流通渠道，对新调入的人员采取了试用期制度。这些制度的改革调动了职工积极性，提高了职工的工作效率。但由于原有的工资制度是计划经济条件下的产物，在过去起到一定的积极作用，但随着社会主义市场经济体制的建立，原有的分配制度越来越不能发挥应有的作用，工资水平低、收入不合理、津贴补贴比重大、运行机制不健全、工资能升不能降等弊端制约着生产力的发展，已不能适应华能集团的事业发展需要，改革原有的工资制度已成为客观必然。为此，华能集团明确提出了要建立具有本企业特点的工资分配制度，从实际出发，确立了工资制度改革的指导思想，就是要适应社会主义市场经济发展的需要，进一步贯彻按劳分配的原则，建立起根据责任、贡献、效益进行工资分配的运行机制，从而达到调动职工的劳动积极性、增强企业活力、提高经济效益的目的。

华能集团在制定方案和实施过程中，结合企业的特点，提出了四条指导原则：①工资总额同经济效益挂钩的原则，就是要按照工资总额同经济效益挂钩的办法，在提取的工资总额内留足必要的工资储备金后，进行内部分配，接受国家的宏观调控。②职工收入与岗位责任挂钩的原则，职工在不同岗位上工作，承担的责任大小不同，劳动贡献有区别，收入也要区别，在什么岗位享受什么待遇、拿什么工资。③职工收入与本人业绩挂钩的原则，职工的学历、技能是潜在的劳动要素，而工资分配必须以职工的实际业绩为依据。④平稳过渡、兼顾现状的原则，由于工资制度改革涉及全体职工的利益，这就要求改革工作既要做到改革，又要保持稳定，能否使绝大多数职工满意是工资制度改革能否顺利推进的关键所在。

三、工资改革的主要内容

华能集团在研究制定新的工资分配方案时，针对原有的工资分配中存在的主要问题，力求通过方案本身加以解决。通过改革，在调整工资结构时减少津贴、补贴项目，理顺各种分配比例关系，突出基本工资主体地位。方案的主要内容是，根据华能公司的经营和管理特点，工资分配要以岗位工资和效益业绩工资为主要形式，按照职工对企业实际劳动贡献大小和本单位经济效益的好坏，在对职工进行业绩考核的基础上确立劳动报酬，这是一种公司内部分配制度。它由岗位工资、年功工资和效益业绩工资三部分组成。

（1）岗位工资是按职工所在的岗位（职务）各项基本要素测评的结果所确定的工资。方案共设12岗，为一岗多级，每个岗位设3~8个工资等级，岗位工资级差设计为岗位越高级差越大，最大级差为40元，最小级差为10元。岗位与岗位之间的差距为不规则等级差，最大岗位差为90元，最小岗位差为30元，岗位工资标准最高与最低比例为1：6.5，岗位工资占职工工资收入的60%，是工资制度分配的主体。

（2）年功工资是在比照国家工龄津贴的基础上，增加了华能集团工龄工资。年功工资占总体收入的5%左右，设置这一单元的目的是增强华能集团职工的凝聚力，稳定骨干队伍。

（3）效益业绩工资，它与各公司经济效益增长情况和职工工作业绩考核紧密挂钩，是工资方案中最灵活的部分，约占职工总收入的35%。

在岗位工资套改中，将职工原有的标准工资、浮动工资、岗位津贴、物价补贴、午餐费等一次并入本人所在岗的岗位工资中。同时为减少矛盾，考虑到历史形成的工资现状，按照职工本人原标准工资和参加工作时间及任现职务的时间三个条件确定是否再晋级。

在确定效益工资发放时，华能集团采取了以"效益划线，考核定位"的方法，根据各公司上年实现利润增长率和自有资产增长率来确定各公司效益工资的整体水平。然后各公司再按照对职工业绩考核结果确定每名职工领取效益业绩工资的多少。具体形式是按月预付一部分，到年底再总结算，每年调整一次。

任何一种工资制度如果没有良好的运行机制必然会失去它应有的作用。工资运行机制的核心是如何把工资分配管"活"。岗位效益工资方案本身95%的部分是灵活的，也就是能升能降、能多能少，关键是如何管理。在运行机制上华能集团着重从以下五个方面进行探索：

（1）根据华能集团经济效益和劳动生产率的提高和物价上涨情况调整岗位工资标准，原则上计划每两年调整一次。

（2）根据职工岗位任职考核和任职考试结果，部分职工在本岗位内晋级。

（3）随岗位职务变化，易岗易薪，及时调整岗位工资。

（4）按照各公司上年完成经济效益情况和职工年度业绩考核结果，确定每名职工效益业绩工资的分配数额，职工业绩考核分为四等，即优秀、胜任、基本胜任和不胜任，凡考核为不胜任者，不发放效益业绩工资。基本胜任者只发放基础部分，胜任者在基础部分上加发20%~40%，优秀者再加发40%~80%。

（5）设立了特殊贡献奖，对超额完成任务且具有突出贡献者可给予重要奖励，不再执行奖金人人平均发。

同时，针对工资管理中存在的问题，华能集团还对调入人员、试用人员、新接收复转军人、大中专学生的初期工资做了相应的规定。

四、以工资分配为重点，促进配套改革

岗位效益工资制度的实行，使华能集团向公平和效率的方向前进了一步，从而调动了职工的积极性，促进了公司各项工作的开展和经济效益的提高，从岗位效益工资制度实行后广大职工的反映来看，效果良好。

第一是增大了基本工资占工资收入的比重，合理拉开差距，理顺了企业内部不合理的工资分配关系。原有职工工资收入结构不合理，突出问题是补贴、津贴、奖金所占比重过大，而且增长过快，平均发放因素多，基本工资占职工收入总额的 30%，改革后取消了大量的基本工资外津贴、补贴，增加了基本工资的比重，基本工资占职工收入总额达到了 65%，突出了工资的主体地位，使责任重、技术高的岗位职工工资与一般岗位职工工资收入拉开差距。实际套改结果岗位工资最高与最低可达到 3.5∶1，效益业绩工资最高与最低相差 4 倍多。

第二是建立正常的运行机制和管理体制，在工效挂钩前提下，华能集团根据国家关于工资增长的宏观指导，可自主确定工资水平以及调整方案，同时，作为企业集团，对下属企业和控股公司负有管理的职责，结合工资改革理顺了与二级公司、分公司的工资管理体制，明确了集团公司一要管工资总额，二要管领导班子成员的工资水平，三要管华能集团系统的工资分配政策。

第三是促进了业绩考核工作。人事制度的改革以及岗位职务聘任为工资改革创造了前提条件，而工资改革又对业绩考核提出了新的要求，为此华能集团着重研究和加强了业绩考核工作。华能集团确立了各公司年度经济指标。将指标层层分解，落实到人，年终考核以此为依据，这样工资分配就有了可靠的依据，拉开差距也使职工心服口服，从而极大地调动了职工的积极性，提高了公司效益。1994 年华能集团实现利税比上年增长 56%，各项任务全面超额完成。

第四是促进了养老保险制度的改革。华能集团已经按照原中华人民共和国劳动部（以下简称劳动部）印发的《关于基本养老保险金计发办法改革试点工作的通知》，实行新的计发办法。

工资制度改革是一项复杂而具体的工作，受到各方面因素的制约，而任何一项改革都是在原有基础上进行的，必然要考虑历史的因素。从华能集团工资制度改革进展来看，改革是初步的，还存在许多不尽如人意的地方，离社会主义市场经济的要求还有较大的差距，需要在实践中不断进行调整。

资料来源：祝晏君、王文华、苏海南等：《市场经济条件下的企业工资管理》，人民邮电出版社 1995 年版，第 368-372 页，内容有删改。

（三）行政机关、事业单位的工资制度改革

1985 年 6 月，中共中央、国务院下发《关于国家机关和事业单位工作人员工资制度改革问题的通知》，决定对国家行政机关和事业单位的工资制度进行改革。中央要求改革必须坚持按劳分配原则，多劳多得，从而体现劳动复杂程度和熟练程度的差别；把工作人员的工资同本人的工作职务、责任和劳动业绩联系起来；建立正常的晋级增资制度，使行政机关、事业单位工作人员的实际工资水平随着国民经济的发展而不断提高。

机关和事业单位工资改革的内容主要包括：一是国家机关行政人员、专业技术人员均改行以职务工资为主要内容的结构工资制，即把原有的标准工资、副食品价格补贴、行政经费节支奖金与这次改革增加的工资合并在一起，按照工资的不同职能，分为基础工资、职务工资、工龄津贴、奖励工资四个组成部分。基础工资以大体维持工作人员本人的基本生活费计算。职务（含技术职务）工资按照工作人员的职务高低、责任大小、工作繁简和业务技术水平确定。每一职务设几个等级的工资标准，上下职务之间的工资适当交叉。工作人员按担任的实际职务确定相应的职务工资，并随职务的变动而变动。工龄津贴按照工作人员的工作年限逐年增长，每工作一年每月发给 0.5 元。奖励工资用于奖励在工作中做出显著成绩的工作人员，有较大贡献的可以多奖，不得平均发放。所需奖金仍从行政经费节支中开支。二是事业单位行政人员和专业技术人员的工资制度，允许根据各行各业的特点因行业制宜。可以实行以职务工资为主要内容的结构工资制，也可以实行以职务工资为主要内容的其他工资制度。实行结构工资制的，可以有不同的结构因素。三是国家机关、事业单位的工人，可以实行以岗位（技术）工资为主要内容的结构工资制，也可以实行其他工资制。实行结构工资制的，分为基础工资、岗位（技术）工资、工龄津贴和奖励工资四个部分，其中工人的基础工资、工龄津贴与干部相同。

这次改革突出了职务的因素，重点是解决"职薪不符""劳酬脱节"，把工作人员的报酬同责任和劳动业绩密切联系起来，更好地体现按劳分配的原则。同时还进一步简化了工资标准，提高了行政机关、事业单位人员的平均工资水平，使这类人员工资偏低的状况略有改善。

1990 年 12 月 30 日，《中共中央关于制定国民经济和社会发展十年规划和"八五"计划的建议》提出了工资制度改革"重点要解决五个问题：一是建立健全工资总量调控机制和工资的正常增长机制，使工资在国民经济持续、稳定、协调发展的基础上，有计划按比例增长。二是根据劳动分配原则，建立起全面反映职工劳动质量和数量的工资制度。在企业，继续完善工资总额与经济效益挂钩的办法，逐步实行以岗位技能工资制为主要形式的内部分配制度。党政机关、事业单位，逐步建立符合各自特点的工资制度。三是调整工资收入结构，限制和减少实物分配。结合价格、住房和医疗保险制度的改革，把一部分福利性补贴逐步纳入工资。四是改变奖金、津贴发放和工资外收入的混乱现象，加强工资管理，逐步实行国家宏观调控、分级分类管理、企业自主分配的体制。五是通过推行个人收入申报制度，严格征收个人收入调节税等措施，缓解社会分配不公"。①

---

① 《中共中央关于制定国民经济和社会发展十年规划和"八五"计划的建议》，《中华人民共和国国务院公报》1991 年 3 月 27 日第 2 版。

第三节　非国有部门的工资制度

本节详细介绍非国有部门的工资制度，后面章节不再赘述。

一、城镇集体企业的工资制度

中国的城镇集体企业，是在中华人民共和国成立初期对手工业、资本主义工商业进行社会主义改造中产生和发展的。党的十一届三中全会以后，城镇集体所有制企业在宽松的环境下得到了很大发展。

（一）国家与城镇集体企业分配关系

有关城镇集体所有制企业个人收入分配的基本方针、政策集中地体现在1983 年《国务院关于城镇集体所有制经济若干政策问题的暂行规定》中，主要是"城镇集体所有制企业职工的劳动报酬，应坚持按劳分配，多劳多得，少劳少得的原则，反对平均主义。集体所有制企业有权根据自己的特点和条件，采用适当的工资形式。职工的工资收入随着企业经营效果和个人劳动成果的大小而浮动，在国家多收、集体多留的前提下，个人可以适当多得；反对分光吃净的做法"。

国家利益主要通过征税加以保证。目前对集体企业开征的主要是三类税：一是流转税，如产品税、增值税、营业税等。二是所得税，即企业实现利润减去国家允许在税前列支的费用、加上营业外收支余额作为纳税依据（应纳税所得额），按一定比例向国家缴纳的税。与全民企业不同的是，国家对集体所有制企业实行"八级超额累进所得税"，即把集体企业应纳税所得额分为 8 个档次，每个档次规定不同的税率。三是地方其他税种，如车船使用税等。国家为了支持集体经济的发展采取了一些减免税收的政策，其中最重要的是对以安置城镇待业青年就业为主的集体所有制企业在一定时期内免征所得税。

集体利益主要体现在三个方面：第一，企业以统筹基金形式向主管部门缴纳一部分利润，用于扩大再生产。第二，企业留利中的生产发展基金，本着"保证集体多留、反对分光吃净"的原则，部分地区都规定集体所有制企业税后留利按"五三二"或"四三三"比例分成。第三，税前还贷。为了扶助集体企业发展，国家规定集体企业贷款额的60%可以在缴纳所得税前用企业新增利润归还，这一政策实际上是国家减少了一部分税收来增加企业所得。

职工个人利益，主要反映在国家政策允许的取得个人收入的四条渠道上：一是在成本、费用中列支的工资、奖金、津贴等；二是在税前利润中列支的奖金，如按成本工资额的5%在税前提取的"企业基金"中就允许一部分用于职工奖励；三是在税后净利润中提取的个人收入，主要是肉类等价格补贴以及按合同规定提取的承包者或承租者的个人收入；四是在企业留利中按规定比例提取的分红基金（有的地区也同全民所有制企业一样称为奖励基金）。①

（二）城镇集体所有制企业工资分配形式

城镇集体所有制企业在工资分配上有多种多样的形式，其中有代表性的主要有以下四种：

第一，基本工资加奖金。它是企业工资总量的一种决定模式。集体所有制企业的奖金分为两个列支渠道：一是按标准工资10%～12%在成本中列支（实行计件工资的企业可在成本中列支相当于标准工资的30%的计件超额工资）。二是在企业利润中（包括税前利润和税后留利）提取奖励基金，实行"基本工资+奖金"这种工资总量确定模式，前提条件是要有统一的工资标准。目前

① 赵文祥：《工资学》，北京燕山出版社1993年版。

城镇集体所有制企业中由区县以上部门管理的企业几乎全部参照执行了国有企业职工工资标准，主要的津贴标准也是参照国有企业执行的。

第二，计税工资。它是在计征所得税前，允许企业在成本、费用中列支的工资、奖金。这种模式适用于没有统一工资标准的企业。对于计税工资的额度，全国没有统一规定，多数地区确定在人均每月 80~140 元。各企业执行的计税工资额度是由税务部门根据行业劳动强度的不同而具体核定的，企业实发工资、奖金等个人收入超过计税工资额度的部分不能计入成本，要在企业税后留利中列支。计税工资使财税部门和企业在计算成本（主要是人工成本）与利润时有了一个共同的、明确的标准，有利于保证国家税收和企业留利，也有利于合理控制企业工资的增长。这一现行模式的弱点主要是计税工资按人均工资额度确定标准，对于工资总量的控制功能较弱。

第三，除本分成制。除本分成制是从企业每月的实际销售收入中，扣除在职职工工资以外的一切成本支出以后，剩余部分按主管部门批准的分成比例留用。其中一部分为企业分成额，另一部分为职工工资总额。职工工资总额随企业纯收入上下浮动。在核定分成比例不变的条件下，企业纯收入高，职工工资总额就高；企业纯收入少，职工工资总额就低。在企业内部，职工的工资根据个人劳动贡献的大小浮动。劳动贡献小，工资就少；劳动贡献大，工资就多。

第四，工资总额与经济效益挂钩。这是集体企业仿照国有企业工资总额与经济效益挂钩的经验而采取的一种形式。基本做法是，由主管部门对企业分别核定工资总额基数、经济效益（主要是上缴税金和利润）基数，并确定挂钩浮动比例。企业工资总额的多少完全随企业经济效益浮动。这种办法有利于促进集体企业经济效益的提高，同时也有利于对企业工资总额进行宏观控制。

（三）城镇集体所有制企业内部的工资分配

城镇集体所有制企业生产资料公有制的基础决定了其内部工资和奖金的分

配必须贯彻按劳分配的原则。关于城镇集体所有制企业职工劳动报酬的分配，《国务院关于城镇集体所有制经济若干政策问题的暂行规定》中明确指出，"城镇集体所有制企业职工的劳动报酬，应坚持按劳分配，多劳多得，少劳少得的原则，反对平均主义。集体所有制企业有权根据自己的特点和条件，采用适当的工资形式。职工的工资收入随着企业经营效果和个人劳动成果的大小而浮动，在国家多收、集体多留的前提下，个人可以适当多得；反对分光吃净的做法。生产经营好、收入高的集体所有制单位，其职工工资收入可以高于同行业国营企业职工的工资收入"。

在国家与企业的利益分配关系确定之后，集体企业有较多的内部分配自主权并且在具体分配办法上与国营企业有许多不同之处。比如，国家对集体企业的工资标准未做统一规定，许多集体企业在内部分配上，根据自身的生产经营特点调整了工资结构中基本工资与奖金的比重关系，适当地降低了固定部分的比重，加大了分配中的"活"的成分，实行了浮动工资（包括全额浮动和部分浮动）、分成工资、承包工资、拆账工资等多种分配形式。

在工资制度上，集体企业根据不同工种、不同岗位的特点，实行了不同的办法。例如，对生产稳定、技术要求较高的工种，一般是实行等级工资制，并通常采用同行业国营企业的技术等级标准和等级工资标准；企业的干部和专业技术人员根据职务高低和岗位责任大小，多实行职务等级工资制。对技术要求单一、工序性生产的工种，一般实行岗位工资制。产品单一、生产批量较大、便于用最终产品考核的岗位，一般实行计件工资制。产品变化大、生产程序复杂的岗位则实行集体计件加奖金或集体承包工资。在修理服务行业，有固定服务摊点，营业额收入有健全记载的人员，大都实行提成工资或超交分成工资；零散游动服务的人员，没有稳定收入，则实行定额上交超交分成工资。这些对职工的分配办法都较好地反映了集体企业的经营特点和职工多劳多得的原则。

分红制是集体企业分配制度中的一种特有方式，有些集体企业对职工实行集资入股、个人参资入股等形式，按股金多少进行股息分配和股金分红；还有的集体企业在以基本工资为主的同时，把劳动分红作为一种辅助分配方式。分红是企业在缴足税、留够费后，在税后利润中，按一定比例提取分红基金，用于股金分红或劳动分红。有的地区规定，企业税后利润的40%左右用于公益基金和分红基金，分红额一般不超过股金总额的15%。通常情况下，分红的具体比例由企业职工大会或职工代表大会讨论决定。实践证明，分红是集体企业一种行之有效的分配形式，它把职工的个人利益同企业集体的利益更紧密地联系起来。

在奖金、津贴方面，集体企业内部对职工个人的分配办法与国营企业大体相同。奖金作为超额劳动的报酬，同样是集体企业职工工资的一种补充形式。相对国营企业而言，集体企业奖金发放的形式较灵活，其主要形式有承包奖、超产奖、超定额工时奖、计件超额奖、效率提成奖等。[①]

案例3-5：二轻集体企业工资制度的初步改革

根据一些大中城市的典型调查，在已经实行经营承包责任制的二轻集体企业中，实行了半浮动、全浮动工资制（包括除本分成工资等）的企业约占50%，实行超额计件工资的企业约占40%，实行计时工资加"活奖励"的企业比例已下降到10%以下。尽管浮动工资制形式很多，名称各异，但归纳起来有三个共同特点：①在企业实行经营承包的基础上，企业把承包指标分解落实到车间（科室）、班组和职工个人，真正做到多劳多得、少劳少得、不劳不得。②职工个人收益不仅要看职工的劳动数量、质量，还要联系到劳动的经济

---

① 翁天真：《企业工资管理》，劳动人事出版社1988年版。

效益，把企业经营好坏与职工个人收入高低直接捆在一起。③贯彻在国家多收、集体多留的前提下，个人可以适当多得的原则，既反对平均主义分配，又反对吃光分净。

当时各地二轻集体企业实行的具体工资形式有：

（1）超额计件工资。生产基本正常、供销稳定的二轻集体企业一般都实行超额计件工资，职工完成定额，只发放基本工资，超额完成定额，则发放超额计件工资，个人不封顶，车间不拉平；完不成定额的职工则要倒扣基本工资，一般是以工资的20%为限。

（2）半浮动工资。所谓"半浮动"，是指企业的标准工资总额不变，把职工基本工资的20%~30%和奖金捆起来作为职工的浮动工资。有的采用"死分活值"，有的采用"活分死值"。

（3）全浮动工资。一些产品定型、供销正常、基础工作较好、定额先进合理的企业实行全浮动工资制。打破原有的基本工资界限，按职工实际完成产品数量与质量计酬。为了保证有技术的老工人的收入略高于同级工人的收入水平，有的企业设有技术津贴、带艺徒津贴。一般情况下，除保留技术发明奖、新产品设计奖等特殊奖金项目，其他均予取消，以免使全浮动工资制度失去应有的作用。

（4）除本分成工资。一些本小利微、经营困难或亏损的二轻集体企业一般都实行除本分成工资，其特点是职工工资不计入产品生产成本，按销售收入扣除成本支出后，企业和职工按一定比例分成。职工个人收入随着企业生产经营效益上下浮动，既有利于企业渡过难关，又有利于保住职工的基本收入水平。

（5）基本工资加活奖励。企业的标准工资总额不变，联利计奖。采用这种分配办法多是生产基本正常、盈利较多并在经营管理上实行初步改革的集体企业。一般做法是，企业以实行改革前三年平均实现利润总额（或利润税金总额）为基数，年利润（利税）总额每增长（或减少）1%，企业奖金总额也随之增长（或减少）0.5%~0.8%。

为了提高企业的竞争能力，有的企业还实行以新产品销售收入或新产品销售利润的一定比例发给设计、研制人员，或按产品质量效益承包。真正做到优质优价、平质平价、劣质赔偿、事故处罚。

各地二轻集体企业的工资制度初步改革总的来说效果是比较明显的。但是由于城镇集体企业经济情况复杂，涉及面广，改革工作难度也较大，再加上缺乏经验，需要进一步加强调查研究，及时解决各地二轻集体企业在工资改革中出现的新问题。根据各地情况来看，在改革中要注意处理好如下几个问题：

第一，工资制度改革要在企业管理体制改革的基础上逐步实行。具体地讲，就是按照集体企业的性质与特点，将实行统负盈亏的"大集体"，逐步改为自负盈亏的新集体；几个行业硬凑在一起的"综合厂"，必须按行业（产品）逐步划小核算单位，有条件的也可以成立分厂；上千人的大厂也要创造条件以车间或班组为核算单位。总之，"分配好，大划小"，这是企业实行工资制度初步改革的基础。

第二，切实加强企业管理的各项基础工作。由于二轻集体企业管理比较落后，基础工作较差，手工操作比重大，实行工资制度改革之前，必须进行全面整顿，建立健全企业管理的各项基础工作，并在测算、试点的基础上，重新制定劳动工时、原材料、能源消耗、各项生产费用等定额，同时严格执行质量检验、设备维修保养、安全生产、生产（工作）环境管理、职工考勤等规章制度。

进一步认真贯彻在国家多收、集体多留的前提下，个人可以适当多得，反对分光吃净的原则。二轻企业通过实施经营承包责任制，在发展生产的基础上，使大多数职工得到实惠。但工资增长幅度要低于劳动生产率、利润税金增长率的水平。在留给企业的一部分利润中，除了主要用于企业扩大再生产外，还要拿出适当部分用于改善职工食堂、托儿所、幼儿园、职工业余学校、俱乐部等集体福利事业。有条件的企业还可以为老职工退休、青年职工结婚、女工生育、独生子女等办一些好事，进一步密切企业与职工的关系，提高群众的主人翁责任感。

资料来源：陈邦全：《二轻集体企业工资制度的初步改革》，《中国劳动》1984年第16期，第5-6页，内容有删改。

二、乡镇企业的工资制度

（一）乡镇企业的特点及其对工资分配的影响

乡镇企业是农民和县以下非农业人口集资办起来的合作企业和个体企业；是农民脱离农业生产后开辟的第二产业和第三产业。1978年以后，乡镇企业迅速发展，成为中国国民经济的一支重要力量，农村经济的重要支柱。乡镇企业的主要特点：①自负盈亏程度较高。②一般规模较小，生产经营方向灵活。除少数企业形成了专业化生产能力外，大部分企业都是根据本地资源特点与市场变化确定和改变生产经营方向，大都是劳动密集型的企业。③以吸引农村剩余劳动力为主，劳动力文化程度、技术素质相对较低。农村实行家庭联产承包责任制以后，解放了生产力，富余出来的大量劳动力成为乡镇企业职工的主要来源。

乡镇企业的特点决定了其在工资分配和管理上的特点。首先，乡镇企业工资分配的基本原则是按劳分配。乡镇企业主要是由乡、镇政府和村民委员会出资、集资、合资兴办的，其固定资产大都是集体所有，这一所有制性质决定了其在分配上实行按劳分配原则。其次，乡镇企业在工资管理上没有统一的体系，一般是由乡、镇、村及企业自行管理。这样做，乡、镇、村及企业分配自主权较大，方法也比较灵活。最后，乡镇企业的工资分配模式不固定，工资水平受市场机制影响较大。乡镇企业生产经营基本上由市场来调节，它的分配形式因产品制宜，哪种分配形式能促进某种产品的生产，就采用哪种分配形式，企业转产，分配形式也可能随着改变。工资水平也因产品在市场上畅销或滞销而上下波动，使企业职工的工资水平与市场状况紧密地联系在一起。

（二）乡镇企业的工资管理

国家对乡镇企业的工资没有进行统一的管理，各省份除了规定乡镇企业职工每月一定额度的工资进入成本以外，一般没有做其他具体规定，主要由当地乡镇政府直接管理。其管理形式大体有四种：

（1）规定企业上缴利润比例，然后由企业自主分配，一些地方规定乡镇企业税后利润的 10%~20% 上交乡镇政府或工业公司，作为管理费用或兴办各种公益事业的资金，所剩利润余额由企业自主分配。

（2）企业和乡镇政府通过签订承包责任制合同确定企业的责、权、利，企业在完成承包合同任务后实行自主分配。例如，有的乡镇企业实行集体承包，一般承包期为 3 年。基本做法是：年初总定利润，年终结算核实，超利分成奖励，欠利扣减工资。其具体形式大致有三种：一是确定基数，逐年递增，超利分成；二是一年一定，超利分成；三是定额上交，超利归己。

（3）乡镇政府对所属企业实行工资总额同各种实物量挂钩办法，有些乡镇企业实行酬利工资含量或销售收入工资含量形式；有些乡镇企业实行几定奖赔制，定几项指标（产量、质量、消耗等），完成奖励，完不成赔。

（4）有的乡镇政府对企业工资管理得比较具体。例如，一些乡镇政府根据不同情况，规定了企业职工的工资等级和级差，职工的调资、晋级也直接由乡镇政府审批。为了严格消费基金的宏观控制，还对乡镇企业实行了征收工资税的办法，按职工平均工资计征。

（三）乡镇企业内部的工资分配

乡镇企业由于发展历史不同，情况各异，其内部分配的形式也多种多样。有些企业参照全民所有制企业、城镇集体所有制企业的工资分配形式；有些企业根据本企业情况和承包责任制的特点，自创一套报酬分配形式；还有些企业沿用过去农村生产队用过的分配形式等。归纳起来，大体有四种形式：

1. 基本工资加奖金

基本工资加奖金是大部分乡镇企业采用的工资形式。基本工资部分大都参考全民所有制企业的等级工资制形式。有的实行八级工资制，有的实行六级工资制，有的为缩小级差，实行十五级工资制。在给职工晋级的问题上，一般是根据企业经济效益好差、职工工龄长短和技术水平高低由企业自主给职工升级，有些乡镇政府统一规定定期给所属企业职工调整工资，还有的企业和国家统一调资同步进行。奖金部分大都采取浮动办法，而且奖金数额一般都比基本工资高一些。

2. 多种形式的定额工资制

经营承包责任制已在相当一部分乡镇企业中实行。企业对乡镇政府进行承包后，企业内部也层层承包，承包中对职工分配实行了多种形式的定额工资制。一是实行了与承包指标，即产值、质量等相联系的同奖同罚办法。二是实行超定额工资制，确定定额基数，完成定额发放基本工资，超定额发放超产奖励，完不成定额按比例扣罚基本工资。三是实行金额浮动工资制，根据承包指标不设基本工资，金额浮动，上不封顶，下不保底。

3. 计件工资制

计件工资最大的特点就是把职工的劳动报酬与劳动成果直接联系起来。所以凡有条件实行计件工资的乡镇企业大都采用这种分配形式。计划工资的形式有个人计件、集体计件、全额计件、超额计件、有限计件、无限计件等。

4. 工分制

这种分配形式是农村生产队分配形式的沿用。有些村办企业初创时，基础较弱，经济效益不稳定，就采取"劳动在厂，分配在队，年终结算"的办法，每天记工分，季末或年终按企业盈利情况计算出每个工分的分值，进行结算。这种分配形式所占比例不大，随着乡镇企业的蓬勃发展，这种分配形式也越来越少。

关于经营者的工资分配，一般采用两种形式：一是结构工资制，由基本工资、职务工资、工龄工资和浮动工资等组成，其中浮动工资的比例大于其他部分。二是根据经营承包指标的完成情况确定经营者的收入。经营者完成承包指标，其收入是职工平均收入的 1~3 倍，超额完成部分承包指标，按比例分成；完不成承包指标按比例扣罚。

此外，乡镇企业还参照全民所有制企业的做法，对有毒有害、高温、高空等岗位实行岗位津贴，对野外作业、生活费用支出较大的职工实行野外补贴等，对职工在特殊劳动条件下的劳动消耗和额外生活费用支出给予一定的补偿。

在工资水平上，乡镇企业有两个较明显的特点：第一，职工人均工资水平增长较快，但发展不平衡，由于经济发展不平衡，各地乡镇企业的工资水平差距较大。第二，企业内部职工之间工资差距拉得较大，但攀比现象较少。由于乡镇企业管理人员、技术人员较缺乏，一般从全民单位聘请或短期支援的人员的工资待遇比较高。厂长经理、推销人员与一般职工的工资差距也较大。但由于乡镇企业职工依赖思想比较淡薄，认为"干得多的人多拿，干得少或干得差的人少拿"是合情合理的，很少有攀比现象。[1]

---

① 翁天真：《企业工资管理》，劳动人事出版社 1988 年版。

案例3-6：南街村乡镇企业工资加供给制分配形式探索

一、工资加供给制的分配办法

（一）基本情况

南街村隶属河南省漯河市临颍县城关镇，1978年以来，南街村由一个贫穷落后的小村发展成为一个物质相当丰富、农民的精神面貌极为高尚的社会主义新农村。

1997年河南省南街村（集团）有限公司（以下简称南街村集团）成立，围绕农业产业化经营建立了方便面厂、食品厂、等级面粉厂、饲料厂、养鸡厂、啤酒厂、饮料厂，以及为食品企业配套的彩印厂、包装厂、胶印厂、包装材料厂等多家企业。职工有1万多人，产品有70多种。颍松牌方便面、龙须面、锅巴等产品远销全国各地，部分产品出口俄罗斯、蒙古国等国家。在农业方面，南街村已实行统一经营和规模化、机械化生产，基本实现耕、播、收、打机械化，浇地喷灌化，种植区域化，品种优良化，管理专业化。林、田、路、电、渠、水、机械七项配套措施，基本上使南街村达到了旱涝保收。全村于1998年实现工农业总产值16亿元，利税达7400万元。按当时从业人口1.2万人计算，人均年创产值14万元，人均年利税达6000多元。

（二）工资加供给制的按需分配办法

随着集体经济的不断壮大，南街村的经济实力飞速发展，在分配方式上采用了一种工资加供给制的按需分配方式。

南街村规定：凡在乡镇企业劳动的南街村人首先实行工资制，按月发给每个劳动者一定金额工资，约占总分配数额的30%。从事体力劳动者每月平均工资为150元，技术工人、村干部、管理人员每月平均工资为250元左右，科技人员每月平均工资为 500 元。外地职工的每月平均工资比本村职工高 30%，月平均工资为 200～300 元，农业工人的每月平均工资比工业工人高 30% 左右。脑力劳动者的每月平均工资高于体力劳动者，体现对科学技术的贡献的重视，尊重知识、尊重人才。加大外地职工工资部分，减少供给部分。增加农业工人工资部分，体现加强农业投入，以稳定农业生产。

南街村实行供给制的目的在于，当经济实力相当雄厚时，避免分配上的差距拉大，造成贫富悬殊；杜绝领导阶层和部分管理者占有大量集体资产，加大供给制可以使领导干部一心为集体，带领群众致富。

外地职工供给部分包括集体住宿免费，统一配备床、被等用品；集体食堂免费就餐，节假日发放节日食品；在洗澡、理发、电影、文化娱乐活动等方面和南街村的村民享受同等待遇。对外地科技人员除在住房、入托、上学、用车上同样享受村民待遇外，在工资福利、衣食住行方面也为高科技人才提供优惠政策。

二、各尽所能的劳动和按需分配的生活特色

（1）生产资料公有制。土地、工厂、设备、劳动工具等生产资料全部归集体所有，由南街村集体统一管理、统一支配，村民无偿使用。

（2）各尽所能，村民都在企业劳动。每位村民都按自己的特长和企业的需要被安置在农业专业队和乡镇企业劳动，人人都有工作，不存在下岗和失业。根据各厂生产技术的特点，职工定期参加学习和培训，按生产程序操作和劳动。企业对职工定期进行劳动技能考核和技术职能定级升级，保证生产有序、产品质量合格。

（3）现代化的乡村城镇。经过多年的发展，村镇规划布局有序，形成高标准的街道、现代化的厂房，每家企业都称得上花园式工厂。村内公益设施齐全，有文艺演出厅、灯光球场、图书馆、高标准的幼儿园、学校、敬老院、村民住宅楼、职工公寓楼、三星级宾馆、专家楼、外宾住宅区，是一个环境优美、交通方便、通信便捷的村镇。

（4）衣着各具特色。南街村有集体的服装生产厂和高级服装设计师，根据工种、职业、年龄、性别、爱好等集体供给职工质地优良的各类服装。上班时在车间有整齐统一的工作服，下班后按厂分库统一管理，随用随领，有专人清洗和管理。休息时有休闲服装，一年四季各具特色。

（5）饮食营养配比合理。南街村村民的饮食由村里统一管理，向外来职工提供大食堂、小伙房，托儿所、幼儿园、工厂都有就餐食堂，有专职厨师负责配餐。

（6）居住环境优美。南街村村民从1997年起全部免费住上高标准居民楼，平均住房面积约250平方米。房内水、电、气、空调、电视、电话、音响设施齐全。有贡献的专业技术人员拥有高标准的小别墅；平均每户村民住房设备造价约8万元。这些都是免费无偿使用的。

（7）婚嫁管理体制完善。南街村的青年男女结婚由村里每年举行一两次免费集体婚礼。分配新婚住房，设施和村民一样。

（8）小有所学、老有所养。南街村的儿童和青少年从托儿所、幼儿园到小学和中学全部免费接受义务教育，为考入高等学校的学生提供学费和部分生活费。南街村为村中老人免费供给衣食住行和提供就医服务，病故后由村中治丧委员会操办一切丧事。

三、工资加供给制分配制度的实现基础

（一）集体经济是实现供给制的基本保证

南街村有传统的经商习惯。实行家庭联产承包责任制后南街村的村民摆脱了贫困、解决了温饱问题。但是，部分农民在解决了温饱问题之后放弃了农业生产，转向经商办企业，造成了农业生产减产减收。个体经营后农民收入差距拉大，农民和承包者两极分化造成的矛盾日益尖锐。南街村决定改变经营模式，由个体经营变集体经营，在党的带领下，村民艰苦创业，开展集体经营，走共同富裕的道路，这些做法得到了群众的支持。多年的建设使乡镇企业规模越办越大，中外合资高科技生产项目越办越好，经济效益高速增长，利税、产值连年翻番。开展集体经营后，公有的生活资料的约束机制为供给制提供了制度保证。

（二）快速的经济增长奠定了供给制的物质基础

南街村从1984年改变经营战略，由个体承包经营变集体经营后从年产值70多万元几次升级翻番，1994年村办企业产值达8亿元，1996年村办企业产值达15亿元，1998年村办企业产值达16亿元。南街村的农业生产实现产业化生产模式，农业生产走向专业化，畜牧、养殖业规模迅速扩大。乡镇企业带来了极大的经济效益，农副产品相当丰富。这就为南街村实现供给制奠定了坚实的物质基础。

（三）精神文明是实现供给制的约束条件

物质丰富是供给制的基础，物质极大丰富才能有物可供，而精神文明反过来又保证了供给制的有序进行。南街村的管理者创造性地运用了物质与精神的对立统一规律，生动地将物质文明与精神文明有机地结合起来，在劳动、生活、思想、家庭、人与人之间的关系等方面积极倡导大公无私、乐于奉献、不计报酬、自觉劳动，坚持集体经营、共同致富。制定各种规章制度，开展"十星文明户"的评比活动，将评比的内容同福利待遇等级挂钩，使精神文明与物质文明有机结合起来，为供给制提供了良好的思想基础。

四、南街村工资加供给制分配制度的效果

（一）体现了公平原则，解决了贫富两极分化的矛盾

南街村以供给制为主体的工资加供给制的分配制度体现了相对公平的原则。南街村人富裕起来以后实行低工资加供给制的办法实现了共同富裕与相对公平，消除了两极分化，为社会主义农村经济提供了有益的实践。

（二）物质文明与精神文明建设的有机结合

物质文明与精神文明两者互为条件，南街村的工资加供给制这一分配办法在二者中间架起了一座桥梁。由于物质分配相对公平，大家可以享受丰富的物质成果，贫富级差的缩小为精神文明建设提供了公平的物质条件，精神文明建设的推进反过来激发村民努力向上，忘我劳动，为创造物质财富做出贡献。

南街村的工资加供给制的分配制度是在南街村生产力高度发展、经济实力相对较强、物质相对丰富的条件下实现的特殊模式。目前我国农村有一大批乡镇企业发展较快、集体经济强大的乡镇村，都在分配形式方面不同程度地体现了供给制的因素，工资加供给制是农村社会主义集体经营分配制的理想与实践，随着集体经济的不断发展，当物质逐步达到极大丰富时工资加供给制的分配办法也将不断进步和完善。

资料来源：杨峰挺：《南街村乡镇企业工资加供给制分配形式探索》，《乡镇企业研究》1999年第6期，第40-42页，内容有删改。

三、外商投资企业的工资制度

外商投资企业是扩大国际经济合作和技术交流、实行对外开放的产物。我国的外商投资企业有三种形式，即"三资"企业：①外商独资经营企业，指依照我国法律在我国境内设立的全部资本由外国投资的企业，但不包括外国企业和其他经济组织在我国境内的分支机构。②中外合资经营企业，指外国公司、企业和其他经济组织或个人（以下简称外国合营者），按照平等互利的原则，经我国政府批准，在我国境内，同我国的公司、企业或其他经济组织共同举办的合营企业。企业采用有限责任公司形式。合营各方按注册资本比例分享利润和分担风险及亏损。③中外合作经营企业，指中外投资者共同在中国境内投资，双方按契约规定分享利润和分担风险及亏损的企业组织形式。

1979年7月第五届全国人民代表大会第二次会议通过了《中华人民共和

国中外合资经营企业法》。1980 年以来，中国境内的中外合资经营的企业以及外资企业已经有了很大的发展。到 1991 年底，中外合资经营企业、中外合作经营企业和外商独资经营企业从业人数达 117.8 万人，工资总额达 40.6 亿元①，平均工资水平高于国有单位和集体单位。

（一）外商独资企业的工资制度

外商独资经营企业，是指由外国人、外国企业或外国其他经济组织单独投资或联合投资，其股权为 100%，并受东道主法律管辖和保护，具有法人资格，进行独立核算的经济实体。在外商独资企业中工作的中国职工与外商投资者之间是雇佣与被雇佣的关系，我国政府对外商独资经营企业的工资制度及职工工资水平并没有统一规定。一般地说，这些企业的工资水平要参照当地其他类型的企业，特别是中外合营企业的工资水平来确定。但是，各地一般都规定了最低工资标准。外商独资经营企业的中国职工，除工资以外，也要由企业支付劳动保险、福利、医疗费用以及国家对职工的各项补贴，这几项费用有的由我国有关部门统一掌握，有的直接发给职工本人。外商独资经营企业的工资制度都是企业根据自身特点制定的。实行计时工资的企业大部分都采用结构工资制，全部工资中有很大一部分是浮动的。这类企业职工工资都与企业经济效益及当地物价水平挂钩，进行定期调整。

（二）中外合营企业的工资制度

在三种形式的外商投资企业中，外商独资经营企业的数量较少，更多外资企业采取中外合资经营企业或中外合作经营企业形式，以下把两种企业合称为中外合营企业。

1. 中外合营企业工资分配的原则

党的十三大确定的社会主义初级阶段的分配原则是，以按劳分配为主体，

---

① 《中国劳动年鉴（1990—1991）》，中国劳动出版社 1993 年版。

其他分配方式为补充。中外合营企业虽然是多种分配方式并存，但在实践中，必然受到占主导地位的按劳分配原则的影响和制约。特别是在企业内部的工资分配上，应该把劳动贡献作为主要尺度，实行多劳多得，少劳少得，以此作为确定工资制度、工资形式和奖励、津贴制度的基本原则，从而调动劳动者的积极性。同时，中外合营企业在工资分配上还要注意考虑其他因素。如一般职工与经营者之间的工资关系，经营者工资中有一定比例的经营风险收入；中方职工及经营管理者与外方管理人员之间也不是简单的同工同酬关系。

2. 中外合营企业工资分配的特点

中外合营企业与我国国营企业相比，在工资分配上有两个显著特点：

（1）有更充分的工资分配自主权。这是与中外合营企业的自主经营机制相联系的。按有关规定，目前中外合营企业在工资分配方面主要有以下权限：有权自行制定职工的工资标准、有权根据企业的经济效益情况调整工资、有权自行确定奖金的种类及数额、有权自行确定各种津贴、有权实行重奖重罚。

（2）职工工资分配实行两套工资制度。中外合营企业中有中、外两类工作人员，因此实行两套工资制度。中外合营企业一般向中方管理部门支付包括工资、奖金和各种福利、补贴等在内的中方职工劳务费，中方职工要在做了各项扣除之后领取实得工资。外方职工在向我国税务部门缴纳个人所得税后其余收入归己所有。中方职工劳务费数额一般参照国外同类经济地区同行业、同生产技术条件下职工的劳动效率和劳务费水平，本着适当低于国外劳务费的原则，由董事会决定。

3. 中外合营企业工资确定和内部工资、奖金的分配

1980年国务院发布的《中外合资经营企业劳动管理规定》中规定：“合营企业职工的工资水平，按照所在地区同行业的国营企业职工实得工资的百分之一百二十至一百五十确定。”中外合营企业也参照执行。随着中外合营

企业的发展，1986年劳动人事部颁布的《关于外商投资企业用人自主权和职工工资、保险福利费用的规定》中提到："外商投资企业职工的工资水平，由董事会按照不低于所在地区同行业条件相近的国营企业的平均工资的百分之一百二十的原则加以确定，并根据企业经济效益好坏逐步加以调整。经济效益好的，工资可以多增；经济效益差的，可以少增或不增。"取消了最高界限的规定。同行业职工平均工资水平由地方劳动部门和企业主管部门统计审核后提供。

中外合营企业内部工资分配有较充分的自主权。企业内部的工资制度、工资形式等多种多样。有以原有的等级标准工资为主的等级工资制，有以新的岗位工资为主的岗位工资制，还有结构工资制、计件工资制，等等，灵活多样，不拘一格。例如，××餐厅等企业实行的基本工资、职务工资、浮动工资制；××宾馆实行的职务工资、浮动工资制；××汽水厂等实行的基本工资（包括边防、副食、粮价补贴）、岗位工资、浮动工资制；××电子厂等实行的基本工资、考勤奖、岗位津贴、浮动工资制；××厂实行的定额工资、超额计件工资制。这些具体形式的共同特点是：职工实际所得中一部分固定或相对固定，保证了职工的基本生活；一部分同企业的经济效益和个人的表现、贡献直接挂钩，兼顾了国家、企业和个人三者的利益。[1] 职工工资一般采取逐级确定的办法，普通工人和职员的工资由部门经理确定，部门经理的工资由总经理确定，总经理等高级管理人员的工资由董事会确定。

中外合营企业按不低于所在地区同行业条件相近的国营企业的平均工资的120%的原则确定的工资基数中，包含了奖金在内。另外，中外合营企业在缴纳所得税后的留利中，可以提取一定比例的职工奖励福利基金（亏损企业不得提取），提取比例由董事会决定。这样合营企业的奖金就有两个来源。中外

---

① 严忠勤：《当代中国的职工工资福利和社会保险》，中国社会科学出版社1987年版。

合营企业的奖励基金的使用与奖金种类的确定由企业自主决定。目前，中外合营企业中实行的奖金种类有月奖、季奖、年终奖、材料节约奖等，有的企业采用浮动工资的形式。

案例3-7：中外合资企业

——上海三菱电梯有限公司的工资改革

上海三菱电梯有限公司于1988年5月开始进行企业工资改革工作，于同年8月正式实施新的工资制度。实施后情况表明，新的工资制度有效地调动了各个层次职工的积极性，对于推动公司的各项管理工作、提高公司经济效益起了良好的作用。

一、工资改革的指导思想

该公司的工资改革是在总经理的领导下进行的，工资改革的指导思想如下：①工资改革的依据为我国中外合资企业的劳动管理规定以及合资公司董事会对中方职工工资的决定。②工资改革的目的是要理顺企业的分配关系，努力探求一种适合当前社会及合资企业，并能起到激励作用的新颖的工资分配模式。③工资改革方案的设计要符合以下三条原则思路：一是鉴于该公司是与日本三菱所合资经营的企业，在设计公司工改方案时，要尽量吸收日本三菱人事待遇制度中适合我国国情的部分。二是要与我国当前的改革形势相吻合，既不超越当前工资改革的总步伐，也不落后于当前工资改革的形势与要求。三是设计的工资改革方案要使每个职工既有压力感，又感到有奔头，从中获得动力，真正起到激励作用。

二、工资改革方案的设计

依据上述指导思想，经过工资改革资料的收集，整理分析，方案创造，方案的评价、修改、比较优化，方案的测试平衡等过程，该公司制订了复合结构工资改革总体方案。复合结构工资的主体部分是基本工资与活工资。基本工资包括基础工资和资格技能工资两部分。活工资包括岗位津贴和奖金两部分。奖金又由联产联责奖和效益奖组成。附加工资是根据国家政策及企业实际承受能力而发放的各项补贴，包括物价补贴、郊区补贴、交通费补贴、理发沐浴补贴、午餐补贴以及其他补贴。

从上述模式中可以看出，资格技能工资是基本工资中的主要部分，设置资格技能工资是该公司工资改革的主要内容。因此，在工资改革总体方案确定后，该公司又重点设计了资格技能工资。该公司的资格技能工资包括工龄工资、学历补贴、技能工资或职务工资、资深补贴以及业绩工资五个方面。

（1）工龄工资是根据职工的工作年限予以评定的。

（2）学历补贴是以国营企业现行的各类新进人员的工资序列差别为依据，贯彻国家的知识分子政策，适当提高知识分子待遇，对在本公司工作的具备中专以上学历（包括职工自学取得的学历证明）的职工分别给予适当的学历补贴，以激励职工提高自身的文化和专业知识素质，从而适应合资企业高技术的需要。

（3）技能工资或职务工资。①技能工资，适合于工人，分别按各类岗位的技能级别评定。公司把工人的岗位技能按复杂程度分为Ⅰ类岗、Ⅱ类岗、Ⅲ类岗。Ⅰ类岗是指现行技术等级可达到七级以上并实行统一的应知应会技术等级考核的工种，其中设置二至六级工、高级工、技师等级别，各级内又设置若干档。Ⅱ类岗是指现行技术等级可达到六级及其以内并已实行统一的应知应会技术等级考核的工种，其中设置二至六级、特级工等级别，各级内也设置若干档。Ⅲ类岗是指Ⅰ类岗、Ⅱ类岗以外的其他工人岗位的工种，其中设置初级工、中级工、高级工，各级内也设置若干档。各类岗工人的技能工资随着该工人岗位的变动及技能级别的升降重新考核评定。②职务工资，适合于科室干部，包括科室一般干部及科级以上领导干部。科室一般干部职务设置三级科员、二级科员、一级科员及主管科员，各级内又设置若干档。科室干部职务的确定，是根据各个科员的学识水平、专业工作年限、业务能力以及工作实绩综合评定他们的任职资格，然后按干部管理权限以及岗位的重要性、复杂程度等实际需要予以聘任。科级以上领导干部职务分为正副科级、正副部级、正副总师以及正副总经理等，各级内也设置若干档。科级以上领导干部一般是在已具备一级以上任职资格的科员内选聘。各类科室干部的职务随着该干部岗位的变动及职务的升降重新考核评定。

（4）资深补贴是给予曾担任科级以上领导职务并任期一届（四年）以上的干部的适当补贴。

（5）职工的业绩工资是资格技能工资中一个重要部分，而且是比较活跃的部分。它的设置是为了鼓励职工为实现合资公司的宗旨和方针目标奋发努力，多做贡献，同时也有利于抑制损害公司利益和违纪行为的发生。业绩工资随着企业的经济效益及职工累积劳动的贡献，在资格技能工资中所占比重不断增加。

职工的业绩工资分为业绩晋升工资、业绩嘉奖工资及业绩惩罚工资（负增长）。业绩晋升工资是根据企业当年的经济效益或公司董事会决定当年投入的职工工资增长率，对在当年的生产和工作中做出显著成绩的职工予以晋升工资。业绩嘉奖工资则是对在公司经营管理、产品技术、生产工作等方面做出特殊贡献的职工，由公司总经理按《职工奖励条例》而颁发的嘉奖工资。业绩惩罚工资是对损害公司利益或发生严重违纪行为的职工，按公司《职工惩罚条例》予以处罚而降低的工资。

在工资改革中，由于多方面的原因，使少数职工的工资评定与其实际所担负的责任和贡献不相适应，为此在首次工资改革评定中，还设置了调节工资，使这些少数职工可以在一定幅度内予以增减调节。

在设计好资格技能工资的同时，该公司对于由岗位津贴和奖金两部分组成的活工资也进行了设计。

岗位津贴的设计是以岗位要素为依据，将各类岗位按一定的程序和方法进行排列，确定各个岗位的津贴。各岗位由以下要素构成：①岗位的重要性，即该岗位对企业的生存发展所起的作用、影响及所负的责任大小；②岗位技能的复杂性，即该岗位工作的难易程度及其要求具备的业务技术素质的高低；③岗位劳动量消耗大小，即该岗位劳动或工作中所需要消耗的体力和脑力的总和的大小；④岗位环境的优劣，即该岗位劳动或工作环境条件的优劣程度。各岗位津贴的确定必须综合考虑以上岗位要素，首先确定各工人岗位序列到科室干部岗位序列，其次按公司津贴投入总额来确定各个岗位津贴数额。

活工资中的奖金主要有联产联责奖和效益奖两种形式。联产联责奖是与产量、质量以及承担的责任联系在一起的一种奖金分配形式，它采取二级分配的方法，即公司按预定的分配标准及当月各车间、部门的目标与任务完成情况计算出各车间、部门应得的奖金总额，发给各个车间、部门；各车间、部门则根据各个岗位承担的责任预定奖金分配标准并按当月产量、质量等完成情况计发个人的奖金。效益奖是一种不定期的奖金分配形式，它发放与否及其金额大小取决于企业的效益状况，它的设置能促使企业职工关心公司的效益。

三、工资改革方案的实施

上海三菱电梯有限公司既重视方案的设计，又十分重视方案的实施，该公司设计了一套科学的实施办法，其主要做法是：

第一，收集方案实施中所需的全部资料。例如，职工工龄、学历证明、应知应会岗位技能等级证书、岗位名称、岗龄、原标准工资、原岗位津贴、干部资历证明、职工近两年出勤与缺勤情况、行政处分记录、劳动纪律记录、完成生产与工作任务量记录、质量记录、安全生产记录、设备保养记录、获奖记录，等等。这些资料分别由各部门、车间在规定的时间内以书面形式提供给工资改革工作组，经复审后按部门类别汇总，并转交职工所在部门领导，作为部门领导提出工人技术等级及其档次、职工业绩等级、科员职务级别等初步评审意见的重要依据。其中某些资料按工资改革方案及实施细则直接对号入座并输入电子计算机。同时，以上资料还作为工资改革工作横向平衡时的重要参考依据。

第二，制定工资改革方案实施细则。工资改革方案在实施过程中会遇到许多具体问题。为了确保方案实施的公平合理性，避免随意性，该公司工资改革工作组在方案实施过程中，通过一定的程序先后制定了《工龄及工龄计算方法的规定》《学历补贴工资设计说明书》《职工学历、文化程度认可规定》《工人岗位类别划分规定》《工人技术等级认可、评定管理规定》《科员职务定级标准》《科员职务定级管理办法》《干部资深补贴工资计算方法及规定》《职工业绩评定暂行规定》《新职工工资标准》《关于参加工资改革职工范围的规定》等23个文件。

第三，做好工资改革方案实施的组织工作。该公司十分重视工资改革方案实施的组织工作，明确了公司工资改革领导小组、工资改革小组以及公司各级领导的职责、职权，宣布了工资改革的纪律规定，举办了干部培训班，学习了工资改革方案及其实施细则，采取了边学习、边评定的方法。工资改革领导小组还召开了职工座谈会、工资改革新闻发布会，利用各种宣传工具向职工宣传解释工资改革方案设计的指导原则、基本内容及其要点，使工资改革工作始终在协调、理解、合作的良好气氛中顺利实施。

第四，做好横向平衡工作。工资改革以后，职工工资既要拉开差距，体现按劳分配，起到鼓励生产业务骨干、鞭策后进职工的作用，又要使差距合理适当，防止职工产生消极心态。为达此目的，在认真贯彻实施工资改革方案及实施细则的同时，还需要认真细致地做好各项横向平衡工作。

所谓横向平衡，就是使职工之间在职务等级及档次、技术等级及档次、业绩等级、基本工资水平及增资水平方面相对合理。横向平衡的内容很多，在方案设计时要考虑：各类岗位工人技能等级之间，工人技能等级与科员职务级别、领导干部职务级别三者之间，新老工人之间的对应与平衡关系。在方案实施时要考虑工人之间、科员之间、同工龄之间、同学历之间、同工种之间、同岗位之间、部门与部门之间、部门内部之间、前方与后方之间、生产业务骨干之间等的平衡、测算与分析，最后要达到总体的平衡。横向平衡工作是工资改革工作中的重要环节，也是一项工作量较大而又要求十分细致的工作，任何一点疏忽和差距都会导致不良后果。认真细致地做好横向平衡、测算、分析，可及时发现工资改革方案及实施细则的缺陷，为完善补充修改工资改革方案及实施细则提供数据，工资改革使方案更科学合理，实施细则更为严密，实施效果更佳。

资料来源：阮联耕、杨长水：《中外合资企业——上海三菱电梯有限公司的工资改革》，《上海企业》1989年第5期，第1页，第14-16页，内容有删改。

四、私营企业的工资制度

私营企业是指生产资料归个人所有，雇工在8人以上，从事国家政策允许并以获得利润为目的的生产经营活动的经济组织。1987年，党的十三大明确提出了社会主义初级阶段的基本路线和鼓励个体、私营经济发展的方针，这使个体私营经济迅速恢复和发展起来。1991年，私营企业户达10.78万户，户均注册资金达 11.4 万元，从业人数达 184 万人。①

私营企业内部的工资收入分配分为职工工资分配和投资者收入分配两部分。私营企业职工的工资水平与工资分配形式，是根据国家的政策、法规，由投资者与雇工协商，以劳动合同的形式确定的。工资形式主要有两种，即计件工资与计时工资加奖金。而投资者的收入大体可分为三个部分：一是生产经营的劳动报酬，这是经营者亲自参加生产经营劳动所取得的报酬；二是经营风险收入，私营企业由投资者承担全部经营风险，为了避免由于市场影响或经营不善而发生亏损或倒闭，增强对这类风险的抵御能力，私营企业就必须拥有一定的后备资金，这部分收入体现了投资者的风险收入；三是私营企业主投入生产资料等资金的利息收入。

国家对私营企业工资收入分配的管理主要是通过国家对私营企业整个生产经营活动的间接管理而实现的。例如，工商行政管理部门对企业的经营范围及执行国家物价政策等情况进行监督和检查；税务部门对私营企业除依法征收流转税（包括产品税、增值税、营业税）外，按一定的比例税率征收企业所得税。

劳动部 1989 年 9 月 21 日颁布了《私营企业劳动管理暂行规定》，明确指出，"私营企业用工必须按照平等自愿、协调一致的原则，以书面形式签订劳动合同"，并在劳动合同中约定劳动报酬，保险和福利待遇；"私营企业有权依照国家法律和有关政策确定企业的工资制度和工资形式"；"私营企业的工资标准由企业与职工代表或工会组织协商制定，并经当地劳动行政部门同意后实行"。私营企业的工资在商品经济条件下属于市场调节的范围，但我国劳动力市场中劳资双方力量较不平衡，加之劳动力供过于求，因此，私营企业平均工资偏低，且私营企业还缺少国有部门的各种劳动保障福利和补贴。

---

① 张厚义等：《中国私营企业发展报告 No.4》，社会科学文献出版社 2002 年版。

第四节　1979~1991年工资制度改革的评价

一、市场化的工资决定机制尚处于萌芽阶段

改革开放以后，以按劳分配为主体的多元分配格局已初步形成，工资决定机制也发生了变化。其中，行政机关、事业单位的工资仍然由国家决定，并没有发生大的变化。国有大中型企业通过工资改革，企业拥有了一定的分配自主权，可以自主确定分配制度和分配形式，但工资总额与企业效益挂钩，距离完全自主分配仍然有一定距离，这属于准市场化模式。在集体、私营和"三资"企业中，无论是经营承包责任制、按股分红，还是浮动工资制、计件工资制，企业均拥有了分配自主权，市场机制开始发挥作用，市场化的工资决定机制初见端倪。工资改革方向是逐步消除体制和政策等因素对工资形成的影响，让企业能够成为真正的用工主体，职工形成工会组织，企业与职工之间实现双向自主选择，经过平等协商双方共同确定工资数额。在国营企业中，虽然实行了劳动合同制，但是企业缺乏用工的自主权；在私营企业中，工会组织发展仍不够健全，一般职工处在弱势地位，很难与企业就工资问题进行公平公正的协商谈判。劳动力市场尚处于萌芽阶段，工资改革的深度和广度还不能完全适应有计划的商品经济发展的需要，但为今后市场化改革奠定了基础。

二、调动了职工和企业的积极性，激励效果初步显现

传统工资制度的缺点就是分配上平均主义严重，企业的工资分配与经济效

益脱离；职工的工资分配与职工的努力水平相脱离。[①] 因此，20 世纪 80 年代的工资制度改革的指导思想就在于打破平均主义，通过恢复计件工资和奖金制度，使职工的工资与个人绩效相联系；通过工资总额与企业经济效益挂钩，使企业的工资与企业绩效相联系，极大地调动了职工和企业的积极性，激励效果初步显现。

1979~1991 年来的实践表明，工效挂钩的工资改革调动了企业的生产积极性。工效挂钩的实行，使企业工资分配初步建立了随经济效益增长的机制，加强了企业的自我约束能力，提高了企业的生产积极性和经济效益。

但是，在企业环境或经济体制无法从根本上改变的情况下，加之企业管理水平的局限性，随着工资水平的快速上升，出现了工资结构失衡的现象。由于片面强调奖励工资的激励机制，基本工资比例大幅下降，浮动工资和奖金比例大幅上升，甚至当物价指数上升或外部环境变化时，只能通过津贴加以调整，基本工资却保持不变。不仅如此，奖金和津贴比重的大幅上升，也扩大了行业间、行业内及企业内部的工资差距，不利于职工之间工资秩序的形成。

三、行政机关、事业单位工资制度有待进一步改革

这次机关和事业单位的工资改革，废止了实行多年的等级工资制，改为以职务工资为主要内容的结构工资制，简化了工资标准，突出了职务的因素——国家机关和事业单位的工作人员主要根据职务的高低确定工资的多少，重点解决了长期存在的职薪不符、劳酬脱节的问题，将国家机关、事业单位的工作人员的工资纳入了新的工资制度的轨道，为逐步理顺工资关系创造了有利条件。同时，通过改革，机关、事业单位各类人员都不同程度地增加了工资，生活也有了明显改善。

---

① 赵德馨、赵凌云：《中国经济通史（第十卷下）》，湖南人民出版社 2002 年版。

20 世纪 80 年代后期，国家对这项改革又进行了完善，如建立专业技术人员职务序列，实行聘任制，解决了专业技术人员的职务工资问题等。但是，由于不同事业单位的工作特点差别较大，如教育、医疗、体育、文艺等应从工作特点出发，实行不同的工资制度。这也为今后的事业单位工资制度与行政机关工资制度改革埋下了伏笔。

第四章　建立社会主义市场经济体制时期的工资制度改革（1992~2001年）

　　1992~2001年是中国建立社会主义市场经济体制时期，1992年10月，党的十四大明确提出建立社会主义市场经济体制的改革目标，在分配制度上强调，"运用包括市场在内的各种调节手段，既鼓励先进，促进效率，合理拉开收入差距，又防止两极分化，逐步实现共同富裕"。①党的十四届三中全会通过的《中共中央关于建立社会主义市场经济体制若干问题的决定》进一步指出："个人收入分配要坚持以按劳分配为主体、多种分配方式并存的制度，体现效率优先、兼顾公平的原则。劳动者的个人劳动报酬要引入竞争机制，打破平均主义，实行多劳多得，合理拉开差距。坚持鼓励一部分地区一部分人通过诚实劳动和合法经营先富起来的政策，提倡先富带动和帮助后富，逐步实现共同富裕。"同时，指出"建立适应企业、事业单位和行政机关各自特点的工资制度与正常的工资增长机制。国有企业在职工工资总额增长率低于企业经济效

---

　　① 江泽民：《加快改革开放和现代化建设步伐，夺取有中国特色社会主义事业的更大胜利——在中国共产党第十四次全国代表大会上的报告》，《人民日报》1992年10月21日。

益增长率，职工平均工资增长率低于本企业劳动生产率增长的前提下，根据劳动就业供求变化和国家有关政策规定，自主决定工资水平和内部分配方式。行政机关实行国家公务员制度，公务员的工资由国家根据经济发展的状况并参照企业平均工资水平确定和调整，形成正常的晋级和工资增长机制。事业单位实行不同的工资制度和分配方式，有条件的可以实行企业工资制度。国家制订最低工资标准，各类企事业单位必须严格执行。积极推进个人收入的货币化和规范化"。① 在此背景下，以建立适应社会主义市场经济体制的工资制度为目标，开始了行政机关、企事业单位的工资制度改革。

第一节　工资管理从直接管制向间接调控转变

建立社会主义市场经济体制以来，政府对企业的工资管理更多地由直接管制逐步转变为运用多种手段进行间接调控，调控内容也从工资总额逐步转变为工资水平。

一、明确工资制度改革的目标和任务及其步骤

劳动工资管理体制改革是一项复杂的系统工程，既要符合建立社会主义市场经济体制的总体要求，又要结合劳动计划与工资工作的现实情况；既要循序渐进，又要逐步突破。因此，制定切实可行的改革方案，并对改革的基本思路达成共识，是十分重要的。

---

① 《中共中央关于建立社会主义市场经济体制若干问题的决定（中国共产党第十四届中央委员会第三次全体会议 1993 年 11 月 14 日通过）》，《人民日报》1993 年 11 月 17 日。

1993 年，《劳动部关于建立社会主义市场经济体制时期劳动体制改革总体设想》指出，"随着企业改革的深化和劳动力市场的发育，企业工资制度改革将进一步深化。企业工资制度改革的目标是，建立市场机制决定、企业自主分配、政府监督调控的新模式。其内涵是，市场机制在工资决定中起基础性作用，通过劳动力供求双方的公平竞争，形成均衡工资率；工资水平的增长依据劳动生产率增长、劳动力供求变化和职工生活费用价格指数等因素，通过行业或企业的集体协商谈判确定；企业作为独立的法人，享有完整意义上的分配自主权；政府主要运用法律、经济手段（必要时采用行政手段），控制工资总水平，调节收入分配关系，维护社会公平。企业工资制度改革对其他改革特别是企业改革具有较强的依赖性，必须根据企业改革进度和劳动力市场发育程度，有计划、有步骤地进行"。为此，《劳动部关于建立社会主义市场经济体制时期劳动体制改革总体设想》提出，在"八五"后期和"九五"前期，要与企业改革相配套，积极探索企业自主分配方式，进一步改进和完善工效挂钩办法，"要加强对产业部门之间职工工资水平关系的宏观调控，对工资水平过高或过低的分别予以适当限制或保护。对部门、计划单列企业集团实行的总挂钩办法，也要逐步改进，如逐步改为人均工资与劳动生产率挂钩的办法，同时适当考虑价格指数等因素"。另外，"改进和加强工资的宏观调控。一是继续完善弹性工资计划，提高科学性、可行性，通过弹挂一体实现宏观与微观的衔接，发挥其宏观调控作用。二是运用多种措施调整行业、企业之间的工资水平，限制过高的收入。三是抓紧研究制定最低工资法。各地根据最低工资法确定最低工资标准，保障劳动者的基本收入。四是强化税收特别是个人所得税调节社会分配的职能，维护社会公平。""'九五'后期，与现代企业制度的建立相适应，国有企业全面实行企业自主决定工资水平，非国有企业以集体协商、谈判作为确定行业、企业工资水平的主导方式。政府根据国民生产总值、就业、物价和投资等指标，制定全国工资指导线，作为各地区、各行业和各类企业确定工资增长幅度的依据，并通过货币、财政政策和税收、利率、价格等经济手段以及法律和必要的行政手段调控工资水平的增长。"

1997 年 9 月，党的十五大报告在"完善分配结构和分配方式"一节中提出："坚持按劳分配为主体、多种分配方式并存的制度。把按劳分配和按生产要素分配结合起来，坚持效率优先、兼顾公平，有利于优化资源配置，促进经济发展，保持社会稳定。依法保护合法收入，允许和鼓励一部分人通过诚实劳动和合法经营先富起来，允许和鼓励资本、技术等生产要素参与收益分配。"这是中共中央在"按劳分配"基本原则以外，第一次提出"按生产要素分配"的原则，即职工在领取工资的同时，还可以通过其他生产要素参与分配。尽管当时还没有明确生产要素的具体构成内容，但是，这一新分配原则的提出，为企业根据生产要素在生产中的作用对工资收入分配制度改革展开新一轮的探索具有非常重要的指导意义。它标志着中国的工资管理逐渐开始从劳务管理模式向人力资源管理模式转换。[①] 此后，政府不再直接参与企业内部的工资管理过程，而主要是通过制定相关法律、制度对企业进行指导性管理，并发挥监督作用；在企业工资管理方面，强调市场的基础性调节作用，稳步推进企业工资决定机制创新。

按照党的十五大精神，在对新形势下工资分配状况和分配制度改革进行深入调研的基础上，中华人民共和国劳动和社会保障部（以下简称劳动和社会保障部）于 1999 年 3 月印发了《劳动和社会保障事业发展总体规划（1998—2002 年）》，明确提出了 1998~2002 年工资制度改革的目标任务，即初步建立起"市场机制调节、企业自主分配、职工民主参与、政府监控指导"的企业工资制度，在以按劳分配为主体的前提下，实现按劳分配与按生产要素分配的

---

① 徐萍：《国有企业工资制度演化内在逻辑》，经济科学出版社 2012 年版。

有机结合。基本建立劳动力市场指导价位制度，并逐步使之成为职工与用人单位协商确定工资水平的重要参考依据。进一步落实企业工资分配自主权，初步建立以职工民主参与为基础的工资民主协商制度。初步建立以经济手段和法律手段为主、以必要的行政手段为辅的工资收入宏观调控体系，建立健全分级分类管理体制。同时，《劳动和社会保障事业发展总体规划（1998—2002年）》还提出了工资改革的政策措施和实施步骤：一是积极建立覆盖全社会各类企业的新型工资收入宏观指导体系。加大推行工资指导线的力度，争取用2～3年时间在全国大部分地区实行工资指导线制度，在有条件的地区探索实行行业工资指导线。指导推动全国大中城市逐步建立劳动力市场价位制度和企业人工成本预测预警体系。继续完善最低工资保障制度，制定企业工资支付规范。二是探索建立以工资集体协商为重要形式的企业工资决定机制。继续深化企业内部分配制度改革，指导企业根据劳动力供求状况和本企业的生产经营特点，逐步建立劳动者与企业共享利益、共担风险的分配机制。继续调整职工工资收入结构，将各种劳动收入逐步纳入工资总额范围，实现工资化、货币化。三是逐步完善国有企业工资收入管理办法。改进和完善工效挂钩等总量调控办法，根据企业参与市场竞争程度、产权明晰程度和国有资本所占份额，分别探索根据工资指导线、社会平均工资水平、劳动力市场价格等对平均工资水平进行调控的办法。继续调控垄断行业和特殊行业工资收入增长，理顺工资收入关系。进一步建立健全企业工资内外收入监督检查制度，规范分配秩序，提高分配透明度，处理好按劳分配与按资本等生产要素分配的关系。四是推行国有企业经营者年薪制。指导企业以经营者的劳动力市场价位为基础，建立和实施以企业经济效益和国有资产保值增值等为主要评价指标，科学合理地考核经营者经营能力和实际业绩的考核机制，合理确定经营者的工资收入。《劳动和社会保障事业发展总体规划（1998—2002年）》对指导中国工资分配制度改革，推动国家工资管理体制向间接调控转变发挥了重要作用。

2000 年 4 月 5 日，劳动和社会保障部在北京召开全国企业工资工作会议。会议总结和交流了企业工资改革的经验和情况，部署了贯彻落实党的十五届四中全会精神和进一步深化企业工资制度改革的具体任务，提出了今后一个时期工资改革工作的基本目标、思路和要求，即坚持以按劳分配为主体、多种分配方式并存和效率优先、兼顾公平的原则，实行"市场机制调节、企业自主分配、职工民主参与、国家监控指导"，逐步建立现代企业工资收入分配制度。会议明确了 2000 年的工作任务，即按照工资改革的基本思路进行改革试点，逐步形成"市场机制调节"的有效运行方式，强化"企业自主分配"中的激励和约束机制，明确"职工民主参与"的程序和制度，建立"国家监控指导"的宏观调控体系。这次会议，正式提出了企业工资制度改革的基本目标和思路，为企业工资制度改革指明了方向。①

二、实行弹性劳动工资计划

1992 年劳动部对全国多个地区试行了弹性劳动工资计划，把劳动工资计划的绝对量控制变为相对量控制，把静态控制变为动态调控，把指令性的指标分解计划变为有弹性的、可随经济效益状况安排一定比例自行调节的计划。从 1993 年起，劳动部对各地不再下达指令性的职工人数、工资总额和技工学校招生等计划指标，普遍实行动态调控的弹性劳动工资计划。弹性劳动工资计划的核定坚持"两低于"原则，即工资总额的增长低于国内生产总值的增长，平均工资的增长低于劳动生产率的增长。随后，弹性劳动工资计划具体到行业层面。1995 年《劳动部关于改进和完善弹性劳动工资计划的通知》中规定"地区

---

① 中华人民共和国劳动和社会保障部：《中国劳动和社会保障年鉴（2001）》，中国劳动社会保障出版社 2001 年版。

弹性劳动工资计划的调控范围为各种经济类型企业，包括地方和中央在该地区的国有企业、城镇集体企业和其它各种经济类型企业（含乡镇企业）"。

实施弹性劳动工资计划是原有的计划体制向新的宏观调控机制转变的一个重要步骤，是劳动计划决策、内容和方法上的重大变革，是建立社会主义市场经济体制初期国家实行宏观调控的基本方法。① 从 1993 年起，劳动部对各省、自治区、直辖市及计划单列市不再下达指令性的年度职工人数和工资总额等计划指标，将这些指标改为指导性计划，即把原来以指令性计划为主的计划体制改为以预测性、政策性、指导性为基本特征的计划体系。与此同时，加强中长期发展规划的研究制定，在中长期发展规划中，主要是确定劳动事业发展的战略目标和方针政策，包括人力资源的开发利用、社会收入分配、职业技能培训、社会保险、劳动法制建设等。在年度计划内容和方法的改革方面，从 1994 年起，劳动部试行劳动事业年度发展报告制度。年度发展报告在综合分析国民经济发展形势和预测市场变化的基础上，合理确定年度劳动事业发展的宏观调控指标，提出各项劳动工作的年度任务和相应的政策措施，以发挥劳动计划的科学预测性和指导性作用。国家通过逐步推行动态调控的全民所有制企业弹性劳动工资计划，初步建立企业工资总量调控下自主用工与分配的机制。

实施弹性劳动工资计划的关键是处理好宏观、中观的调控与微观相衔接、相结合的问题，以及在企业充分享有用工与分配自主权后，其在宏观上如何保持劳动力资源配置、收入分配与国民经济发展之间的总量平衡。"八五"期间，在企业工资增长较快的背景下，实施弹性劳动工资计划最重要的是处理好弹性劳动工资计划与工效挂钩的关系。一方面，弹性劳动工资计划与工效挂钩的关系是宏观、中观调控与微观分配的关系。弹性劳动工资计划是运用相关的经济效益指标，调控地区、部门的劳动工资总量，体现的是地区、行业的综合

---

① 李富生：《浅议实施弹性劳动工资计划》，《中国劳动科学》1993 年第 5 期。

经济效益和投入产出的关系，通过实施弹性劳动工资计划，确保劳动工资总量与地区国民经济发展的综合平衡。因此，弹性劳动工资计划是一个"大笼子"，而工效挂钩是建立在对单个企业纵向比较的经济效益进行评价基础上的，工资随效益增长的分配机制，是一种微观的分配机制，它不能代替宏观和中观的调控职能。另一方面，弹性劳动工资计划与工效挂钩必须相互结合，即"弹挂一体"，真正实现宏观和中观的有效调控与微观的自主分配。地区和部门实行弹性劳动工资计划后，企业提取和使用的工资增量必须控制在弹性劳动工资计划的工资增量之内。如果突破，则必须相应改进和完善工效挂钩、包干办法，并从下一年的基数中扣回；如有结余，地区和行业主管部门有权根据所辖范围内的实际情况自主决定使用办法，如用来制定产业、行业、工种之间的分配倾斜政策，调整某些企业工效挂钩、包干的基数和比例，也可用来提高地区、部分行业职工的整体工资水平。[①] 因此，弹性劳动工资计划不是传统意义上的"计划指标"，而是通过提高综合经济效益得到可以使用的劳动工资总量，并在宏观调控下不断完善工效挂钩办法，以使地区、部门所属企业工资总额同经济效益真正地联系起来。

为加强和改善企业工资总额管理与宏观调控，1993 年 6 月 22 日，劳动部会同国家经济贸易委员会、国家经济体制改革委员会发布了《全民所有制企业工资总额管理暂行规定》，规范了企业工资总额的确定和使用及其他行为，明确了加强企业工资总额宏观调控、检查监督的政策措施，并指出"企业工资总额管理，实行国家宏观调控、分级分类管理、企业自主分配的体制"，"实行动态调控的弹性工资总额计划的部门，其所属企业实行工资总额同经济效益挂钩办法的经济效益指标、工资总额和经济效益基数、浮动比例，由企业主管部门按有关规定审核后，报劳动部和财政部审批；暂时不能实行工资总额

---

① 李富生：《浅议实施弹性劳动工资计划》，《中国劳动科学》1993 年第 5 期。

同经济效益挂钩的企业，要实行工资总额包干办法，其包干数由部门在弹性工资总额计划内合理核定"。1993 年 7 月，报经国务院同意并授权，劳动部会同有关部门发布了《国有企业工资总额同经济效益挂钩规定》，规范了企业工效挂钩办法，强化了工效挂钩的管理。1993 年 10 月，《国务院办公厅转发劳动部关于加强企业工资总额宏观调控意见的通知》和劳动部《关于加强企业工资总额宏观调控的实施意见》对于加强企业工资宏观调控，确保企业工资总额增长与国民经济发展保持合理、协调的比例关系，控制消费基金的过快增长起到了重要的作用，同时也有利于促进劳动工资宏观调控体系的建立。

1995 年 3 月 3 日，劳动部印发了《关于改进完善弹性劳动工资计划办法的通知》。改进的措施主要有：一是扩大地区弹性劳动工资计划的调控范围。调控范围为各种经济类型企业，包括地方和中央在该地区的国有企业、城镇集体企业和其他各种经济类型企业（含乡镇企业）。二是调整弹性劳动工资计划主要相关经济指标。为了与新的国民经济核算体系相衔接，将弹性劳动工资计划采用的主要经济指标非农国民收入改为非农国内生产总值。非农国民生产总值的口径为国内生产总值减去第一产业增加值。劳动生产率按照地区城镇从业人员和乡办、村办第二产业与第三产业企业职工人均创造非农国内生产总值计算。三是明确弹性劳动工资计划的核定原则和办法。继续坚持"两低于"的原则，即工资总额的增长低于国内生产总值的增长，平均工资的增长低于劳动生产率的增长，使工资总额和水平的增长与经济增长保持合理的比例关系。地区弹性劳动工资计划工资增量含量每年进行核定。核定时以上一年非农国内生产总值工资总量含量为基础，根据计划年度非农国内生产总值计划增长率确定相应的工资含量调节系数，并综合考虑地区综合经济效益、就业状况、居民消费价格指数以及地区之间的工资关系、人工成本水平、国内外贸易状况核定。此外，还规定了弹性劳动工资计划方案的报审程序、结算和检查考核办法等。

三、建立健全企业工资收入宏观指导体系

（一）建立工资指导线和工资控制线制度

工资指导线是指在社会主义市场经济体制下，政府宏观调控工资总量、调节工资分配关系、规划工资水平增长、指导企业工资分配所采用的一种制度。实行工资指导线制度是我国工资制度的重大改革，也是建立现代企业制度和实行产权制度发展的需要。实行工资指导线制度有利于引导城镇各类企业在发展生产、提高效益的基础上适度增加工资，为企业集体确定工资水平提供依据；使企业的工资微观决策与政府的宏观调控政策保持协调、统一，以达到政府稳定物价、促进经济增长、实现充分就业及提高职工生活水平的目的。其内容主要包括经济形势分析、工资指导线意见或工资指导原则、对企业的要求等。工资指导线由工资增长预警线、工资增长基准线和工资增长下线组成。工资指导线适用于城镇各类企业，主要包括国有企业、国有控股企业、城镇集体企业、外商投资企业及私营企业等。试行工资指导线可以指导企业在发展生产、提高效益的基础上正常适度地增加职工工资；有利于促进劳动力市场均衡价格的形成；是企业集体协商决定工资的依据；可以逐步完善宏观调控体系，使企业工资增长与社会经济发展目标及企业经济效益增长保持合理的比例关系，以促进政府宏观经济目标的实现。

在试行工资指导线的同时，还对部分行业、企业实行工资控制线。劳动部、国家计划委员会于 1996 年 6 月发出《关于对部分行业、企业实行工资控制线办法的通知》，1997 年确定交通部等多个部门、企业为工资控制线实施单位。有关工资控制线办法自实施以来，企业工资总额和工资水平增长过快的势头得到了一定程度的抑制，对缩小行业分配差距、缓解社会分配不公起到了积极作用。

（二）建立劳动力市场工资指导价位制度

1999年，劳动和社会保障部制定颁布了《关于建立劳动力市场工资指导价位制度的通知》（劳社部发〔1999〕34号），明确了指导思想和工作目标，并在全国35个大中城市试点。政府的管理部门通过调查分析，根据大量的统计数据，定期颁布主要岗位（职位）劳动者的平均工资水平，作为劳动力市场指导价位，间接引导企业合理确定不同岗位（职位）职工的工资水平，理顺企业内部的工资分配关系。

（三）建立最低工资制度

最低工资制度是国家通过一定立法程序所规定的、为保障劳动者在履行必要的劳动义务后应获得的维持劳动力再生产的最低工资收入的一种法律形式。中国从20世纪80年代开始探索最低工资制度，直到1993年11月24日才由劳动部印发了《企业最低工资规定》。1994年7月第八届全国人民代表大会常务委员会第八次会议通过了《中华人民共和国劳动法》，以国家法律的形式明确确立了中国的最低工资制度。2004年，劳动和社会保障部发布了《最低工资规定》，标志着最低工资制度走向成熟。最低工资制度实施以来，在保护低收入者的生存权、调节收入分配、促进企业效率、维护社会稳定、实现社会公平等方面起到了积极作用。但是，最低工资制度及其执行仍存在着最低工资立法层次较低、制定调整过程中弹性和随意性较大等问题。

（四）建立人工成本预测预警制度

1996年，北京等地在试行工资指导线时，就开始考虑建立人工成本预测预警制度。经过几年的努力，逐渐摸索出了一套企业人工成本信息发布及预警、预报的办法，初步建立了人工成本预测预警体系，有力地促进了企业加强人工成本管理，合理进行工资分配。如北京市调查分析了全市3000多户企业的情况，向企业发布了有关信息，对人工成本偏高的国有企业提出预警；中国石化集团公司对所属企业的人工成本作了全面分析，初步建立了人工成本控制制度。① 劳动保障部门建立企业人工成本监测指标体系，定期向社会发布企业人工成本信息，对于企业加强人工成本管理、提高市场竞争力具有重要的积极意义。

（五）加大企业工资内外收入监督检查力度

1992～1994 年企业工资增长较快，特别是预算外国有企业工资成本上升较快，工资外收入快于工资增长，企业工资分配差距拉大过快，结构性矛盾逐渐显露，存在分配不公现象。为了加强对国有企业工资内外收入的宏观调控与管理，建立企业工资分配的自我约束机制，既保护劳动者的合法权益，又维护国有资产所有者的权益，1995 年 4 月 21 日，劳动部、财政部、中华人民共和国审计署（以下简称审计署）联合颁布了《国有企业工资内外收入监督检查实施办法》，以加强并规范企业工资收入管理，加大对企业工资内外收入的监督检查力度。到 1996 年，全国已有 21 个省市、11 个部门成立了工资内外收入监督检查机构，建立健全了制度，制定了实施办法，并对少数违反国家政策的企业进行了严肃处理，在社会上引起了很大反响。此后，原劳动和社会保障部进一步提出了监督检查工作的指导思想，确定了检查重点以及检查方式，纠正和查处了一些企业工资分配中的违法违规行为。例如，2000 年劳动和社会保障部会同财政部、审计署对 8 家企业的工资分配违规行为进行核实，依法进行了处理，维护了工资分配秩序，保护了国有资产安全。②

此外，国家还通过完善税收制度和建立社会保障体系等再分配手段，对收入分配关系进行调节。例如，1993 年 10 月第八届全国人民代表大会常务委员

---

① 中华人民共和国劳动和社会保障部：《中国劳动和社会保障年鉴（2000）》，中国劳动社会保障出版社 2001 年版。

② 中华人民共和国劳动和社会保障部：《中国劳动和社会保障年鉴（2001）》，中国劳动社会保障出版社 2001 年版。

会第四次会议通过了《关于修改〈中华人民共和国个人所得税法〉的决定》。

综上所述，这一时期在对工资分配的管理上，为使企业成为企业内部分配的真正主体，政府更多地承担起制定市场规则、加强指导和监管、维护社会经济运行的任务，一个具有市场化特征的工资宏观调控体系初步形成。

第二节　企业工资制度改革

1991年4月9日，国务院发布的《中华人民共和国国民经济和社会发展十年规划和第八个五年计划纲要》指出，企业要逐步实行以岗位技能工资制为主要形式的内部分配制度。这为企业全面改革工资制度指明了方向。在工资体系上，企业职工从等级工资制、岗位工资制、结构工资制向岗位技能工资制转变，国企高管开始年薪制的探索，工资集体协商开始进行试点。

一、国有企业岗位技能工资制改革

20世纪90年代初，岗位技能工资制成为企业内部分配的主要形式和基本工资制度。1992年1月7日，劳动部印发了《关于进行岗位技能工资制试点工作的通知》（劳薪字〔1992〕8号），并确定下达了第一批共100户试行岗位技能工资制重点联系企业名单。为了加强对试点企业的指导，劳动部又于1992年5月印发了《关于搞好岗位技能工资制试点工作有关问题的意见》。这次岗位技能工资制改革主要从劳动评价体系建立、各工资单元的设置、岗位技能工资标准的确定以及工资分配形式四个方面展开。

岗位技能工资制是以按劳分配为原则，以加强工资宏观调控为前提，以劳动技能、劳动责任、劳动强度和劳动条件为基本劳动要素评价的基础，以岗位工资、技能工资为核心，以工龄工资（年功工资）、特种工资（津贴补贴）、效益工资为辅助，以职工实际劳动贡献来确定劳动报酬的企业基本工资制度。从本质上说，岗位技能工资制也是结构工资制的一种具体形式。不过，它与20世纪80年代中期出现的结构工资制不同，它取消了发挥基础生活保障作用的基础工资，将津贴和年功工资合并到基本工资之外的辅助工资单元中。岗位技能工资主要由岗位（职务）工资、技能工资两个单元构成，这是国家确认的职工基本工资。岗位（职务）工资是根据职工所在岗位或所任职务、所在职位的劳动责任轻重、劳动强度大小和劳动条件好坏，并兼顾劳动技能要求高低确定的工资，它体现了职种间的工资差异，有利于改善换岗不变工资的问题，扩大了高技术技能和高劳动强度及高责任职种与普通职种间的工资差距。技能工资是根据不同岗位、职位、职务对劳动技能的要求，同时兼顾职工所具备的劳动技能水平而确定的工资，它的设立体现了职工能力的提高直接与工资挂钩，能激发职工提升自身工作能力。岗位工资、技能工资单元的比重根据行业区别合理确定。除基本工资外，企业根据需要和可能，可以设置符合自己特点的辅助工资单元。与此同时，企业还可以根据生产经营特点对岗位技能工资制辅以灵活多样的具体分配形式，如计件工资、定额工资、浮动工资、提成工资、奖金、津贴等。这种把基本工资制度与具体分配形式有机结合，根据对职工劳动质量和数量的考核，浮动计发职工实际工资的办法，既反映了职工潜在的技能差别和静态的岗位差别，又反映了职工实际劳动贡献和劳动成果的差别，推进了企业工资制度改革的市场化走向。[①]

二、国有企业高管年薪制的初步尝试

改革开放以来，为适应城市经济体制改革的需要，推行企业经营承包责任

---

① 宋士云等：《中国劳动经济史（1949—2012）》，中国社会科学出版社2021年版。

制，充分发挥企业经营者在生产经营过程中的作用，根据责、权、利相一致的原则，《国务院关于深化企业改革增强企业活力的若干规定》（国发〔1986〕103 号）中对经营者收入问题做出了原则规定，即"凡全面完成任期内年度责任目标的，经营者的个人收入可以高于职工平均工资的一至三倍"。1992 年，劳动部和国务院经济贸易委员会办公厅印发了《关于改进完善全民所有制企业经营者收入分配办法的意见》，提出要对承包经营企业、租赁经营企业及其他经营形式企业的经营者在实绩考核的基础上确定经营者年收入。上述政策的实施可以充分调动企业经营者的工作积极性，使企业有更大的发展。

随着改革的深入，特别是党的十四大与十四届三中全会关于建立社会主义市场经济体制和建立现代企业制度决定的提出，不仅在企业改革方面提出了新的要求，也对企业经营者赋予了新的职责。而现行对经营者收入的管理办法已不能适应新形势下改革的需要，存在以下主要问题：一是在基本报酬的形式上延续了月薪制，并纳入企业统一的工资标准，既没有在工资分配上突出经营者的重要作用，也没有充分考虑经营者的劳动特点，企业生产周期一般是一年，所以对经营者的考核也应以一年为周期，只有这样才能更好地评价经营者，才可以将其所得与经营成果更好地联系起来；二是经营者收入与职工收入紧密捆绑在一起，无法在企业内部形成利益制衡机制，不利于现代企业制度的发育和完善；三是原办法的可操作性较差，在实践中产生了不少问题。

各地方政府考虑企业的实际情况，分别制定并实施了年薪制的方案。例如，北京市颁布的《北京市国有工业企业经营管理者年薪制试行办法》，上海市颁布的《关于企业经营者实行年薪制的试行意见》，南通市颁布的《企业经营者实行年薪制的管理暂行办法》，九江市颁布的《关于在我市若干企业试行经营者年薪制的实施意见》，福建省颁布的《福建省国有企业经营者年薪收入管理办法（试行）》，云南省颁布的《云南省企业经营者年薪制试行办法》

等。1997 年 9 月，党的十五大提出"允许和鼓励资本、技术等生产要素参与收益分配"，为包括企业家才能在内的技术等生产要素参与收益分配打开了绿灯。经营者年薪制是以年度为单位确定经营者的基本收入，并视其经营成果分档浮动发放效益收入的一种工资制度。实行年薪制后，经营者的实际收入主要根据其经营业绩以年度为单位考核浮动发放，不再享受企业内部的任何工资收入。从各地实施年薪制的情况来看，各具特色，互有相异之处。

（1）深圳模式。国有企业经营者年薪由以下三部分构成：一是基本年薪，即无论企业经营如何，经营者都能获得年收入，它分 6 万元、4.8 万元和 3.6 万元三个档次；二是增值年薪，它根据企业当年净利润增长率和净资产增长率计算，最多不得超过基本年薪的 3 倍；三是奖励年薪，它根据盈利情况和经济指标完成情况决定，导致亏损的要受到处罚，减亏或扭亏的也给予一定奖励。前两部分计入企业经营成本，按月或按年以现金支付。最后一部分从企业税后利润中提取，可以通过现金、股份、可转换债券等方式支付。年薪制实行后，经营者不再享受企业内部任何工资性收入，离职时要经过审计。

（2）北京模式。经营者年薪由以下两部分构成：一是基本年薪，它主要根据企业经济效益水平和经营规模来确定，最高不超过北京市及本企业职工综合平均工资的 3 倍；二是风险收入，它依照企业超额完成的生产经营指标（资产保值增值、经济效益和技术进步等）的情况来确定，最高不超过基本年薪的 1 倍，最低为零。对于经济效益下降或国有资产减值的，扣减经营者的基本年薪，最少不低于20%。年薪收入在成本费用中列支，并在企业提取的工资总额外单列。

（3）武汉模式。武汉市规定的经营者年薪由基本年薪和风险收入两部分组成，划分为五个档次。基本年薪是年度经营的报酬，根据企业规模确定，达到规定标准的高管最高可获得 4.2 万元，最低为 2 万元；风险收入是年度经营效益的具体体现和年度经营业绩的积累，根据资产经营责任书中经营业绩考核指标完成情况确定，当综合考核评价结果为100%时，风险收入最高可达到6.2万元，最低为3万元。评价结果不满100%的，风险收入为零。

（4）四川模式。四川省的年薪制主要有三种形式：业绩计提、目标定酬和准公务员报酬。业绩计提年薪是指经营者的年薪由基本年薪和业绩计提两部分构成。基本年薪的确定主要依据企业的经营规模与本地区和本企业职工的平均工资收入水平；业绩计提的确定则依据实现利润、净资产增长、上缴利税等情况。目标定酬年薪制是指在实现经营目标后，经营者就可获得事先约定好的固定数量的年薪，报酬结构单一，但其考核指标很具体，如减亏额、实现利润、净资产增长率、资产利润率、上缴利税等。准公务员报酬的年薪制，报酬结构由工资、津贴、奖金等构成，主要适宜于非竞争性国有企业。

毋庸置疑，年薪制能较好地体现企业经营者的工作特点，可以使经营者收入与其经营业绩更紧密地联系起来，突出了经营者的重要地位，增强了经营者经营业绩与所负责任的统一性，同时也使其承担一定的经营风险，有利于培养高素质的企业家队伍。此外，它还有利于克服经营者收入与本企业职工收入互相拉动的缺陷，有利于促进企业产权明晰化和现代企业制度的建立。年薪制在试点过程中产生了积极的影响，收到了良好的效果。例如，深圳最初采用年薪制的六家企业在1995年的利润达到了8.95亿元，相比1994年的7.5亿元增长了约19.3%，净资产达到44.65亿元，相比1994年的37.41亿元增长了约19.4%，并在1996年取得了10.98亿元的利润，净资产（54.02亿元）比1995年提升了约21.0%。[①]

尽管年薪制的初步尝试产生了积极的效果，但制度在实行过程中也遇到很

① 李善民：《国企经营者年薪制试行中的问题及其解决》，《学术研究》1998年第12期。

多困难，并且这些问题还不是在短时间内就可以解决的。一是在年薪制的实施范围上，由于20世纪90年代末现代企业制度尚未健全，企业内传统的管理机构（党委会、职工代表大会、工会等）和新的管理机构（股东大会、理事会、监事会等）并存的原因，经营者的范围难以准确界定。二是由于缺乏完善的经营者考核评价体系，个别企业高管为了牟取私利进行盈余操纵，或者只追求短期盈利，忽视企业的长期成长。三是受传统的平均主义的分配观念影响，经营者与普通职工过高的收入差距难以被社会认可。由于这些问题的产生，国有企业年薪制尝试遇到了阻碍。

三、开展企业工资集体协商试点

工资集体协商是指职工代表与企业依法就企业工资分配制度、工资分配形式、工资收入水平及其增长等事项平等协商，并在协商一致的基础上签订工资协议的行为。它是市场经济国家在确定企业工资水平及协调劳资关系中通行的做法之一。随着市场经济的发展和企业经营机制的转变，工资集体协商办法也逐渐为企业所接受，并成为20世纪90年代中国工资决定方式创新的一大亮点和趋势。

1994年颁布的《中华人民共和国劳动法》正式确立了企业集体合同制度，规定了境内企业就工资分配制度、工资分配形式、工资收入水平等进行集体协商，以增加工资分配的透明度，但是对协商主体、具体的协商内容和协商程序等没有做具体的规定。为指导企业开展工资集体协商工作，劳动部于1997年下发了《外商投资企业工资集体协商的几点意见》（劳办发〔1997〕19号），对外商投资企业开展工资集体协商工作进行了初步规范。到1997年底，全国有1000多家企业开展了工资集体协商试点。[①]

真正开始全面实施工资集体协商是在2000年以后，2000年11月8日，劳

---

① 《1997年度劳动事业发展统计公报》，《中国劳动》1998年第7期。

动和社会保障部发布了《工资集体协商试行办法》（劳社部令〔2000〕9 号），对工资集体协商的内容、工资集体协商代表和工资集体协商程序做出了明确规定，它对企业依法开展工资集体协商试点起到了规范和指导作用。为了协助集体协商和集体合同制度的推行，《中华人民共和国工会法》于 2001 年进行了修订，规定了基层工会组织开展集体协商的权利，强调了工会的维权职能，并赋予工会职工利益法定代表的地位。据不完全统计，到 2001 年底，全国已有 1 万多家企业开展了工资集体协商试点工作。①

工资集体协商制度的建立，使职工民主参与工资决策的权利有了制度保障，既有利于避免由企业经营者单方面决定工资分配，也有利于将政府对企业工资分配的宏观政策要求和企业微观分配有机结合。实行工资集体协商的企业将政府颁布的工资指导线作为工资集体协商的重要依据，与企业实际情况相结合，协商确定工资增长幅度。开展集体协商制度试点企业的职工，非常关心政府颁布的工资指导线水平，结合实际合理提出协商的增资要求。工资集体协商制度的建立，还形成了企业行政与职工双方间正常的对话、沟通机制，有利于及时解决或缓解劳动关系双方的矛盾，对企业稳定发挥了作用。

四、探索建立现代企业工资收入分配制度

所谓现代企业工资收入分配制度，是指符合现代企业制度要求，遵循市场经济规则，在国家法律规范和职工民主参与下，企业向劳动者和投入生产要素的个人自主分配报酬的一整套科学的规程、标准和办法，它涉及由谁分配（企业是分配主体）、分配什么（分配内容包括劳动报酬和其他生产要素报酬）、分配给谁（为企业收益的创造和形成做出各种贡献的各类人员，包括董

---

① 刘永富：《中国劳动和社会保障年鉴（2001）》，中国劳动社会保障出版社 2001 年版。

事会、经理层成员、企业其他管理人员、科技人员、生产人员和以自然人身份投入其他生产要素者)、怎么分配(分配手段和机制)四个方面的内容。在现代企业工资收入分配制度中,分配手段一般由工资分配、剩余收益分配、职工福利三个部分组成,它们是现代企业工资收入分配制度的外在表现形式,其实质内容体现在激励、约束、民主协商和工资保障四个机制上。分配手段的组成形式可以多种多样,没有统一模式,是多变的,而四项机制是恒定不变的。三项制度和四项机制是形式与内容的关系,内容决定形式,形式为内容服务。牢牢抓住四项机制就把握住了现代企业工资收入分配制度的核心和实质。[①]

1999年9月,党的十五届四中全会通过的《中共中央关于国有企业改革和发展若干重大问题的决定》提出:"建立与现代企业制度相适应的收入分配制度","实行以按劳分配为主体的多种分配方式,形成有效的激励和约束机制"。"在国家政策指导下,实行董事会、经理层等成员按照各自职责和贡献取得报酬的办法;企业职工工资水平,由企业根据当地社会平均工资和本企业经济效益决定;企业内部实行按劳分配原则,适当拉开差距,允许和鼓励资本、技术等生产要素参与收益分配。"为建立与现代企业制度相适应的工资收入分配制度,2000年11月6日,劳动和社会保障部提出了《进一步深化企业内部分配制度改革的指导意见》。其主要内容包括:一是建立健全企业内部工资收入分配激励机制。积极探索建立以岗位工资为主的基本工资制度,提倡推行岗位绩效工资制、岗位薪点工资制、岗位等级工资制等各种形式的岗位工资制,做到以岗定薪、岗变薪变。以岗位测评为依据,参照劳动力市场工资指导价位合理确定岗位工资标准和工资差距。岗位工资标准要与企业经济效益相联系,随之上下浮动。职工个人工资根据其劳动贡献大小能增能减。企业可以根

---

① 邱小平:《工资收入分配》(第二版),中国劳动社会保障出版社2004年版。

据生产经营特点，采取灵活多样的工资支付形式，如计件工资、浮动工资以及营销人员的销售收入提成等办法，无论哪一种形式，都应与职工的岗位职责、工作业绩和实际贡献挂钩，真正形成重实绩、重贡献的分配激励机制。结合基本工资制度改革调整工资收入结构，使职工收入工资化、货币化、透明化。清理并取缔企业违规违纪发放的工资外收入，净化收入渠道。实行董事会、经理层成员按职责和贡献取得报酬的办法。在具备条件的企业积极试行董事长、总经理年薪制。董事会和经理层其他成员的工资分配，执行企业内部工资分配制度，按照其承担的岗位职责和做出的贡献确定工资收入，并实行严格的考核和管理办法，拉开工资收入差距。对科技人员实行按岗位、按任务、按业绩确定报酬的工资收入分配制度，合理拉开科技人员与普通职工、做出重大贡献的科技人员与一般科技人员的工资收入差距。企业可以根据生产经营需要并参照劳动力市场工资指导价位，同科技人员分别签订工资协议。实行按科技成果奖励办法，如项目成果奖、科技产品销售收入或利润提成等，对做出突出贡献的科技人员给予重奖。二是积极稳妥开展按生产要素分配的试点工作。按照建立现代企业制度的要求，实行股份制改造或产权管理清晰的竞争性企业，可以探索进行企业内部职工持股试点。具备条件的企业可以试行科技成果和技术专利作价折股，由科技发明者和贡献者持有，探索技术要素参与收益分配办法。具备条件的小企业可以探索试行劳动分红办法。正确处理按劳分配与按生产要素分配的关系，按资本、技术等生产要素分配要遵循国家有关法律法规和政策规定。三是加强基础管理，建立健全企业内部工资分配约束机制。加强企业内部分配基础管理工作，建立企业以人工成本管理为主要内容的约束机制，探索建立和推行具有中国特色的工资集体协商制度。[①]

---

① 《进一步深化企业内部分配制度改革的指导意见》，《中国劳动》2001 年第 1 期。

五、企业工资收入分配改革存在的问题

到 2001 年底，中国已初步建立起一个由"市场机制调节、企业自主分配、职工民主参与、政府监控指导"的现代企业工资收入分配制度。国家不再统一制定国有企业内部工资分配的具体办法，转变为抓宏观管理建设和指导企业搞好内部分配。企业在工资改革中，结合实践不断探索适合本企业生产经营特点和劳动特点的内部分配制度，企业和工会可以协商确定本企业的工资增长水平。企业内部分配制度的多样化，大大加强了工资的激励作用，使工资充分发挥了其经济杠杆的功能。

虽然这一时期企业工资收入分配制度改革取得了一些成绩，但也存在一些问题：

第一，国有企业分配主体地位尚未根本确立。由于形成一个好的体制和机制需要时日，劳动力等要素市场处于发育和发展阶段，建立现代企业制度的任务尚未完成，部分企业在很大程度上仍然不能自主分配。

第二，国有企业与非国有企业的工资收入管理体制如何划分尚缺乏一条清晰的思路。部分国有企业的人才因工资管理过死而另寻出路，造成人才大量流失。同时，部分非国有企业的普通职工工资收入偏低，出现工资被拖欠等现象。

第三，企业经营者年薪制是继续试行还是喊停，以及国家对国有企业经营者的工资收入究竟如何管理还没有得出一个准确的定论。

第四，随着企业内部分配制度的多样化，如何优化各生产要素参与收益分配的问题，如何处理工资收入与社会保险、职工福利的关系问题，如何建立健全普通职工工资正常增长机制，等等，还有待进一步探讨和研究。

第三节　1993 年行政机关和事业单位工资制度改革

一、1993 年行政机关工资制度改革

1993 年 4 月 24 日，国务院第二次常务会议审议通过了《国家公务员暂行条例》，并于 1993 年 8 月 14 日正式发布。在此基础上，1993 年 11 月 15 日，《国务院关于机关和事业单位工作人员工资制度改革问题的通知》以及《机关工作人员工资制度改革方案》，决定从 1993 年 10 月 1 日起，对国家行政机关现行工资制度进行改革。这次工资改革的基本思路是：进一步贯彻按劳分配原则，建立起体现机关和各类事业单位特点的基本工资制度；确立工资增长与国民经济增长之间的关系，确定工资水平；改革现行的工资管理体制，使国家机关、事业单位的工资制度与管理体制适应建立社会主义市场经济体制需要。①

改革内容如下：

（1）机关工作人员（除工勤人员外）实行职级工资制。其工资按不同职能，分为职务工资、级别工资、基础工资和工龄工资四个部分。其中，职务工资和级别工资是职级工资构成的主体。

（2）建立正常的工资增长机制。制度性渠道主要有：①职务晋升工资增长；②职务工资档次晋升的工资增长；③级别晋升的工资增长；④工龄增加的工资增长。

---

① 郑言：《建立适应社会主义市场经济体制的机关、事业单位工资制度》，《经济研究参考》1993
年第 Z6 期。

（3）实行地区津贴制度。地区津贴制度主要根据不同地区的自然环境、经济发展水平和物价水平等因素，结合对现行地区工资补贴的调整而建立，主要分为艰苦边远地区津贴和地区附加津贴两种。

（4）改革奖金制度。实行职级工资后，改革现行的奖金制度，在严格考核的基础上，待具备条件时，对优秀和称职的公务员，在年终发放一次性奖金。

（5）改革机关工人工资制度。根据机关工人的劳动特点，机关工人分为技术工人和普通工人两大类，技术工人实行岗位技术等级工资制，其工资由岗位工资和奖金两部分构成。[①]

二、1993 年事业单位工资制度改革

1993 年，党中央印发的《关于党政机构改革的方案》和《关于党政机构改革方案的实施意见》中明确提出，"事业单位改革的方向是实行政事分开"。1993 年 11 月 15 日，国务院发布《关于机关和事业单位工作人员工资制度改革问题的通知》以及《事业单位工作人员工资制度改革方案》，12 月 4 日，国务院又下发了《事业单位工作人员工资制度改革实施办法》，在改革公务员工资制度的同时，对事业单位工资制度也进行了改革。事业单位工资制度开始与公务员工资制度脱钩，建立了适应不同事业单位特点的工资制度。

主要改革内容如下：

（1）事业单位分类管理。根据事业单位特点和经费来源的不同，对全额拨款、差额拨款、自收自支三种不同类型的事业单位区别对待，实行不同的管理办法。全额拨款单位执行国家统一的工资制度和工资标准。在工资构成中，固定部分为 70%，活的部分为 30%。这些单位在核定编制的基础上，可实行

---

① 《机关工作人员工资制度改革方案》，《中华人民共和国国务院公报》1993 年第 27 期。

工资总额包干，增人不增工资总额，减人不减工资总额，节余的工资，单位可自主安排使用。差额拨款单位按照国家制定的工资制度和工资标准执行。在工资构成中，固定部分为60%，活的部分为40%。差额拨款单位根据经费自立程度，按照国家有关规定，实行工资总额包干或其他符合自身特点的管理办法，促使其逐步减少国家财政拨款，向经费自收自支过渡。在自收自支单位的工资构成中，活的部分比例还可再高一些，有条件的可实行企业化管理或企业工资制度，做到自主经营，自负盈亏。

（2）五类基本工资制度。由于事业单位行业多，工作特点又不相同，既不宜实行一种工资制度，也不宜一个行业一种制度。为便于管理和更好地贯彻按劳分配原则，根据事业单位的不同特点，将专业技术人员的工资制度分为五类：

一是教育、科研、卫生等事业单位，工作性质接近，根据专业技术人员比较集中，他们的水平、能力、责任和贡献主要通过专业技术职务来体现的特点，实行专业技术职务等级工资制。专业技术职务等级工资制在工资构成上主要分为专业技术职务工资和津贴两部分：前者是工资构成中的固定部分和体现按劳分配的主要内容，其标准按照专业技术职务序列设置，每一职务分别设立若干工资档次；后者是工资构成中活的部分，与实际工作数量和质量挂钩，多劳多得，少劳少得，不劳不得。国家对津贴按规定比例进行总额控制，各单位根据本单位的实际情况，在国家规定的津贴总额内，享有分配自主权，具体确定津贴项目、津贴档次及如何进行内部分配，合理拉开差距等。

二是地质、测绘和交通、海洋、水产等事业单位，由于从事野外或水上作业，具有条件艰苦、流动性大和岗位责任明确的特点，实行专业技术职务岗位工资制。专业技术职务岗位工资制在工资构成上主要分为专业技术职务工资和岗位津贴两部分：前者是工资构成中的固定部分，主要体现专业技术人员的水平高低、责任大小和贡献多少，工资标准依据专业技术职务序列确定；后者是工资构成中活的部分，根据不同岗位的工作条件、劳动强度和操作难易程度确定。地质、测绘事业单位的岗位津贴按岗位类别设置，交通、海洋、水产事业单位船员的岗位津贴按船舶等级和实际操作岗位划分。

三是文化艺术表演团体，根据艺术表演人员成才早、舞台青春期短、新陈代谢快的特点，实行艺术结构工资制。艺术结构工资制在工资构成上，主要分为艺术专业职务工资、表演档次津贴、演出场次津贴三部分。艺术专业职务工资主要体现艺术表演人员的综合艺术水平高低，是工资构成中的固定部分，工资标准按照艺术专业职务序列设置；表演档次津贴根据表演人员的表演水平确定；演出场次津贴根据表演人员演出场次的多少计发。表演档次津贴与演出场次津贴是工资构成中活的部分。艺术表演团体中的舞蹈、杂技、戏曲武功等表演人员现行的工种补贴仍继续执行。

四是各级优秀体育运动队的运动员，根据竞争性强、淘汰快、在队时间短、退役后要重新分配工作的特点，实行体育津贴、奖金制。它在构成上，主要分为体育基础津贴、运动员成绩津贴和奖金三部分。体育基础津贴，按照运动员的不同水平设置，是运动员基础水平的综合体现；运动员成绩津贴，根据运动员在国内外重大体育比赛中获得的比赛成绩发放；奖金，对在各类国内外重大体育比赛中获得优秀运动成绩的运动员给予不同程度的重奖，对在平时训练中成绩优秀、表现突出的运动员，也可给予适当奖励。

五是金融保险系统实行行员等级工资制。行员等级工资制在工资构成上主要分为行员等级工资和责任目标津贴两部分。前者按照行员职务序列确定，是工资构成中的固定部分；后者是在实行行员目标责任制的基础上，按照行员所负责任大小和完成目标任务情况确定的，是工资构成中活的部分。

此外，事业单位的管理人员根据自身特点，在建立职员职务序列的基础上，实行职员职务等级工资制。职员职务等级工资制在工资构成上主要分为职员职务工资和岗位目标管理津贴两部分。前者主要体现管理人员的工作能力高低和所负责任大小，是工资构成中的固定部分，工资标准按照职员职务序列设置；后者主要体现管理人员的工作责任大小和岗位目标任务完成情况，是工资构成中活的部分。

（3）改革奖励制度。根据事业单位的实际情况，对做出突出贡献和取得成绩的人员分别给予不同的奖励。一是对有突出贡献的专家、学者和科技人员继续实行政府特殊津贴。二是对做出重大贡献的专业技术人员给予不同程度的一次性重奖。凡其成果用于生产活动带来重大经济效益的，奖励金额从所获利润中提取。其他人员，如从事教学、基础研究、尖端技术和高技术研究的人员等，奖励金额从国家专项基金中提取。三是结合年度考核，对优秀、合格的工作人员，年终发放一次性奖金。

（4）建立正常增资机制。事业单位正常增加工资，主要采取以下四种途径：一是正常升级。全额拨款和差额拨款的单位，在严格考核的基础上，实行正常升级。凡考核合格的，每两年晋升一个工资档次。对少数考核优秀并做出突出贡献的专业技术人员，可提前晋升或越级晋升。自收自支单位参照企业的办法，在国家政策规定的范围内，根据其经济效益增长情况自主安排升级。二是晋升职务、技术等级增加工资。专业技术人员和管理人员晋升职务时，按晋升的职务相应增加工资。三是定期调整工资标准。为保证事业单位工作人员的实际工资水平不下降并逐步增长，根据经济发展情况、企业相当人员工资水平状况和物价指数变动情况，定期调整事业单位工作人员的工资标准。四是提高津贴水平。随着工资标准的调整，相应提高津贴水平，使工资构成保持合理的关系。

（5）建立地区津贴制度。根据不同地区的自然环境、物价水平及经济发展等因素，结合对现行地区工资补贴的调整，建立地区津贴制度。地区津贴分为艰苦边远地区津贴和地区附加津贴。①

第四节　建立社会主义市场经济体制时期工资制度改革评价

一、市场化工资决定机制初见端倪

市场化工资决定机制由个人议价机制、集体谈判机制和政府干预机制三个层次构成，在改革开放初期，国有部门工资决定更多由政府主导，市场化因素体现较少，进入建立社会主义市场经济体制时期，国有部门的工资决定机制市场化因素开始显现。首先，在个人议价机制方面，通过国有企业岗位技能工资制的改革，使工资反映了职工实际劳动贡献和劳动成果的差别，增加了职工的议价能力；同时，高管年薪制的实行也使国有企业高管与市场化工资水平接轨，更好地参与到人才市场竞争之中。其次，在集体谈判机制方面，2000 年劳动和社会保障部发布了《工资集体协商试行办法》，标志着集体谈判机制的真正落实，使职工参与工资决策的权力有了保障。最后，在政府干预方面，国家运用多种手段进行工资调控，政府干预机制初步建立。

二、岗位技能工资制改革评价

岗位技能工资制代替了过去计划经济体制下行政化的工资分配方式，构建

---

① 《事业单位工作人员工资制度改革方案》，《中华人民共和国国务院公报》1993 年第 27 期。

了与社会主义市场经济体制下的现代企业制度相适应的管理框架。实行岗位技能工资制以后，对加强企业的基础管理工作、激励职工学习技术、合理拉开工资差距、提高企业的经济效益起到了积极作用。岗位技能工资制的优越性主要表现在：第一，它与过去的等级工资制相比更能体现社会主义按劳分配原则。虽然等级工资制度在实行初期发挥了积极的作用，但由于不能很好地体现劳动和职工个人的差异性，加之在实施中的平均主义倾向，导致了劳动和工资的脱节，造成了工资水平与技术等级的背离。而岗位技能工资制则在很大程度上弥补了上述缺陷，它以岗位测评和职工劳效评价为基础，通过奖评机制确定职工的劳动报酬，克服了分配上的平均主义，更好地贯彻了按劳分配原则。第二，岗位技能工资制通过设置技能工资单元，对职工的业务执行能力和技术水平进行严格的考核和评价，可以激励职工提高技术水平。依据岗位技能工资制，考核不合格的职工就会被调换岗位，不能按照原来的工资标准获得岗位工资和技能工资，因此，职工无论是为了涨工资还是为了避免因调岗造成的工资减少，其都会努力提高自身的技术水平，而这也是企业提高生产率的重要条件之一。第三，实施岗位技能工资制有利于整顿企业内部各类人员的工资秩序。以岗位测评为基础的工资计算方式扩大了企业内部各工种、各类别间的工资差距，克服了以往无论工作条件和工作内容如何都支付相同工资的不公平现象。[①] 同时，企业内部分配中技术等级与工资等级脱节、劳动报酬与劳动贡献脱节以及平均主义等问题也得到了一定程度的缓解。

尽管如此，由于企业工资管理工作并没有得到明显的简化，工资结构依然十分庞杂，加之管理上已经形成的操作惯例及相关制度有待进一步完善，新工资制度的激励作用仍不够明显。第一，职工的技术等级与实际技能不符。在实

---

① 邱小平：《工资收入分配（第二版）》，中国劳动社会保障出版社 2004 年版。

际操作中，由于缺乏合理的考核指标和健全的评价体系以及技能鉴定工作滞后，对职工技能水平的评价往往参考过去的等级工资制标准，或依据上司的主观判断，导致考核流于形式，造成了多数企业职工的技能工资与实际技能水平有一些差距。第二，岗位工资按年限划档。在实施岗位工资的过程中，虽然多数企业依据岗位进行了划分，但仍然与工作年限挂钩，这就使在同一岗位上工作的职工，因工作年限的不同享受不同的岗位工资待遇，形成了一岗多薪的不合理状态，背离了岗位工资的真正内涵。第三，在依据岗位技能工资制构建的工资体系中，活的部分所占比重太小。多数企业工资总额中活的部分只有奖金，约占 15%，其余全是固定部分。[1] 上述这些情况，事实上都背离了以技能考核和岗位测评为标准进行工资制度设计的初衷。

1998 年以后，随着收入分配方式的变化，即由按劳分配转变为按劳分配为主、多种分配方式并存的多元分配方式，企业内部分配制度改革不断深化。在企业内部分配制度改革方面，各地认真总结以岗位技能工资制为主的内部分配制度改革经验，根据企业的不同生产经营特点，指导企业建立科学合理的基本工资制度，提倡实行岗位工资制、岗位薪点工资制等，同时加强对职工劳动贡献的考核，把考核结果作为拉开收入分配差距的依据。中央直属企业也积极进行内部分配制度改革，实行岗位工资制，并取得初步成效。此外，各地区按照党的十五大和十五届四中全会的要求，继续探索按劳分配和按其他生产要素分配相结合的办法，在资本、技术等生产要素参与分配方面进行了有益的尝试。如北京、浙江、深圳等地出台了关于职工持股的办法，试行职工投资入股、技术入股、劳动分红等新的收入分配制度，取得了明显效果。[2]

---

① 孙新玲：《完善基本工资制度的几点意见》，《山东劳动》1998 年第 10 期。

② 宋士云等：《中国劳动经济史（1949—2012）》，中国社会科学出版社 2021 年版。

三、机关、事业单位工资制度改革评价

1993 年的机关、事业单位工资制度改革与前两次有显著的不同。这次工资改革，是在建立社会主义市场经济体制、劳动力市场逐步发育和发展的背景下进行的，较好地体现了按劳分配原则，克服了平均主义思想，调动了广大工作人员的积极性，促进了社会经济发展，其改革成效主要体现在以下几个方面：

第一，国家机关与事业单位工资制度分离，建立起符合各自特点的工资制度。这次工资改革，在国家机关，建立了以职务和等级为主的公务员职级工资制，按照机关工作人员的职务、级别及其任职年限和工作年限确定工资标准；在事业单位，专业技术人员分别实行了五种不同类型的工资制度，管理人员实行职员职务等级工资制，工人实行等级工资制。这主要是鉴于机关与事业单位在职能、工作性质、工作任务和工作特点等方面均存在着很大差别。而事业单位如此分类，主要是考虑各类的情况相近，且便于管理。因此，事业单位在工资制度、工资结构和工资管理办法上与国家机关脱钩，体现了政事分开的原则，为事业单位更好地实施科学分类管理，进一步深化改革奠定了基础。

第二，在事业单位工资构成中设置了津贴制度，津贴是工资中活的部分，与工作人员的实际贡献紧密结合，更好地体现了按劳分配原则。津贴的设立与实施发挥了活工资的激励作用，有利于奖勤罚懒，克服平均主义。例如，在晋升职务工资档次上，对个别优秀并做出突出贡献的专业技术人员，可提前晋升或越级晋升；对从事基础研究、尖端技术和高技术研究的人员，可另建岗位津贴；等等。

第三，建立了工资正常的增资机制，拓宽了增加工资的渠道。1993 年工

资制度改革，明确提出了建立正常增资的原则，并做出具体规定，这是一项重大突破。实践证明，如果没有正常的增加工资的机制，再好的工资制度在社会大变革的时代也难以长久正常运行，将会带来各种矛盾的积累和加剧。1997~2001年，国家根据经济发展、财力增长和物价变动等情况，不断调整了机关、事业单位工作人员的工资标准。

第四，建立了适应社会主义市场经济体制的工资管理机制。在加强国家宏观调控的前提下，赋予了地方和单位一定的工资分配自主权。一是清理各种津贴、补贴，确定实行地区津贴制度，激励工作人员为国家与本地区经济和社会发展多做贡献。1985年工资改革后，虽然全国统一政策、统一标准、统一制度，但国家之大，自然环境、生活条件、经济发展状况差异悬殊，各地在津贴、补贴上存在较大差异。1993年，国家统一归合各类物价、福利性补贴。地区津贴制度独立于工资标准之外，单独体现地区间的差异，工作人员调动或交流离开所在地区后，其地区津贴即行取消，到新单位后，按当地地区津贴执行。这既有利于全国工资标准统一，也有利于工资管理和人员交流。① 二是根据事业单位经费来源的不同，实行分类管理，促进了事业单位的发展，减轻了国家财政负担。据统计，全额拨款单位、差额拨款单位、自收自支单位占事业单位总数的比例分别由1993年工资改革前的63%、21%、16%变为1996年的59.5%、22.2%、17.9%，减少了财政拨款单位的数量。② 三是赋予了事业单位活工资分配自主权，有利于深化事业单位内部管理体制的改革。事业单位可充分利用国家赋予的权力，发挥工资的杠杆作用，搞活内部分配办法，调动职工积极性。

---

① 郑言：《建立适应社会主义市场经济体制的机关、事业单位工资制度》，《经济研究参考》1993年第Z6期。

② 《机关事业单位工资制度改革现状与发展——人事部机关、事业单位工资改革专题调研报告》，《中国人才》1998年第3期。

但是，由于机关、事业单位工资制度过去积累的矛盾和问题较多，完全理顺需要一段时间，加之社会主义市场经济体制的建立和劳动力市场的发育发展也有一个过程，因此，这次工资制度改革在实施过程中，也暴露出一些矛盾和问题：

第一，工资改革时确定的一些政策未及时到位，如部分地区津贴制度、年终一次性奖金等，未能如期组织实施，这在一定程度上影响了工资制度改革的成效和机关、事业单位工作人员的收入水平。

第二，地区间、行业间工资收入差距过大，这种过大的差距，与工资的调节和激励职能相违背。

第三，单位内部分配中的平均主义问题。这次工资改革，由于实行套改办法，难免把原有工资制度中存在的问题带入新制度。再者，事业单位工资中的津贴制度没有充分发挥活工资的激励作用。

第四，工资管理机制有待健全。这次工资改革使工资调整从按年限划杠、论资排辈，转向了按业绩、贡献考核，工资正常晋升要在严格的考核基础上进行。但由于年度考核在具体操作过程中，缺乏系统的科学考核指标体系，考核中存在凭印象、靠感情等现象，致使年度考核流于形式，缺乏应有的严肃性。再者，除基本工资部分能得到较好控制外，对工资外收入缺乏有效的调控手段。

第五，关于机关、事业单位工资增长的问题。一是正常的工资增长因素与经济增长不挂钩。二是机关、事业单位工资增长的参照系模糊。三是机关、事业单位人员达到本职务最高级别后难以晋升级别工资。

此外，机关、事业单位社会保险与福利制度改革较滞后。机关、事业单位工作人员的社会保险与福利是其薪酬制度的重要组成部分，由于其改革滞后，在一定程度上延缓了机关、事业单位工作人员工资制度的合理化进程。

第五章　完善社会主义市场经济
体制时期的工资制度改革
（2002年至今）

    2002年11月，党的十六大提出"完善社会主义市场经济体制"，在分配制度上开始注意调节收入差距，在效率和公平的关系上做出了调整："初次分配注重效率，发挥市场的作用，鼓励一部分人通过诚实劳动、合法经营先富起来。再分配注重公平，加强政府对收入分配的调节职能，调节差距过大的收入。规范分配秩序，合理调节少数垄断性行业的过高收入，取缔非法收入。以共同富裕为目标，扩大中等收入者比重，提高低收入者收入水平。"[1] 党的十六届三中全会通过的《中共中央关于完善社会主义市场经济体制若干问题的决定》进一步指出："整顿和规范分配秩序，加大收入分配调节力度，重视解决部分社会成员收入差距过分扩大问题。以共同富裕为目标，扩大中等收入者比重，提高低收入者收入水平，调节过高收入，取缔非法收入。加强对垄断行业收入分配的监管。"[2] 2007年10月，党的十七大报告中更加强调了在收入分

---

    ① 江泽民：《全面建设小康社会，开创中国特色社会主义事业新局面——在中国共产党第十六次全国代表大会上的报告》，《人民日报》2002年11月18日。

    ② 《中共中央关于完善社会主义市场经济体制若干问题的决定》，《人民日报》2003年10月22日。

配中注重公平："初次分配和再分配都要处理好效率和公平的关系，再分配更加注重公平。逐步提高居民收入在国民收入分配中的比重，提高劳动报酬在初次分配中的比重。"① 至此，个人收入分配理念实现了由社会主义市场经济体制建立之初的效率优先、兼顾公平逐步向完善社会主义市场经济体制时期的效率与公平并重、更强调公平转变。

在此期间，继续完善企业工资收入分配宏观调控体系，进一步扩大了工资指导线制度和劳动力市场工资指导价位制度的实施范围，建立行业人工成本信息指导制度，全面建立最低工资制度，完善企业工资分配法规，保护职工合法权益。国有企业进行了岗位绩效工资制度改革，更加注重劳动结果，国有企业高管年薪制也进一步确立和完善；行政机关、事业单位也进行了符合各自特点的工资制度改革，公务员实行国家统一的职务与级别相结合的工资制，事业单位实行岗位绩效工资制。

第一节 完善政府对企业工资收入分配的宏观调控

一、完善企业工资收入分配宏观调控体系

（一）工资指导线制度建设取得新突破

工资指导线制度是社会主义市场经济体制下，国家对企业工资分配进行宏观调控的一种制度。工资指导线一般由工资增长预警线（工资增长上线）、工

---

① 胡锦涛：《高举中国特色社会主义伟大旗帜 为夺取全面建设小康社会新胜利而奋斗——在中国共产党第十七次全国代表大会上的报告》，《人民日报》2007 年 10 月 25 日。

资增长基准线和工资增长下线组成。其实施方式为，各地区在结合当年国家总体调控目标，并综合考虑本地区当年经济增长、物价水平和劳动力市场状况等因素的基础上，提出本地区当年企业工资增长指导意见，企业根据此指导意见在生产发展、经济效益提高的基础上，合理确定本企业当年的工资增长率。根据 1997 年劳动部颁布的《试点地区工资指导线制度试行办法》，地方政府应当在每年 3 月底以前发布工资指导线，执行时间为一个日历年度（1 月 1 日至 12 月 31 日）。2006 年，全国 27 个省、自治区、直辖市发布了当地工资指导线，工资增长基准线一般在 11% 左右，工资增长预警线一般在 17% 左右。[①] 实践证明，工资指导线的制定和发布对引导企业工资合理增长和工资集体协商发挥了重要作用。

但是，工资指导线制度在实施中也存在一些问题：一是随着社会经济的发展，该制度创建时所坚持的"两低于"原则（职工工资总额增长低于经济效益增长幅度，职工平均工资增长幅度低于劳动生产率增长幅度）与党的十七大提出的"两个提高"[②] 原则相矛盾，也与党的十七届五中全会提出的"两个同步"[③] 原则相悖。二是国家要求每年 3 月公布工资指导线，而实际情况是绝大多数地区在下半年才公布。工资指导线公布得过迟，就会对新一年企业工资集体协商的及时开展造成一些不利影响。因此，为了实现党的十七大提出的"两个提高"和党的十七届五中全会提出的"两个同步"，必须改革工资指导线制度，使职工工资收入随经济发展和劳动生产率提高而逐步增加。

---

　　① 中华人民共和国劳动和社会保障部：《中国劳动和社会保障年鉴（2007）》，中国劳动社会保障出版社 2008 年版。

　　② "两个提高"，即逐步提高居民收入在国民收入分配中的比重，提高劳动报酬在初次分配中的比重。

　　③ "两个同步"，即努力实现居民收入增长和经济发展同步、劳动报酬增长和劳动生产率提高同步。它最早出现在 2010 年 10 月党的十七届五中全会通过的《中共中央关于制定国民经济和社会发展第十二个五年规划的建议》中。

（二）劳动力市场工资指导价位制度建设取得新进展

劳动力市场工资指导价位制度也是在市场经济条件下，国家对企业工资分配进行指导和间接调控的一种制度安排。它是劳动和社会保障部门按照国家统一的要求，定期向社会发布各类职业（工种）的工资价位，旨在指导企业合理确定工资水平和工资关系，调节劳动力市场交易价格。截至 2003 年，全国共有 124 个城市建立了工资指导价位制度[①]，为企业合理确定职工工资水平提供参考依据。

此后，随着劳动力市场科学化、规范化、现代化建设试点城市范围的扩大，国家继续加大了劳动力市场工资指导价位制度建设工作。各地发布职位的数量不断增加，行业覆盖范围不断扩大。部分城市还根据市场需求的变化，将收集的数据按性别、职称、行业、所有制类别重新进行分类整理，提高了发布信息的质量和针对性。

（三）推动行业人工成本信息指导制度的建立

行业人工成本信息指导制度是指劳动和社会保障部门或由其委托的社会组织调查、收集、整理、分析和预测行业人工成本水平，并定期向社会公开发布相关信息，以指导企业加强人工成本管理、合理确定人工成本水平的一种制度安排，也是政府加强对企业工资宏观调控的一项重要内容。实际在 2002 年以前，劳动和社会保障部已经在全国主要的中心城市开展了企业人工成本预测预警体系建设的试点，有 18 个城市发布了当地主要行业的人工成本信息。[②] 当时这项工作是与发布劳动力市场工资指导价位共同进行的，开展人工成本统计调查工作的目的在于：一是准确计算人工成本总量，以反映人工成本构成及变

① 中华人民共和国劳动和社会保障部：《中国劳动和社会保障年鉴（2004）》，中国劳动社会保障出版社 2005 年版。

② 中华人民共和国劳动和社会保障部：《中国劳动和社会保障年鉴（2003）》，中国劳动社会保障出版社 2003 年版。

动情况；二是开展人工成本的分析与预测，对人工成本异常情况及时做出提示和预警；三是开展人工成本的国际比较，为中国企业进行竞争力的国际比较提供可靠依据。①

2004 年 12 月 6 日，劳动和社会保障部发布《关于建立行业人工成本信息指导制度的通知》以及附件《行业人工成本信息指导制度实施办法》，该文件的发布使我国的人工成本和工资分配的宏观管理迈上了一个新台阶。该文件明确规定，"2005 年在全国 35 个大中城市（不含拉萨）建立行业人工成本信息指导制度，2006 年各地区再增加 2-3 个中心城市，力争在 3-5 年内，在全国各中心城市全面建立行业人工成本信息指导制度，形成国家、省（自治区、直辖市）、市多层次、广覆盖的人工成本信息网络"。2009 年 12 月，中华人民共和国人力资源和社会保障部（以下简称人社部）下发《关于开展完善企业在岗职工工资和人工成本调查探索企业薪酬调查方法试点的通知》，结合企业薪酬调查，提出人工成本调查的方法。2012 年下半年，根据国家工资收入分配宏观调控总体要求，人社部开始就构建企业人工成本宏观监测系统进行专门部署和深入研究。② 北京、上海等城市及时发布当地主要行业人工成本信息，有效地指导了企业合理确定人工成本水平，增强了市场竞争力。

此外，党和政府坚持问题导向，着力解决人民群众关心的突出问题。比如，针对收入分配差距拉大、贫富悬殊问题，2011 年 6 月修订了《中华人民共和国个人所得税法》，将工资、薪金所得的个税起征点调整为 3500 元，降低了低收入者或者中低收入者的税收负担，提高了他们的实际可支配收入。③

---

① ② 马小丽：《我国人工成本宏观管理发展历程》，《人事天地》2015 年第 2 期。
③ 刘军胜：《收入分配制度改革在艰难中行进》，《中国人力资源社会保障》2016 年第 1 期。

二、加强对国有垄断行业收入分配监管，调控高收入企业工资分配

国家继续坚持对垄断行业收入分配的管理，并加大调控力度，从工资总量和工资水平两方面严格控制垄断行业的工资增长幅度。例如，2003年11月，劳动和社会保障部下发了《关于进一步做好企业工资总额同经济效益挂钩工作的通知》，明确规定"实行工资总额与经济效益总挂钩的部门，挂钩总浮动比例控制在1∶0.75以内"。2005年国务院国有资产监督管理委员会下发了《关于做好2005年度中央企业工资总额同经济效益挂钩工作的通知》。2006年11月，根据党的十六届六中全会关于"完善并严格实行工资总额控制制度"的要求，劳动和社会保障部、财政部下发了《关于做好2006年企业工资总额同经济效益挂钩工作的通知》，对全国企业工资总额同经济效益挂钩工作进行了安排，明确提出"对工资增长过快、工资水平过高的企业，尤其是2005年企业在岗职工平均工资相当于当地城镇在岗职工平均工资2倍以上的企业，要从严审核其挂钩经济效益基数、工资总额基数，将其浮动比例下调至0.6以下，并严格执行新增效益工资分档计提办法"。上述这些政策，对控制垄断企业工资收入过快增长起到了一定的作用。

同时，原劳动和社会保障部与财政部、审计署等部门协调配合，对部分国有企业工资内外收入进行监督检查，对企业工资分配中的违法违纪行为进行查处，规范企业工资分配行为，维护国有资产所有者权益。例如，2004年，以电力、电信、金融、交通运输等行业为重点，进行监督检查；2006年，将金融、电力、电信、烟草、煤炭、石油石化等行业作为重点检查对象，并要求列为重点检查对象的中央企业向企业工资内外收入监督检查领导小组办公室报送自查报告。各地认真开展了对当地国有企业工资收入的监督检查，加大了监督检查工作力度。

三、完善最低工资保障制度，调整最低工资标准

最低工资是国际上普遍采用的劳动力市场规制之一，它是对支付给劳动者的最低劳动报酬所做的强制性规定。1993年11月，劳动部发布《企业最低工资规定》，标志着中国开始建立最低工资制度。2004年1月，劳动和社会保障部发布《最低工资规定》，决定自2004年3月1日起施行，进一步推动了最低工资制度在中国的全面实施。

与1993年的《企业最低工资规定》相比，2004年的《最低工资规定》主要在以下几个方面做出了改进：一是进一步细分了最低工资标准的形式。根据《最低工资规定》，"最低工资标准一般采取月最低工资标准和小时最低工资标准的形式。月最低工资标准适用于全日制就业劳动者，小时最低工资标准适用于非全日制就业劳动者"。二是调整了确定最低工资标准的参考因素。根据《最低工资规定》，"确定和调整月最低工资标准，应参考当地就业者及其赡养人口的最低生活费用、城镇居民消费价格指数、职工个人缴纳的社会保险费和住房公积金、职工平均工资、经济发展水平、就业状况等因素"。也就是说，在确定和调整最低工资标准时，劳动生产率不再是要考虑的因素，而城镇居民消费价格指数与职工个人缴纳的社会保险费和住房公积金等，成为新的应该考虑的因素。三是最低工资标准在同一区域内不再有行业差异，实行统一标准。根据1993年的《企业最低工资规定》，"最低工资率应考虑同地区不同区域和行业的特点，对不同经济发展区域和行业可以确定不同的最低工资率"，而2004年的《最低工资规定》则指出，"省、自治区、直辖市范围内的不同行政区域可以有不同的最低工资标准"。四是规范了最低工资标准的调整频率，明确要求每两年至少调整一次。

由于各地区经济发展水平存在明显差异，全国没有实行统一的最低工资标

准，而是采取了地方政府主导型的模式，即由各省级政府制定当地的最低工资规定，并负责确定和调整本地区的最低工资标准。而许多省份内部不同区域之间也同样存在经济发展水平的明显差异，因此，多数省份一般确定出多个档次的最低工资标准，以适用于省内不同的城市。① 根据《最低工资规定》，2004 年全国共有 16 个省份调整了当地最低工资标准，22 个省、自治区、直辖市以及 5 个城市（大连、青岛、宁波、深圳和成都）颁布了小时最低工资标准。截至 2004 年底，全国 31 个省份建立了最低工资保障制度。② 鉴于一些地区最低工资标准的确定不够科学合理，一些企业采取延长劳动时间、随意提高劳动定额、降低计件单价等手段，变相违反最低工资规定，2007 年 6 月 12 日，劳动和社会保障部发布了《关于进一步健全最低工资制度的通知》。2007 年，全国多个省份调整了最低工资标准，调整幅度在 15% 左右，确保了最低工资实际水平不因消费价格指数上升而降低。西藏在调整月最低工资标准的基础上，首次制定颁布了小时最低工资标准，标志着最低工资制度得到全面实施。截至 2007 年底，全国月最低工资标准最高为 860 元（广东省广州市），小时最低工资标准最高为 8.7 元（北京市）。③ 另外，各地还高度重视最低工资制度的贯彻落实，开展了声势浩大的宣传活动，强化了监督检查，纠正了违法行为。

　　最低工资标准的确定与调整是最低工资制度的核心内容。表 5-1 为 2004～2016 年全国 31 个省份最低工资水平的变动情况。总的来看，中国最低工资标准呈现出明显的上升趋势，2004～2016 年各省份最低工资标准累计调整 242 次。2004～2008 年最低工资标准调整相对较慢，平均每年有 22 个省份上调。受全球金融危机的冲击，2009 年各省份暂停了最低工资标准的调整。但从

---

①　谢勇、王艳丽：《中国的最低工资标准：发展、构成和水平》，《开发研究》2015 年第 6 期。

②　中华人民共和国劳动和社会保障部：《中国劳动和社会保障年鉴（2005）》，中国劳动社会保障出版社 2005 年版。

③　中华人民共和国劳动和社会保障部：《中国劳动和社会保障年鉴（2008）》，中国劳动社会保障出版社 2009 年版。

2010 年开始，各省份提高最低工资标准的积极性明显上升，2010~2016 年平均每年有 23 个省份上调，年均增幅也较 2004~2008 年略有增加。2016 年最低工资标准调整节奏明显放缓，调增幅度明显降低。2016 年，各地区适当放缓调整节奏，合理控制调整幅度，全国共有 9 个省份调整最低工资标准，调增省份平均调增幅度为 10.7%。

表 5-1　2004~2016 年全国 31 个省份最低工资水平的变动情况

年份	调整地区数	平均增长率（%）
2004	21	—
2005	11	19.0
2006	29	22.3
2007	17	16.0
2008	22	19.6
2009	0	0
2010	30	22.8
2011	24	21.6
2012	25	20.2
2013	27	17.0
2014	19	14.1
2015	27	14.9
2016	9	10.7

资料来源：2004~2006 年的数据来源于谢勇、王丽艳：《中国的最低工资标准：发展、构成和水平》，《开发研究》2015 年第 6 期；2007~2016 年数据来源于相关年份的《中国劳动和社会保障年鉴》和《中国人力资源和社会保障年鉴》。

四、解决企业工资拖欠问题，保障劳动者合法权益

为完善企业工资支付制度、解决拖欠职工工资问题、切实保障劳动者权益，《国务院办公厅关于做好农民进城务工就业管理和服务工作的通知》提出

要"切实解决拖欠和克扣农民工工资问题"。因此，建立解决拖欠工资问题的长效机制也是加强企业工资分配宏观调控、规范工资分配秩序的主要内容之一。

加大专项检查和综合治理拖欠工资问题的工作力度，在全国组织开展农民工工资支付情况专项检查活动。多次专项检查活动的开展，对督促用人单位依法支付工资，维护劳动者劳动报酬权益发挥了重要作用。一是为加大综合治理拖欠工资问题的工作力度，多个部门共同组成解决拖欠农民工工资工作协调机制，组织召开相关部门解决拖欠农民工工资工作协调会议，沟通情况，交流信息；为保障元旦与春节期间农民工工资支付，还成立了元旦与春节期间保障进城务工人员工资支付专项工作小组。二是各地劳动保障监察机构普遍将建筑、餐饮服务、服装等劳动密集型行业，以及过去曾发生过欠薪行为的企业列为重点检查对象，开展欠薪执法检查工作，有力地维护了广大职工的劳动报酬权益。

完善工资支付保障制度，积极探索建立预防和解决拖欠工资的长效机制。一是针对比较突出的问题，制定颁布相关政策文件。针对建筑行业拖欠工资比较突出的问题，2004年9月10日，劳动和社会保障部会同建设部颁布了《建设领域农民工工资支付管理暂行办法》，对建设领域农民工工资支付行为进行规范，要求企业按时支付农民工工资，明确了对拖欠或克扣农民工工资行为的处罚措施。2006年11月，国务院办公厅转发解决企业工资拖欠问题部际联席会议《关于推进企业解决工资拖欠问题的若干意见》，提出了解决企业工资拖欠问题的基本原则、目标任务和工作思路。2009年1月，人社部会同有关部门发布了《关于进一步做好预防和解决企业工资拖欠工作的通知（2009）》，要求各地进一步健全工资支付保障制度，加强对企业工资支付监控，依法处理因拖欠工资引发的劳动争议，严厉打击欠薪逃匿行为，妥善处理因拖欠工资问题引发的群体性事件等。二是指导各地加快建立工资支付保障等制度。在制定下发的有关文件中，多次对建立预防和解决拖欠工资问题的长效机制提出要求。有关地区结合当地实际，积极推进工资支付监控制度和工资支付保障制度等长效机制的建立。截至 2004 年底，全国共有 15 个省市建立了工资支付保障制度（欠薪保障制度），14 个省市建立了工资支付监控制度（欠薪报告制度）。① 到 2006 年底，全国建立工资保证金制度的省、自治区、直辖市由 2005 年的 24 个增加到 27 个；一些地区还在建设领域外的其他行业进行了探索，如湖北等省份在交通领域建立了工资保证金制度。② 到 2009 年底，全国 31 个省份都建立了工资保证金制度。③ 三是推进工资支付法制建设。到 2007 年，全国出台地方性工资法规或规章的省份达到了 12 个。需要特别指出的是，2011 年 2 月国家通过了《中华人民共和国刑法修正案（八）》，设立"拒不支付劳动报酬罪"，严惩恶意欠薪行为，给恶意欠薪者以强大震慑。

第二节　国有企业工资制度改革

　　完善社会主义市场经济体制这一改革目标的确立，为企业全面改革工资分配制度和工资管理体制指明了方向。在工资体系上，企业职工从等级工资制、岗位工资制、结构工资制向岗位技能工资制、岗位绩效工资制转变，国有企业

---

① 中华人民共和国劳动和社会保障部：《中国劳动和社会保障年鉴（2005）》，中国劳动社会保障出版社 2005 年版。

② 中华人民共和国劳动和社会保障部：《中国劳动和社会保障年鉴（2007）》，中国劳动社会保障出版社 2008 年版。

③ 中华人民共和国劳动和社会保障部：《中国劳动和社会保障年鉴（2006）》，中国劳动社会保障出版社 2007 年版。

高管开始年薪制的探索，体现了工资制度从注重资历向注重能力，再向注重结果的转变；在工资管理上，从过去的工资总额控制向实行弹性工资计划转变。

一、岗位绩效工资制改革

1999 年 9 月，党的十五届四中全会再次提出建立现代企业制度。为了建立与现代企业制度相适应的薪酬体系，劳动和社会保障部在 2000 年 11 月 6 日印发了《进一步深化企业内部分配制度改革的指导意见》，指出要积极探索建立以岗位工资为主的基本工资制度。提倡推行包括岗位绩效工资制在内的各种形式的岗位工资制。在相关部门的推动下，岗位绩效工资制在许多国有企业开始实行。当然，在制度的更替过程中，也有不少企业选择了继续使用岗位技能工资制。

岗位绩效工资是以职工被聘上岗的工作岗位为主，根据岗位的责任大小、劳动强度、技术含量和环境优劣确定岗级，以企业经济效益和劳动力价位确定工资总量，以职工的劳动成果为依据支付劳动报酬，是劳动制度、人事制度与工资制度密切结合的工资制度。岗位绩效工资主要由岗位工资和绩效工资两部分组成，企业可以根据各自的情况调整基础工资、年功工资、津贴补贴等工资单元。岗位工资是体现岗位相对价值，根据工作分析与岗位评价结果而设置的工资单元。绩效工资是依据绩效考核结果确定的工资单元，按照岗位任职者履行岗位职责、完成工作任务的情况进行考核发放，它是工资构成中活的部分，不同岗位其所占的比重也可以根据企业实际情况进行调整。

到 2002 年，在 40 户超大型中央政府直属国有企业中已经有 55% 的企业采用了岗位绩效工资制[1]，随着岗位绩效工资制的推广，越来越多的企业开始采

---

[1]　刘晓滨、金思宇、李兆熙：《大老板该挣多少钱？——国有重要骨干企业经营者的薪酬研究》，《中国第三产业》2002 年第 4 期。

用该种分配制度。企业往往根据自身特点，灵活设置工资单元。例如，2003年邯郸钢铁集团开始推行岗位绩效工资制，在钢铁主业部门工资单元由岗位工资、保留工资、津贴、效益工资四部分组成，绩效工资占比为42.7%。[1] 湖南株洲化工集团的岗位绩效工资由岗位工资、绩效工资、津贴三个单元组成，在公司工资总额构成中岗位工资占60%，绩效工资占30%，津贴占10%。[2]

案例 5-1：A 集团工资制度改革

一、A 集团工资制度改革

A 集团是一家集饲料加工、纺织生产、科研开发和进出口业务于一体的跨行业经营的大型现代化企业集团。随着企业规模的不断壮大，原有的工资制度已不能适应企业发展，公司于 2001 年开始进行"岗位等级+绩效"的工资制度改革。其核心是"以岗分级，以能定岗，一岗多薪，岗变薪变，动态管理"。同时根据基本工资体系，在对现有岗位进行定性与定量分析的基础上，将所有岗位归入相应的岗位等级之中，并将所有参加改革人员的工资按所在职位套入相应的职等，每个职等划分为 12 个职级，以体现员工技能、经验与业绩水平的差别，如表 5-2 所示。

表 5-2　职等划分

职等	一等	二等	三等	四等	五等	六等
管理职位	总经理	副总经理	经理	副经理	科长	副科长
技术职位	—	—	高级工程师		工程师	

① 王洪仁：《国有企业薪酬制度改革实证研究——以邯郸钢铁为例》，武汉科技大学硕士学位论文，2008 年。

② 侯碧波：《湖南株洲化工集团员工岗位绩效工资体系研究》，中南大学硕士学位论文，2004 年。

续表

职等	七等	八等		九等		十等	十一等	—
		正	副	正	副			
管理职位	主管	职员					服务人员	—
技术职位	—	助理工程师		技术员		—		

　　由于 A 集团公司的各子公司、实体部门的实际情况差异很大，对企业工资改革时根据灵活运用的原则，首先设计出了各子公司、实体部门必须遵守的工资结构制度，具体分配方法（支付比例）由各子公司、实体部门按自己的生产、管理特征自行设计。工资结构设计为固定工资、绩效工资和奖金三部分，如图 5-1 所示。

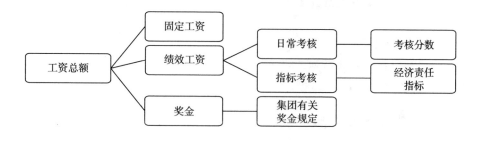

图 5-1　工资结构

　　固定工资是每月固定支付的部分，包括岗位等级工资中固定支付的部分和各项津贴，即固定工资=岗位等级工资×固定支付比例+工龄工资+津贴。

　　各子公司、实体部门岗位工资固定支付部分占岗位工资比例（以下简称固定支付比例）是根据员工所在部门工作性质的不同而确定的。确定原则是：工作内容、任务相对稳定且难以量化的职能部门管理及技术人员，固定支付比例应相对较大；工作绩效可以量化且受个人努力程度影响较大的生产、销售等部门管理及技术人员，固定支付比例应相对较小；生产、销售部门一线管理及技术人员固定支付比例较小，科室管理及技术人员固定支付比例应相对较大。

各子公司、实体部门的绩效工资是根据员工所在部门完成任务指标水平和个人工作绩效水平支付的工资，其应占较大比重。部门绩效工资总额根据职能部门和实体部门、子公司的差别分别按不同的方法确定。由 A 集团公司根据各部门上年度实发工资水平及任务完成情况，每年核定一次。个人绩效工资根据工作岗位和生产任务完成及考核情况分别发放。对实体部门及子公司经理、副经理的考核主要集中在本单位综合效益水平上，如总产量、总成本、质量等综合指标方面，可与一些具体的指标脱钩。员工个人绩效工资计发系数根据职位等级工资确定：职位等级工资越高，计发系数越大；职位等级工资越低，计发系数越小。员工个人绩效工资计发比例根据考核成绩发放，并制定了量化考核标准：

职能部门绩效工资总额＝（职位等级工资总额－固定支付额）×部门计发比例

实体部门绩效工资总额＝指标完成数×计提比例－固定工资－本部门奖励基金

个人绩效工资总额＝本部门人均绩效工资额×本人计发系数×本人计发比例

人均绩效工资额＝本部门绩效工资总额/本部门员工人数

$$本人绩效工资计发系数 = \frac{本人职位等级工资 － 固定支付部分}{\sum (本人职位等级工资 － 固定支付部分)/部门人数}$$

本人计发比例＝考核成绩/100

为了更好地体现按劳分配、奖勤罚懒的分配原则，同时也设立了奖励基金，用于给对公司的发展做出贡献的员工发放奖金。奖金发放遵循如下原则：一是针对性原则，奖金发放必须以具体的贡献为依据，对事不对人，每一次贡献只发放一次奖金，避免奖金的长期化、固定化和重复计奖。二是与个人贡献挂钩原则，个人贡献越大，所得奖金越高；个人贡献越小，所得奖金越低。三是适度性原则，奖金水平的高低以企业成本、收益水平、上年度个人收入水平以及社会平均收入水平为参照，有利于企业的持续健康发展和员工收入水平稳步提高。

在实施工资制度改革的同时应该对工资的增长机制做出重新设计。工资增长主要通过以下几种方式：一是正常的以年资为依据的增长；二是工资等级的提高；三是随工作绩效提高而增长；四是企业整体工资标准的提高；五是职务的晋升。公司建立员工岗位等级工资正常增长机制，将定期晋升员工的工资级别每年晋级的范围根据公司效益、当地物价水平及当地同行业工资水平确定。

二、工资改革的配套措施

岗位绩效工资制改革是一个系统的工程，其中岗位等级体系和绩效考核制度是其基础性工作。

（一）建立科学合理的岗位等级体系

建立科学合理的岗位等级体系是岗位绩效工资制的基础。根据岗位责任大小、工作繁简与难易程度、专业知识及经验要求等的不同，将所有管理职位划分为11个职等。其中职员按所在职位对任职资格要求的高低及工作繁简与难易程度、责任大小等分为3等。考虑到一般职员学历差异较大，为了使工资体系能更好地与市场工资机制接轨，吸引高学历、高素质人才，将八等、九等进一步划分为正、副两档，正档适用于本科、专科学历人员，副档适用于中专及以下学历人员。技术职位设助理技术员、技术员、工程师和高级工程师四个职级。根据技术职位工作的重要程度、责任大小、环境条件优劣、任务轻重等，分别对应不同的职位等级。建立起充分体现岗位差别的职位工资体系。根据基本薪酬体系，在对现有岗位进行定性与定量分析的基础上，将所有岗位归入相应的岗位等级之中，并将所有参加改革的人员的工资按所在职位套入相应的职等。

（二）建立有效的绩效考核体系

绩效考核是企业管理特别是人力资源管理工作的基础，关系到企业长远的发展及全体员工的切身利益。要体现与业绩挂钩的原则，必须对绩效考核进行量化。因此，必须保证绩效考核体系的科学性、可行性。考核成绩计算分部门成绩和个人成绩两步进行，按百分制计算。

（1）部门成绩计算。职能部门的考核分考核委员会评议成绩、相关部门考核成绩、部门工作贡献与失误加减成绩三部分。前两种成绩根据部门工作性质不同，分别赋予不同的权数，原则上以考核委员会评议成绩为主，相关部门考核成绩为辅。即部门内考核分数＝评议成绩×A＋相关部门考核成绩×B＋加分－减分（其中，A、B分别为评议成绩与相关部门考核成绩的权数）。

实体部门及子公司每月根据其经济责任指标完成情况直接核算本单位绩效工资，并根据对该部门的减分对部门经理及副经理的工资进行扣罚。

（2）个人考核成绩计算。实体部门及子公司内部人员考核成绩由本部门评定、计算，汇总后报人力资源部备案。各职能部门共同核定绩效工资总额。各部门个人考核成绩由直接上级评价成绩和工作贡献与失误加减成绩两部分构成，结合部门考核成绩确定个人最终考核成绩，并作为计发个人浮动工资的依据。即个人最终考核成绩＝（当月本人评价成绩＋加分－减分）×部门考核成绩/100。

三、工资制度改革成效

从集团公司实施新的工资制度情况来看，新的工资薪酬制度突出了员工收入与个人贡献、企业效益相挂钩。在具体实施时，又比较妥善地解决了工资套改问题，取得了良好的效果。表现在以下方面：第一，通过实行全额量化考核分配，员工收入与个人劳动贡献挂钩更加密切，员工多做贡献的积极性明显提高。第二，通过竞争上岗的方式，实行"一岗多薪"的制度，员工只有具有岗位资格才能上岗，员工的技能同工资水平联系更紧，促进了员工学习技术、提高技能的积极性。第三，为企业再造系统工程打下了基础。工资制度的再造涉及了许多配套措施的变革，组织机构的再设计、职位等级体系的重新设立、用人机制的激活、绩效考核体系的建立等都是企业再造工程的重要组成部分。工资制度再造的成功是企业再造工程顺利进行的重要保证，从而为企业的发展提供了不竭的动力。

案例5-2：××B工程局集团第一工程有限公司工程项目绩效工资管理办法

一、项目领导班子工资结构

工程项目领导班子（以下简称领导班子）实行期薪制，期薪由基本薪金、年度绩效薪金、专项奖励、期末绩效考核兑现四部分构成。

（一）基本薪金

基本薪金是领导班子的年度基本收入，具体标准由公司人力资源部书面下达。

一是领导班子正职（含主持工作的副职）的基本薪金依据项目规模、工程类别、施工技术难度等因素确定。其中，铁路项目基本薪金标准为18000~20000元/月，公路项目基本薪金标准为15000~17000元/月，市政、房建及其他项目基本薪金标准为13000~15000元/月。具体确定原则如下：

（1）铁路项目。根据项目中标价确定，即中标价10亿元以下的为18000

元/月，中标价 20 亿元（含）以上的为 20000 元/月，中标价在 10 亿~20 亿元的按插值法计算，即基本薪金=2000×［中标价（亿元）-10］/10+18000。

（2）公路项目。根据项目中标价确定，即中标价 5 亿元以下的为 15000 元/月，中标价 10 亿元（含）以上的为 17000 元/月，中标价在 5 亿~10 亿元的按插值法计算，即基本薪金=2000×［中标价（亿元）-5］/5+15000。城市轨道项目参照公路项目标准执行。

（3）市政、房建及其他项目。根据项目中标价确定，即中标价 2 亿元以下的为 13000 元/月，中标价 8 亿元（含）以上的为 15000 元/月，中标价在 2 亿~8 亿元的按插值法计算，即基本薪金=2000×［中标价（亿元）-2］/6+13000。

（4）施工生产未正常开展的新中标项目、产值完成率达 100% 的收尾项目及其他特殊项目，按 13000 元/月标准执行。

二是领导班子副职的基本薪金按领导班子正职标准的 80% 确定。

（二）年度绩效薪金

年度绩效薪金是领导班子的年度考核收入，以项目年度营业收入、实现利润、责任成本、安全质量、信用评价、信誉形象等为主要考核指标确定。

一是年度绩效薪金=项目部绩效薪金基数×（工程项目年度管理目标考核得分/100）×职务系数×年度实际工作月数。

（1）项目部绩效薪金基数以各项目年度营业收入确定，即年度实际完成营业收入 10000 万元（含）以下的项目，绩效薪金基数为 8000 元/月；年度实际完成营业收入 30000 万元（含）以上的项目，绩效薪金基数为 15000 元/月；年度实际完成营业收入在 10000 万~30000 万元的项目按插值法计算绩效薪金基数，即绩效薪金基数=0.35×［实际完成营业收入（元）/10000］+4500。

（2）职务系数根据项目经理部期薪制人员职务确定，其中项目班子正职职务系数为 1，项目班子副职由各项目经理部结合年度职工代表大会民主测评结果和个人工作表现情况在 0.65~0.85 确定，报公司人力资源部审核备案。

（3）年度实际工作月数每月出勤不满 15 天按半个月计算，超过 15 天（含 15 天）按一个月计算。按公历天数计算。

二是当年实际完成营业收入低于 3000 万元的项目，原则上不进行年度绩效考核。

三是实行年度绩效考核的项目，领导班子成员必须缴纳风险抵押金，风险抵押金的缴纳按照公司《工程项目绩效考核管理办法》执行。未按规定缴纳风险抵押金的不予支付年度绩效薪金。

四是项目经理部对所提供的考核基础资料及各项数据的真实性、收入与成本的匹配性、完整性负责，无论何时、以何种方式发现被考核单位对经营成果存在弄虚作假的，年度考核结果无效，扣回已发放年度绩效薪金，并对相关人员进行责任追究。

（三）专项奖励

专项奖励按《××B 工程局集团第一工程有限公司专项奖励管理办法》规定执行，报公司人力资源部备案后发放。

（四）期末绩效考核兑现

期末绩效考核兑现由公司成本部按规定考核支付。

二、项目其他人员工资结构

工程项目其他员工（不含见习生）实行岗位绩效工资制，由生活保障工资、岗位工资、工龄工资、技能工资、其他津补贴和绩效工资六个单元构成。

（一）生活保障工资

生活保障工资为公司所在地政府公布的最低工资标准。最低工资标准发生变动的，按公司人力资源部通知执行。

（二）岗位工资

岗位工资是员工岗位价值的体现。按照机构设置和定员编制，以员工所在岗位、能力、贡献与公司发展、实现效益的相关程度，通过岗位分析和能力考评确定。岗位工资为基本工资，是员工加班工资的计算基数。岗位工资标准由岗位薪点数和岗位薪点值的乘积确定。①岗位薪点值在集团公布的薪点值范围内由公司根据生产经营实际情况确定。2021年各项目员工岗位薪点值暂定为8元。岗位薪点值调整以公司通知为准。②岗位薪点数根据员工岗位，原则上按项目中标价确定，即中标价3亿元以下的执行一档，3亿元（含）至5亿元的执行2档，5亿元（含）以上10亿元以下的执行3档，10亿元（含）以上20亿元以下的执行4档，20亿元（含）以上的执行5档。施工生产未正常开展的新中标项目、产值完成率达100%的收尾项目及其他特殊项目，岗位薪点数按1档标准执行。具体由公司人力资源部书面下达。

（三）工龄工资

工龄工资按员工工龄每年20元计发。

（四）技能工资

技能工资按员工所聘专业技术职务高低和职业技能等级按月计发，即技能工资＝技能薪点数×技能薪点值。技能薪点值视企业经济效益情况、社会人才价位等因素由集团统一核定。2021年暂定为12元。

（五）其他津补贴

（1）项目流动补贴，根据各项目所处地区距离公司远近情况，以员工出勤工日按以下标准计发。以公司为中心与项目所在地县（或市区）按直线距离每超200千米再增加5元/天，最低为5元/天，最高不超过50元/天。

（2）高原高寒补贴，根据各项目地处海拔高度和员工实际出勤工日按以下标准支付。项目地处海拔高度2500米（含）至3500米时，每天100元；项目地处海拔高度3500米（含）至4000米时，每天150元；项目地处海拔高度4000米（含）以上时，每天200元。

（3）艰苦边远地区特殊补贴，根据《关于发放艰苦边远地区特殊补贴的通知》标准执行。

（4）特殊岗位补贴，根据集团公司或公司专项规定标准以员工出勤工日计发，具体标准按公司通知执行。

（5）职业资格证书津贴根据《××B工程局集团第一工程有限公司证书管理使用办法》规定执行。

（6）政府津贴、学科带头人、科技拔尖人才津贴，按国家及上级规定执行。

（7）女工卫生费按集体合同执行。

（六）绩效工资

绩效工资是各项目在一定时期完成施工生产任务、取得经济效益时所支付的报酬，与各项目当期的施工进度、安全质量和经营结果密切挂钩。绩效工资由月度绩效工资、季度绩效工资和期末绩效考核兑现构成。

（1）月度绩效工资薪点值由公司人力资源部提交方案，经公司总经理办公会议通过后确定。2021年起月度绩效工资薪点值暂定为1600元。即员工月度绩效工资＝员工绩效工资薪点数×月度绩效工资薪点值。发生较大及以上安全质量事故的，当月月度绩效工资不发放。

（2）季度绩效工资以各工程项目季度施工产值和人均投入产出为主要考核指标，同时辅以安全、质量、不良投诉等内容最终确定。即员工季度绩效工资＝员工季度绩效工资薪点值×员工绩效工资薪点数×个人季度考核得分/100×实际出勤工日/应出勤工日。员工季度绩效工资薪点值＝各项目绩效工资基准数×3×各项目季度考核分数/100。

一是各项目绩效工资基准数由产值绩效工资基准数和人均投入产出绩效工资基准数确定。项目绩效工资基准数＝产值绩效工资基准数×40%＋人均投入产出绩效工资基准数×60%。

季度实际完成施工产值1000万元（含）以下的项目，产值绩效工资基准数为500元/月；季度实际完成施工产值10000万元（含）以上的项目，产值绩效工资基准数为3000元/月；季度实际完成施工产值在1000万~10000万元的项目按插值法计算产值绩效工资基准数，即产值绩效工资基准数＝5×［实际完成营业收入（万元）－1000］/18+500。

季度人均完成产值50万元以下的项目，人均投入产出绩效工资基准数为500元/月；季度人均完成产值500万元（含）以上的项目，人均投入产出绩效工资基准数为3000元/月；季度人均完成产值在50万~500万元的按插值法计算人均投入产出绩效工资基准数，即人均投入产出绩效工资基准数＝50×［季度人均产值（万元）－50］/9+500。其中人均投入产出的核定人数以公司人事通知为准（不含见习生），包括劳务派遣人员。

采取D类管理模式的项目，其项目绩效工资基准数以项目季度实际完成施工产值确定。季度实际完成施工产值1000万元（含）以下的项目，项目绩效工资基准数为500元/月；季度实际完成施工产值10000万元（含）以上的项目，项目绩效工资基准数为2500元/月；季度实际完成施工产值在1000万~10000万元的项目按插值法计算项目绩效工资基准数，即项目绩效工资基准数＝［实际完成营业收入（万元）×2+2500］/9。

二是各项目季度考核分数由公司组织考核确定，考核标准详见表5-3、表5-4。员工绩效工资薪点数详见表5-5。个人季度考核得分由项目部组织考核确定，详见表5-6。

（3）期末绩效考核兑现按本办法规定考核支付。

表5-3 ××B工程局某公司工程项目绩效考核指标

序号	考核指标	基本分数	评分办法	考核部门	评分依据	得分
1	安全质量指标	30	1. 发生较大及以上安全质量事故的，不予支付绩效工资； 2. 标准化工地考核得分低于85分的，不予支付绩效工资； 3. 发生一般安全质量事故的，按15分计；发生2次以上的，按0分计； 4. 季度检查得分未超过85分的，按0分计；季度检查得分超过85分的，按30分计	安质部	《生产安全事故报告和调查处理条例》、《××B工程局集团有限公司稽查检查管理办法》和处罚文件	
2	施工生产指标	65	1. 收尾项目或施工产值低于总产值5%的，或当季完成生产计划率未超过70%的，或信用评价降级的，不予支付绩效工资； 2. 当季完成生产计划率低于100%的，按完成率计算得分，即产值得分＝实际完成率/计划完成率×65； 3. 当季完成生产计划率超过100%的，按65分计，并按每超额完成10%加1分计算加分，最高加分不超过10分	工程部	调度快报、信用评价结果	
3	党建综合指标	5	1. 项目党建标准化3分，组织设置、制度建设、党建主题活动、项目文化建设、基础资料五个标准化，每缺一项扣0.6分，扣完为止	党委组织部	党建工作标准化、管理交底	
			2. 党风廉政建设2分，签订廉政建设责任书、廉政建设开展活动的得2分；未签订或未开展活动的每缺一项扣1分；发生违法、违纪行为的扣2分。扣完为止	纪委监察部	党风廉政责任制	
4	奖励指标		股份公司级以上表彰奖励加5分；集团公司级表彰奖励加3分；业主综合排名第一名的加5分，第二名的加3分，第三名的加1分；该项最多奖10分	公司办公室	以项目为单位获得的表彰。表彰文件、会议纪要、情况通报等	
5	扣分指标		被股份公司通报、批评、处罚的扣5分；被集团公司通报、批评、处罚、下发告知书的扣3分；被业主处罚、约见法人代表或业主（质检、监理）通报批评的，扣5分；被点名批评的，扣5分；该项最多扣10分	公司办公室	以项目为单位收到的惩处文件、会议纪要、情况通报等	

表 5-4 ××B 工程局某公司专业单位绩效考核指标

序号	考核指标	基本分数	评分办法	考核部门	评分依据	得分
1	安全质量指标	30	1. 发生较大及以上安全质量事故的，不予支付绩效工资； 2. 发生一般安全质量事故的，按 15 分计；发生 2 次以上的，按 0 分计； 3. 季度检查得分未超过 85 分的，按 0 分计；季度检查得分超过 85 分的，按 30 分计	安质部、工程部	《生产安全事故报告和调查处理条例》、《××B 工程局集团有限公司稽查检查管理办法》和处罚文件	
2	施工生产及资产管理指标	65	1. 施工产值低于总产值 5% 的，或当季完成生产计划率未超过 70% 的，或信用评价降级的，或资产管理指标未达标的，不予支付绩效工资； 2. 当季完成生产计划率低于 100% 的，按完成率计算得分，即产值得分＝实际完成率/计划完成率×65； 3. 当季完成生产计划率超过 100% 的，按 65 分计，并按每超额完成 10% 加 1 分计算加分，最高加分不超过 10 分；或资产管理指标达标的，按 65 分计，并按每超额完成 10% 加 1 分计算加分，最高加分不超过 5 分	工程部、机电部	调度快报及系统部门管理台账	
3	党建综合指标	5	1. 项目党建标准化 3 分，组织设置、制度建设、党建主题活动、项目文化建设、基础资料五个标准化，每缺一项扣 0.6 分，扣完为止	党委办公室（组织部）	党建工作标准化、管理交底	
			2. 党风廉政建设 2 分，签订廉政建设责任书、廉政建设开展活动的得 2 分；未签订或未开展活动的每缺一项扣 1 分；发生违法、违纪行为的扣 2 分。扣完为止	纪委监察部	党风廉政责任制	
4	奖励指标		股份公司级以上表彰奖励加 5 分；集团公司表彰奖励加 3 分；业主综合排名第一名的加 5 分，第二名的加 3 分，第三名的加 1 分；该项最多奖 10 分	公司办公室	以项目为单位获得的表彰。表彰文件、会议纪要、情况通报等	
5	扣分指标		被股份公司通报、批评、处罚的扣 5 分；被集团公司通报、批评、处罚、下发告知书的扣 3 分；被业主处罚、约见法人代表或业主（质检、监理）通报批评的，扣 5 分；被点名批评的，扣 5 分；该项最多扣 10 分	公司办公室	以项目为单位收到的惩处文件、会议纪要、情况通报等	

表5-5 项目岗位工资、绩效工资薪点数

职级	岗位	岗位工资薪点数					绩效工资薪点数
		一档	二档	三档	四档	五档	
六级		361	376	391	406	421	2.00
五级	区域财务负责人、主持工作的副总工程师	316	331	346	361	376	1.80
四级	项目工会副主席、项目副总工程师、项目（专业单位）五部两室部长（主任）、项目团支部书记、专业单位驻项目工区区长（拌合站站长）、项目工区区长、作业队队长	271	286	301	316	331	1.70
三级	项目（专业单位）五部两室副部长（副主任）、专业单位驻项目工区副区长（拌合站副站长）、项目工区副区长、作业队副队长	226	241	256	271	286	1.50
二级	项目主管	181	196	211	226	241	1.35
一级	项目一般管理岗位、各类操作类岗位、辅助性岗位、领工等	166	181	196	211	226	1.25

注：六级为虚档（适用于专业化单位党政正职），主要为调档使用，具体以人力资源部书面通知为准。

表5-6 ××B工程局某公司员工季度考核标准

序号	考核项目	评分标准	满分
1	工作态度	有很强的服务意识，能够及时主动提供优质高效的服务工作（20~25分）	25
		有较强的服务意识，基本能够解决一般问题，提供一般服务（12~20分）	
		服务意识不强，对工作不关心，不主动解决问题，服务不到位（12分以下）	
2	工作能力	认真履行岗位职责，完成工作符合岗位职责要求（20~25分）	25
		基本能够履行岗位职责，没有出现工作失误（12~20分）	
		不能够认真履行岗位职责，工作中出现失误（12分以下）	
3	工作质量	实际工作任务的完成达到或超过岗位标准，高质量完成了所有任务（20~25分）	25
		实际工作任务的完成基本达到了岗位标准，基本完成了工作任务目标（12~20分）	
		实际工作任务的完成质量低于岗位标准，发生返工现象（12分以下）	
4	工作效率	工作效率高，业务上积极配合工作，经常超计划完成各项工作（20~25分）	25
		工作效率一般，基本能够配合工作，解决问题较及时有效（12~20分）	
		工作效率较低，配合工作不主动，有拖延、刁难现象（12分以下）	

续表

序号	考核项目	评分标准	满分
5	加分项	员工个人获得股份公司级荣誉的加 10 分，获得集团公司级荣誉的加 6 分，获得公司、业主级荣誉的加 4 分，获得项目部荣誉的加 2 分	该项最多奖 10 分
		本加分项由项目绩效考核领导小组根据相关表彰奖励文件、会议纪要、情况通报等资料确定	

资料来源：于东阳：《A 集团薪酬制度再造个案分析》，《人才资源开发》2005 年第 1 期，内容有删改。

二、国有企业高管年薪制的确立和完善

（一）《中央企业负责人经营业绩考核暂行办法》出台和修订

1999 年 9 月 22 日，党的十五届四中全会通过的《中共中央关于国有企业改革和发展若干重大问题的决定》，肯定了国有企业高管薪酬制度多元化的探索，指出可以继续探索试行年薪制和股权激励等方式。关于年薪制的问题第一次有了政策上明确的答复。

随着市场经济体制的进一步完善，国有企业高管薪酬制度改革也进一步深入。2003 年 11 月 25 日，国务院国有资产监督管理委员会颁布《中央企业负责人经营业绩考核暂行办法》（以下简称《业绩办法》），这一文件明确规定调整后的年薪制以实现国有资产保值增值以及资本收益最大化和可持续发展为主要目的，从 2004 年 1 月 1 日起对中央直属国有企业经营者实施年薪制激励考核。《业绩办法》主要呈现以下特点：

第一，明确划定了实施对象的范围。《业绩办法》规定的考核与奖惩人员包括：中央企业的董事长、副董事长、董事、总经理（总裁）、副总经理（副总裁）、总会计师，这就整顿了 20 世纪 90 年代年薪制实施初期由于适用人员范围不清造成的混乱的局面。

第二，确立了把经营业绩作为奖惩的标准。《业绩办法》确立了"年度考核与任期考核相结合、结果考核与过程评价相统一、考核结果与奖惩相挂钩"的考核思路和依法考核、分类考核、约束与激励机制相结合的考核原则，使企业负责人的经营业绩和薪酬结合得更加紧密，充分调动了企业负责人的积极性。

第三，科学设置考核指标及权重，考核避免短期行为。《业绩办法》减少了考核指标，在指标的设定上分为基本指标和分类指标。任期考核基本指标包括国有资产保值增值率和三年主营业务收入平均增长率；年度考核基本指标为年度利润总额和净资产收益率；任期和年度分类指标根据企业所处的行业和特点另行设定。这就使企业负责人经营业绩考核的实际操作更为简便，考核的重点更加突出。

第四，统一了年度监管企业薪酬计算方式。《业绩办法》规定，企业负责人的年度薪酬分为基本年薪和绩效年薪两部分。基本年薪的确定主要考虑企业经营规模、企业经营管理难度、社会平均工资水平、人才市场价位等因素。绩效年薪则与年度考核结果挂钩，分为五个等级，根据不同等级兑现不同绩效年薪，考核不合格则没有绩效年薪，而且 60% 是当期兑现，剩余 40% 则根据情况延期兑现。

《业绩办法》公布以后，各地方政府也开始在地方国有企业中推行年薪制，此次年薪制实施对考核标准和赏罚的处理都做出了明确规定，为年薪制在企业中的具体实施提供了可行性依据。而且，与过去相比，经营者的薪酬水平也大幅地提高了。

为了进一步完善经营业绩考核办法，促进中央企业落实国有资产保值增值责任，《业绩办法》颁布之后，经过 2006 年 12 月和 2009 年 12 月两次修订，在考核指标的设置、目标值的确定、激励约束机制等方面都做出一些重要改进。一是新办法在年度经营业绩考核基本指标中引入经济增加值（Economic Value Added，EVA）①，取代了原有的净资产收益率，成为业绩考核的核心指标，占到40%的考核权重。从2010年起全面推进EVA考核，这意味着国务院国有资产监督管理委员会对中央企业考核"指挥棒"的导向从重利润到重价值的变化开始，即引导中央企业注重资本使用效率、提高价值创造能力，实现中央企业业绩考核工作从战略管理向价值管理阶段的转变。二是合理确定业绩考核目标建议值。新办法强调目标值的确定要与企业发展规划相结合，在企业纵向比较的同时，引入了行业对标、横向比较的考核理念。三是完善激励约束机制。新办法进一步强化了"业绩上、薪酬上，业绩下、薪酬下，并作为职务任免的重要依据"的理念，对在自主创新、资源节约、扭亏增效、管理创新等方面成绩突出的企业负责人，给予单项特别奖。

（二）《中央管理企业负责人薪酬制度改革方案》制定与实施

2008年以后，由于受全球金融危机的影响，中国经济增长放缓，但是，随着国有企业高管薪酬制度改革，国有企业高管的薪酬水平急剧增加，与普通员工薪酬增长差距进一步增大。2008年10月21日，国务院国有资产监督管理委员会、财政部印发《关于规范国有控股上市公司实施股权激励制度有关问题的通知》强调，要严格股权激励的实施条件，加快完善公司法人治理结构；完善股权激励业绩考核体系，科学设置业绩指标和水平；合理控制股权激励收益水平，实行股权激励收益与业绩指标增长挂钩浮动；进一步强化股权激励计划的管理，科学规范实施股权激励。2009年，财政部印发了《金融类国有及国有控股企业负责人薪酬管理办法（征求意见稿）》，规定国有或控股的金融企业负责人的最高年薪。2010年10月11日，国务院国有资产监督管理委员会发布了《关于在部分中央企业开展分红权激励试点工作的通知》，重点对试点

---

① 经济增加值是指经核定的企业税后净营利润减去资本成本后的余额。

企业实施分红权激励的基本原则、基本条件、激励方式、激励方案的制订与审批、激励方案的考核与管理、试点工作的组织等进行了明确规定。这些政策规定强化了国有企业高管薪酬的激励与约束作用，使国有企业高管薪酬过快增长的势头初步得到控制。

但是，由于相关政策法规的不配套以及宏观调控手段的不到位，国有企业高管薪酬仍然存在着薪酬水平总体偏高、薪酬结构不合理、缺乏长期激励和监管不到位等问题。中共中央政治局2014年8月29日召开会议，审议通过了《中央管理企业负责人薪酬制度改革方案》（以下简称《薪酬方案》），并于2015年1月1日起正式实施。改革的主要内容有：

第一，优化薪酬结构。原中央企业负责人薪酬由基本年薪和绩效年薪两部分组成，《薪酬方案》在原基础上又增加了一部分：任期激励收入，目的是防止负责人经营管理中的短期行为，引导其重视企业长远发展。第二，合理确定薪酬水平。《薪酬方案》指出，中央企业负责人的薪酬水平要综合考虑多方面因素，除了要考虑他们在企业改革发展中的重要作用，也要考虑他们所承担的风险、责任，同时，还要考虑其他社会群体的工资水平，做到薪酬水平同风险、责任和贡献相适应。在综合考虑企业职工、中央国家机关和事业单位相关人员、城镇单位负责人等工资水平的基础上，参考一些国家国有企业高管薪酬相对水平。第三，规范福利性待遇。针对不同央企的福利项目和待遇水平存在较大差距的实际情况，《薪酬方案》明确规定中央企业负责人不得在企业领取国家规定之外的任何其他福利性货币收入。第四，完善考核机制。《薪酬方案》将对中央企业负责人进行全面综合考核评价，改变了以往重点考核生产经营业绩的情况，在改进和加强原生产经营业绩方面的考核外，加强了政治责任、社会责任和经营责任方面的考核。

《薪酬方案》的实施，使中央企业负责人薪酬水平回归到一个客观、公正、合理的理性范畴，有利于进一步优化中央企业负责人与企业职工以及职级相当的公务员之间的分配关系，避免收入差距的过分扩大而引起社会的两极分化。同时，薪酬管理的监督考核机制也对中央企业负责人产生更好的激励和约束作用。

三、积极推进企业工资集体协商制度

工资集体协商是市场经济条件下，建立企业工资分配共决机制、正常工资增长机制和工资支付保障机制的重要内容和措施。建立工资集体协商制度，使职工民主参与工资分配决策的权利有了制度保障，推动了市场化企业工资决定机制的形成，保证了职工工资的合理增长，促进了劳动关系的和谐稳定。2002 年以来，各级劳动保障部门、工会和企业组织按照国家有关要求，协调配合，推进企业改革工资决定机制。一是将工资集体协商作为推行集体合同制度的重要内容来抓，促进平等协商机制和集体合同制度的建立；二是通过培育集体协商主体，建立集体协商指导员队伍，开展工资协商要约行动，引导和推动企业开展工资集体协商工作；三是在非公有制企业集中的地区，推进区域性、行业性集体协商，促使建立工资正常增长机制的企业的范围逐步扩大。统计资料显示（对此制度的统计是从 2002 年开始），2003 年全国签订工资集体协商的企业有 29.3 万家，2006 年有 52.6 万家，增幅约为 79.5%；工资集体协议覆盖的职工人数由 2002 年的 2740.4 万人增加到 2006 年的 3714.6 万人，增幅约达 35.5%。在签订工资集体协议的企业中，独立签订工资集体协议的企业有 24.5 万家，独立签订率约为 46.6%。[1]

2007 年以来，各地以《中华人民共和国劳动合同法》的实施为契机，大

---

① 关明鑫：《中国企业工资集体协商制度研究》，《天津市工会管理干部学院学报》2008 年第 3 期。

力推进集体协商和集体合同制度建设。河北省颁布了《河北省企业职工工资集体协商条例》，以地方法规的形式强力推进工资集体协商制度建设；江苏省连续三年开展春季工资协商要约行动，新签、续签集体合同44份；上海市编印了《上海市工资协商指导手册》，在全市建立工资集体协议网上审查平台。浙江温岭市新河镇在羊毛衫行业开展区域性行业工贸集体协商，就不同工种和工序工价进行平等协商，通过协商，主要工序工价每年都有5%～10%的增幅，促进了普通职工工资水平的提高。截至2007年底，全国签订工资专项协议34.3万份，涉及企业62.6万户，覆盖职工3968.6万人，分别比2006年增长约12.6%、18.3%和6.8%。[1] 2009年7月9日，中华全国总工会公布了《关于积极开展行业性工资集体协商工作的指导意见》，要求各级工会大力进一步开展行业性工资集体协商工作，加强维权机制建设，推动建立和谐稳定的劳动关系，根据行业和企业实际，从职工工资分配方面迫切需要解决的突出问题入手，重点协商行业最低工资标准、工资调整幅度、劳动定额和工资支付办法等。[2]

自2000年劳动和社会保障部发布《工资集体协商试行办法》以来，中国工资集体协商制度的建制率、覆盖面大幅提高，初步形成了区域、产业和企业多元化工资集体协商格局，在提高劳动者工资、缓和劳资矛盾方面发挥了一定的积极作用。但也暴露出一些问题，如集体协商模式选择不清等，制约了工资集体协商制度的发展。

四、改革工资总额决定机制、管理方式，完善企业内部工资分配管理与监管体制机制

2018年5月，《国务院关于改革国有企业工资决定机制的意见》（国发

---

① 《中国劳动和社会保障年鉴（2008）》，中国劳动社会保障出版社2009年版。
② 《中华全国总工会关于积极开展行业性工资集体协商工作的指导意见》，《中国工运》2009年第8期。

〔2018〕16号）提出要"全面贯彻党的十九大精神，以习近平新时代中国特色社会主义思想为指导，认真落实党中央、国务院决策部署，统筹推进'五位一体'总体布局和协调推进'四个全面'战略布局，坚持以人民为中心的发展思想，牢固树立和贯彻落实新发展理念，按照深化国有企业改革、完善国有资产管理体制和坚持按劳分配原则、完善按要素分配体制机制的要求，以增强国有企业活力、提升国有企业效率为中心，建立健全与劳动力市场基本适应、与国有企业经济效益和劳动生产率挂钩的工资决定和正常增长机制，完善国有企业工资分配监管体制，充分调动国有企业职工的积极性、主动性、创造性，进一步激发国有企业创造力和提高市场竞争力，推动国有资本做强做优做大，促进收入分配更合理、更有序"。《国务院关于改革国有企业工资决定机制的意见》明确了改革的重点内容，一是改革工资总额决定机制。改革工资总额确定办法，完善工资与效益联动机制，分类确定工资效益联动指标。二是改革工资总额管理方式。全面实行工资总额预算管理，合理确定工资总额预算周期，强化工资总额预算执行。三是完善企业内部工资分配管理。完善企业内部工资总额管理制度，深化企业内部分配制度改革，规范企业工资列支渠道。四是健全工资分配监管体制机制。加强和改进政府对国有企业工资分配的宏观指导和调控，落实履行出资人职责机构的国有企业工资分配监管职责，完善国有企业工资分配内部监督机制，建立国有企业工资分配信息公开制度，健全国有企业工资内外收入监督检查制度。改革的最大亮点就是坚持国有企业工资分配市场化方向。

2020年国务院政府工作报告中提出，提升国资企业改革成效，实施国企改革三年行动。人事、劳动、分配三项制度改革是国有企业经营机制改革的核心环节，企业要构建市场化劳动用工和收入分配机制，实现企业内部管理人员能上能下、员工能进能出、收入能增能减机制，以增强企业活力，适应市场经济发展的需要。

第三节　2006 年公务员和事业单位工资制度改革

2002 年 11 月，党的十六大提出完善社会主义市场经济体制的改革目标后，在分配制度上开始注意调节收入差距。2003 年 10 月，党的十六届三中全会通过的《中共中央关于完善社会主义市场经济体制若干问题的决定》指出"整顿和规范分配秩序，加大收入分配调节力度，重视解决部分社会成员收入差距过分扩大问题"，并提出"完善和规范国家公务员工资制度，推进事业单位分配制度改革。规范职务消费，加快福利待遇货币化"。2006 年我国开始对国家机关和事业单位进行工资制度改革。

一、公务员工资制度改革

社会主义市场经济体制建立以来，在"效率优先、兼顾公平"的收入分配原则指导下，在居民收入快速增长的同时，也产生了收入差距不断扩大、部分国有部门分配秩序紊乱等问题，尤其是具有地方色彩的津补贴，成为不同地区之间，甚至同一地区不同部门之间收入差距的重要来源。

2006 年 1 月 1 日起实施的《中华人民共和国公务员法》规定公务员实行国家统一的职务与级别相结合的工资制度。为贯彻落实《中华人民共和国公务员法》，根据党中央、国务院批准的《公务员工资制度改革方案》，2006 年，财政部、人事部联合制定了《公务员工资制度改革实施办法》，于 2006 年 7 月 1 日起改革公务员现行工资制度。改革的主要内容有：

（1）改革工资制度和清理规范津贴补贴相结合。一方面，在清理津贴补贴、摸清底数的基础上，结合公务员职级工资制度改革，将一些地方和部门的部分津贴补贴纳入基本工资，适当提高基本工资占工资收入的比重，优化公务员工资结构。另一方面，对津贴补贴进行规范，合理确定水平，科学规范项目，分类分步调控，严格监督管理，为规范公务员工资收入分配秩序奠定基础。

（2）简化基本工资结构，增强工资的激励功能。将公务员基本工资结构简化为职务工资、级别工资，取消基础工资和工龄工资。此后公务员工资分为四部分，由职务工资、级别工资、工作津贴、生活补贴共同构成。其中，职务工资和级别工资构成的基本工资，实行全国统一标准，由中央财政支付。工作津贴和生活补贴由地方财政或各部门财政支付。

（3）适当向基层倾斜。适当加大不同职务对应级别的交叉幅度，将公务员对应的级别数由原来的 15 个增加到 27 个，各职务对应的级别数相应增加，科员、办事员从原来的 6 个级别增加到对应 9 个级别，副科级从原来的对应 5 个级别增加到对应 8 个级别，为低职务公务员提供了充分的晋升空间。实行级别与工资等待遇挂钩，使公务员不晋升职务也能提高待遇，缓解了因职数限制而晋升职务困难的问题。

（4）建立健全正常增资办法，实现工资调整制度化、规范化。除职务和级别晋升外，按照《中华人民共和国公务员法》规定，要建立工资调查制度，定期进行公务员工资水平的调查比较，为调整公务员工资标准提供科学依据。[①]

二、事业单位工资制度改革

我国事业单位改革经过了改革开放初期的探索阶段，2006 年以后进入到

---

① 于东阳、苏少之：《中国公务员工资制度和工资水平的演变探析——基于 1992—2012 年的改革实践》，《中国人力资源开发》2014 年第 22 期。

了改革的深化发展阶段，国家陆续出台了一系列相关制度文件。2006 年 6 月
15 日人事部发布了《事业单位工作人员收入分配制度改革方案》，并依此制定
了《事业单位工作人员收入分配制度改革实施办法》（国人部发〔2006〕59
号），标志着第四次事业单位工资制度改革开始。这次改革首次提出了绩效工
资的概念，核心是建立岗位绩效工资制度。

　　此次事业单位工资改革的主要内容包括：一是事业单位建立和实行岗位绩
效工资制度。岗位绩效工资由岗位工资、薪级工资、绩效工资、津贴补贴四部
分组成，其中岗位工资和薪级工资为基本工资。岗位工资主要体现工作人员所
聘岗位的职责和要求；薪级工资主要体现工作人员的工作表现和资历；绩效工
资主要体现工作人员的实绩和贡献，国家对此分配进行总量调控和政策指导，
这一部分是事业单位收入分配中活的部分，占收入的很大比重；津贴补贴分为
艰苦边远地区津贴和特殊岗位津贴补贴，是一种政策倾斜。二是对事业单位实
行工资分类管理。基本工资执行国家统一的政策和标准，绩效工资根据单位类
型实行不同的管理办法。三是完善工资正常调整机制，包括正常增加薪级工
资、岗位变动调整工资、调整基本工资标准和津贴补贴标准。四是完善高层次
人才和单位主要领导的分配激励约束机制。五是健全收入分配宏观调控机制。

　　此后，为推进义务教育学校和公共卫生与基层医疗卫生事业单位绩效工资
制度的顺利实施，2008 年 12 月，教育部下发了《教育部关于做好义务教育学
校教师绩效考核工作的指导意见》（教人〔2008〕15 号）；2009 年，人力资源
和社会保障部、财政部、卫生部下发了《关于公共卫生与基层医疗卫生事业
单位实施绩效工资意见的通知》（人社部发〔2009〕182 号）；2011 年 3 月，
中共中央、国务院出台了《关于分类推进事业单位改革的指导意见》（中发
〔2011〕5 号）。这些政策文件的出台，有力地推进了不同类型的事业单位的岗
位绩效工资制度改革。

案例 5-3：××××医院内部收入管理办法

第一章 总则

第一条 目标

为充分调动全体员工的积极性、主动性和创造性，有效地吸引和保留医院所需人才，建立对外具有竞争性、对内具有公平性的现代收入分配体系，强化医院收入分配激励机制，现根据国家有关劳动工资的法规和政策有关文件精神，并结合医院具体实际，制定本办法。

第二条 基本原则

为了实现上述目标，本薪酬方案在保证内部公平性、外部竞争性、合法性、激励性、可行性的基础上，遵循以下基本原则：

1. 坚持效率优先、兼顾公平，按劳分配和按生产要素分配相结合的原则。

2. 坚持按岗定酬、按业绩定酬的原则，以岗定薪、岗变薪变、绩优薪优，真正将职工的工资待遇与其岗位职责、工作业绩、实际贡献结合起来。

3. 坚持收入分配向一线和关键岗位倾斜的原则。

4. 坚持总量调控、动态均衡原则。本方案根据国家有关政策规定，在工资控制总量内进行，并视本单位的发展水平和经济效益增长情况而动态调整。

第三条 改革的指导思想

根据国家《关于深化卫生事业单位人事制度改革的实施意见》（人发〔2000〕31 号）文件精神，以及×××市卫生局《关于印发医院管理和创建人民满意医院考核评价标准》文件精神，针对医院奖金分配中存在的突出问题，考虑到医院工作知识密集、脑力与体力结合、高风险等特点，取消医务人员奖金分配与所在科室收入直接挂钩的分配办法，建立起重实绩、重贡献，向优秀人才和关键岗位倾斜，按劳、按岗、按工作量、按工作业绩定酬的自主灵活的分配激励机制。从而逐步建立起以工作效率为重点的激励机制，以资源利用为依据的约束机制，以整体效益为基础的薪酬增长机制，以医疗质量、服务态度为目标的保证机制。

第四条 适用范围

本薪酬改革方案适用于××××医院的全体员工。

第五条 薪酬体系

薪酬体系包括基本工资、岗位工资、奖金和各项津贴补贴。

第二章 基本工资

第六条 基本工资的构成

基本工资包括国家工资构成中固定部分和各种津贴补贴。国家工资构成中的活工资部分，分离出来与岗位绩效工资合在一起，统一按绩效考核结果分配。

国家工资构成中固定部分指《国务院办公厅关于印发国家计划生育委员会职能配置、内设机构和人员编制方案的通知》（国办发〔1993〕79号）文件规定的职务（职等）工资部分。

津贴补贴包括国家和医院规定的职务补贴、护龄津贴、洗理费、书报费、交通费、物价补贴、房租补贴、托儿补贴、电话补贴等。

第七条 基本工资的标准

基本工资标准根据国家和医院有关政策相应调整，实行按月发放。

第三章 岗位工资

第八条 岗位工资的内涵

岗位工资主要体现医院职工所聘岗位的责任大小、工作难易、贡献高低以及本岗位的重要程度，是在对岗位进行综合分析和评价的基础上进行确定的，并遵循向关键岗位、特殊岗位和优秀人才倾斜的原则。应合理拉开岗位工资档次，实行同岗同酬、薪随岗变，并根据年度绩效考核结果发放。

第九条　岗位归级与岗位工资系数

本方案根据全院岗位评价结果，将医院各部门、处室的各职位划分为以下3个系列各13个职等，并分别确定相应的岗位工资系数。

1. 管理类

主要指医院各职能处室和后勤部门的员工。管理类岗位分为3级岗位13个职等，岗位工资系数为1.16~6.89。

2. 医疗医技类

主要指临床医疗医技科室科主任、医生和医技人员。医疗医技类岗位分为2级岗位13个职等，岗位工资系数为1.0~4.83。

3. 护理类

主要指护师、护士等各种护理人员。护理类岗位分为2级岗位13个职等，岗位工资系数为1.14~3.29。

第十条　岗位工资标准

岗位工资＝岗位工资基本年薪×岗位工资系数

岗位工资基本年薪＝医院岗位工资总额÷$\sum$（医院各岗位工资系数），岗位工资基本年薪根据岗位员工每年绩效考核结果进行动态调整。

岗位工资系数以岗位评价为基础，经过综合分析而确定。

第四章　绩效工资

第十一条　绩效工资的内涵

绩效工资主要体现科室及员工的工作业绩、贡献大小以及科室的整体效益，并在严格考核的基础上科学确定发放。由于医院仍处于发展上升阶段，应加大绩效工资的激励力度。要遵循效率优先、兼顾公平的原则，既要克服平均主义，逐步拉开做出突出贡献与完成一般岗位目标人员之间的收入差距，又要防止差距过大。

第十二条 绩效工资的确定依据

全面考核、综合评价。为了避免在奖金分配上出现重经济效益、轻社会效益，重数量、轻质量的现象产生，在绩效工资的分配方案的制订中，把完成工作的数量、质量、经济收支、病员满意度及其科室管理工作等多项指标纳入绩效工资分配方案的考核范围内，给考核内容赋予相应的权重，实行单项考核、多项积分的"加权综合评价法"。这样既可对完成指标有侧重的科室起到积分互补作用，弥补单项指标积分片面不足的矛盾，避免奖金分配上的两极分化，更重要的是以全面考核为手段，提升科室业务技术、管理水平，改善服务态度，使科室各项工作达到规范化，最终使医院整体功能得到发展和加强。

由于医院各科室资源占有不均衡、医疗定价不统一，为尽量避免部分科室的政策性、技术性亏损，本方案改变过去只按收减支提成为主要依据来发放奖金的做法，绩效工资的发放，综合考虑创收、医院增长（工作数量、工作质量）、医院发展三个方面的因素，严格依据月度考核情况发放。

第十三条 绩效工资标准

科室绩效工资总额＝月人均绩效工资基数×科室绩效工资调节系数×科室考核等级系数×科室人数

其中：

月人均奖金基薪＝（全院月人均收减支－月人均创收指标）×实际创收入数/$\sum$（奖金调节系数×考核等级系数×科室人数）

科室奖金调节系数主要依据科室岗位评价结果确定，临床科室的奖金调节系数为 0.9~1.4，职能部门的奖金调节系数为 0.8~1.0。

考核等级系数主要依据月度考核结果确定，为使月度绩效工资与科室绩效更加紧密挂钩，充分调动广大员工的工作积极性和主动性，加大月度考核力度，考核等级分为 10 等，考核等级系数为 0.6~2.0。

员工绩效工资由各科室根据员工月度考核情况自主分配。

第十四条　科主任绩效工资单列

为便于科主任的管理，科主任的绩效工资不参与科室内部分配，由医院统一分配。科主任的绩效工资可与科室平均绩效工资挂钩，科主任系数一般为科室平均奖的 1.5~2 倍，最高不超过 3 倍。

第五章　年终奖

第十五条　年终奖的构成

年终奖金分为两部分，即年终奖和特殊贡献奖。年终奖以医院年度工资总额结余为基数，以部门及个人年度考核结果为依据发放；特殊贡献是针对极少数对医院某方面做出突出贡献的员工发放的特殊奖励。

第十六条　年终奖标准

年终奖根据员工的年终奖基数及该员工年度考核结果发放，计算公式如下：

员工年终奖＝员工年终奖基数×年度考核系数

$$员工年终奖基数＝部门年终奖总额×\frac{该员工岗位工资系数}{\sum 所在部门员工岗位工资系数}$$

部门年终奖总额＝部门年终奖基数×部门年度考核系数

$$部门年终奖基数＝医院年终奖总额×\frac{\sum 该部门员工岗位工资系数}{\sum 医院所有员工岗位工资系数}$$

医院年终奖总额为医院年度工资总额的结余。年度考核系数根据医院绩效管理办法确定。

第十七条　年终奖的发放

年终奖在每年春节放假前的最后一个工作日发放。

薪酬管理委员会根据各部门年度考核结果，将医院年终奖总额分配到各部门，由各部门按本方案上述计算方法发放。

薪酬管理委员会可根据医院战略及年度形势，利用往年工资结余增加医院年终奖总额。

第十八条　特殊贡献奖

凡在工作中做出重要或重大贡献者，可按程序获得特殊贡献奖。特殊贡献奖金额根据实际贡献程度而定。

特殊贡献奖由本人或其直接主管向人力资源部申报，人力资源部对其进行审查，医院薪酬委员会审核确定。

鼓励各类人才开展科学研究，对科研成果转化为技术服务获取收益，或对引用科技成果使医院获得较高收益的，可提取一定比例的金额作为报酬支付给成果完成者或转化者。

第六章　薪酬管理

第十九条　薪酬支付

坚持在严格考评的基础上支付岗位绩效工资，并实行按月（每月 10 日前）发放。

岗位工资调整，年终考评为 A 等者，从次年起岗位工资上调 6%；连续两年年终考评为 B 等者，从下一年起岗位工资上调 6%；年终考核为 C 等者，岗位工资不调整；年终考核为 D 等者，从次年起岗位工资下调 6%；年度考评为 E 等者或连续两年考评为 D 等者，将离岗培训，培训期间不计发岗位工资。

绩效工资，每月严格根据月度考评结果动态调整绩效工资。年度考评为 E 等者或连续两年考评为 D 等者，离岗培训期间不发放绩效工资。

第二十条　薪酬正常增长机制

薪酬正常增长的途径有三种：

一是根据国家政策，相应调整基本工资标准。

二是按照平衡比较和动态均衡的原则，可根据单位经济效益情况、物价水平以及行业工资变动情况等因素，适时调整岗位工资基本年薪和绩效工资基本年薪。工资总额每年增长 5%（在缺编的情况下，按每年人均工资总额增长 5%掌握）。

三是在年度考核合格的基础上，每两年晋升一个基本工资档次。年度考评为 E 等或连续两年年度考评为 D 等者，不能晋升基本工资档次。

第二十一条　现有人员进入岗位工资等级

通过对现有人员进行任职能力符合程度评定后，确定现有员工进入岗位工资的等级。主要评定学历、在职时间、入院年限、任职能力、个人绩效五个方面，评定结果为优的进入岗位工资的第四等，评定结果为中等的进入第三等，评定结果为合格的进入第二等，评定结果偏低的进入第一等。

第二十二条　岗位异动人员的工资调整

员工所聘岗位异动后，一律从岗位变动的次月起执行新聘岗位的工资待遇。其中：

由低等级岗位聘用至高一等级岗位时，自岗位变动次月起，按原岗位工资系数就近就高套入新岗位工资系数。

由高等级岗位聘用至低一等级岗位时，自岗位变动次月起，按原岗位工资系数就近就低套入新岗位工资系数。但原岗位工作时间可连续计算为现岗位工作时间。

越级高聘或越级低聘岗位时，自岗位变动次月起，按原岗位工资系数依次就近就高或依次就近就低套入新岗位工资系数。

对管理人员、专业技术人员相互转聘岗位时，按所聘岗位的同类人员重新确定岗位工资系数。

第二十三条　新聘用人员试用（适应）期工资

新聘用人员包括大中专院校应届毕业生、社会招聘人员、复转军人和调入人员。新聘用人员均实行试用（适应）期，试用（适应）期限可根据本人的工作经历确定，最短不低于3个月，最长不超过1年。

1. 应届大中专院校毕业生

应届大中专院校毕业生试用期限为1年。试用期工资主要根据国家有关规定执行。

试用期满考评合格后，可享受所聘岗位的工资待遇。

2. 社会招聘人员

社会招聘人员试用期为6个月。社会招聘人员可根据招聘协议书或医院实际岗位状况直接进入工作岗位。试用期内，按所在岗位的岗位工资的0.8倍确定工资标准。试用期满后，按所聘岗位相同资历或相近资历（职称、职务、学历、工龄）人员确定工资标准等级，套改基本工资和岗位工资待遇。对少数稀缺人才，可采取协议工资制。

3. 调入人员

调入人员实行适应期制度，适应期为3个月。适应期内，按所在岗位初档确定工资标准，适应期满考核合格后，按所在岗位上的相近人员（职称、职务、学历、工龄）确定工资标准。

4. 复转军人

复转军人实行适应期制度，适应期为 3 个月。适应期内，复转军人可参照本单位相同资历或相近资历（职称、职务、学历、工龄）人员直接进入工作岗位，适应期满考核合格后方可正式聘用。

第二十四条　离退休人员待遇

离退休人员按国家有关规定计发离退休费。

第二十五条　未聘人员工资待遇

员工履行劳动合同期间，如因绩效考评原因（年度考评为 E 等者或连续两年考评为 D 等者），将离岗培训半年，培训期间不计发岗位工资和绩效工资。半年后仍无法正常上岗者，按××市最低工资标准发放生活费至劳动合同期满。

第二十六条　解除劳动合同人员的经济补偿问题

解除劳动合同后，符合《国务院办公厅转发人事部关于在事业单位试行人员聘用制度意见的通知》（国办发〔2002〕35 号）文件规定支付经济补偿条件的人员，医院应当根据被解除劳动合同人员在本单位的实际工作年限，按以下具体标准支付经济补偿：被解除劳动合同人员在本单位每工作 1 年，支付其本人 1 个月的上年月平均工资；本人月平均工资应不低于国家规定的工资标准。月平均工资高于当地月平均工资 3 倍以上的，按 3 倍计算（当地月平均工资标准根据当地统计部门上一年的工资统计结果确定）。

本办法由××××医院薪酬管理委员会负责解释。

三、高等学校年薪制探索

（一）高等学校年薪制改革的动因

2006 年，事业单位进行岗位绩效工资制度改革以后，中国高校普遍采用了岗位绩效工资的分配制度。教师工资结构中的绩效工资所占比重逐步加大，有效地调动了教师的工作积极性，激励效果明显，但也存在一些弊端：一是岗位绩效工资制长期激励不足。现行的岗位绩效工资制度基本都是按年度来进行核算，但高校教师进行科学研究往往需要较长一段时间，而如果在一个较短期限内没有完成科研工作，则对当期收入会有较大影响，现行制度缺乏长期激励。二是高层次人才的争夺日趋激烈，现有工资制度无法吸引和留住高层次人才。随着我国对外开放步伐的加快，高等教育也逐渐与发达国家接轨，国内高校之间人才争夺愈演愈烈的同时，高校也将人才争夺的目光瞄准海外，但是，传统的工资制度无法与国际市场的工资水平接轨，在吸引和留住高层次人才方面已经无法满足需要。在2006年事业单位工资制度改革的文件中也明确提出要完善高层次人才分配激励机制，此后，高等学校也纷纷开始尝试进行年薪制改革。

（二）高校年薪制实施情况

不同地区、不同层次的高等学校均不断摸索尝试进行年薪制改革。广东省作为改革开放的排头兵、先行地，始终立足改革前沿，为高校实施年薪制带来了新的思路。地方财政也给予高校较大的支持力度，为吸引和留住高层次人才，广东省各大高校联合市财政屡出奇招，将年薪制进行得绘声绘色。例如，南方医科大学在招收博士后时，其薪酬待遇除了由基础年薪、奖励年薪、学校科研绩效、附属医院科研绩效、合作导师补贴组成之外，还享有广东省财政项目资助经费，如"广东特支计划"、"青年优秀科研人才国际培养计划"、广东省"珠江人才计划"、国家"博士后创新人才支持计划"等，此外，还包括"香江学者计划""博士后国际交流计划派出项目""博士后国际交流计划学术交流项目"等。这种"上不封顶，下有保底"的方式，使教师的收入得到一定的保障，从而使其更加专心于科研和教学工作，为南方医科大学注入了更多的新鲜血液。

此后，广东省越来越多的高校对高层次优秀学术人才及博士后实施年薪制。查阅广东省各大高校人事处的招聘信息，对学术骨干及以上层次人才的引进基本上都以年薪制工资为主，广东省各高校提供的年薪也基本与国际接轨，具有一定的市场竞争力。

其他地区高校在吸引和留住人才方面也走在前列。2004 年，江汉大学作为深化武汉市人事制度改革的试点单位之一，推出了一系列改革举措。2004年 2 月，江汉大学在工作部署大会暨正高级及关键岗位人员聘用仪式上，多名教师首次尝试年薪制，力求在分配方面拉开档次，建立向高层次人才和科学研究一线倾斜的分配激励机制。浙江大学于 2012 年首次推出基础研究教师年薪制。因为在从事基础性科学研究时，往往会因为周期长且经费少的特点，使教师收入较低，压力很大。因此，浙江大学果断对薪酬制度加以改革，加大对从事基础研究人才的支持力度，全面实行年薪制。针对文史哲和数理化这些基础学科，改变了以往 1~2 年的考核期限，开始推行 6 年长期周期考评，并保证他们的整体收入不低于所在学科同类教师的平均水平。集美大学在招聘杰出人才、领军人才、青年拔尖人才、学术骨干等岗位时，会提供较为可观的科研启动金和购房补贴。华侨大学在引进高层次人才时，实行"3+X"的聘期制管理，即"预聘+长聘"形式的聘期合约管理，其目的是在部分学院与研究院建设高水平的学科和实力较强的研究团队。

（三）高校年薪制实施的特点

各所高校根据自身情况，在实施年薪制时均有所不同，总结有以下几个特点：

第一，实施对象不是所有教职工。各所学校在实行年薪制时，往往只是针对引进的高层次人才（包含招收的博士后）或者本校现有的高层次人才，也有个别学校，如浙江大学对基础学科的教师实行年薪制。

第二，在引进人才待遇方面，除年薪外，往往还有其他形式补贴。如广东省，除了学校给予的待遇外，广东省相关部门还提供生活补贴或住房补贴，一些高校还提供高额科研启动经费。

第三，考核期限延长。相比岗位绩效工资制度考核期短的弊端，各所高校在实行年薪制时，往往会延长考核期限。例如，浙江大学基础学科实行6年的考核期限；华侨大学实行"3+X"的聘期管理。

将年薪制引入高校薪酬管理制度改革之中，有利于打破以往高校按照身份职级发放薪酬的惯例，打破论资排辈的做法。年薪制更加注重以业绩论赏罚，依据绩效定薪金，从而使教师明确责任与风险，使其承担的责任与所获报酬保持一致。同时，年薪制在一定程度上拉开了教师的收入差距，有利于提高学术和教学水平，充分调动教师的积极性，形成有效的激励约束机制。

案例5-4：××大学高层次人才引进与管理办法

为了进一步加大国（境）内外高层次优秀人才的引进力度，规范和完善人才引进程序，深入推进我校人才高地建设工程，特制定本办法。

第一章　基本原则

第一条　科学规划、按需引进。人才引进必须坚持与学校总体发展目标相一致的原则。人才引进要有利于促进学科专业建设与发展，有利于教学科研水平的提高，有利于教师队伍的整体优化，有利于学校综合实力和核心竞争力的提升。

第二条　保证重点、统筹兼顾。人才引进应优先保证学校重点学科、特色学科、新兴学科专业的建设需要，同时兼顾其他学科。重点引进学术造诣深厚、有海外工作学习经历、在国（境）内外有较高知名度的学科领军人物、学科带头人和学术带头人。

第三条 注重能力、德才兼备。引进的人才应具有较高的知识素质、能力素质和综合素质，具有优良的敬业精神、团队精神和职业道德。

第四条 科学评价、择优引进。按照"公开、平等、竞争、择优"的原则，相关部门必须对拟引进的人才进行深入考察，严格考核，科学评价，择优录用，确保人才引进质量。

第二章 高层次人才引进类别及条件

第五条 根据我校学科专业建设与发展需要，引进高层次人才的岗位按照下述条件分为学科领军人物、学科带头人、学术带头人三个类别。

学科领军人物： 在国（境）内外学术界具有很高学术地位的知名专家，并满足下列条件之一者：

（1）中国科学院院士或中国工程院院士。

（2）中国社会科学院学部委员或人文社科资深学者。

（3）同类国（境）外科学院或工程院院士。

学科带头人： 在国（境）内外学术界具有很高学术地位的知名专家，对本学科专业建设和发展有创新性构想，在本研究领域取得国（境）内外同行专家公认的重要成就，具有良好的团结协作精神及较强的组织领导能力，具备领导本学科在其前沿领域达到或超过国（境）内外先进水平的能力，应具有高级专业技术职务或博士学位，且满足下列条件之一者：

（1）当选中国科学院院士或中国工程院院士有效候选人。

（2）入选教育部"长江学者奖励计划"的特聘教授或讲座教授。

（3）国家自然科学基金杰出青年基金获得者。

（4）"863"项目、"973"项目首席科学家。

（5）国家重点学科、重点实验室、国家基础学科人才培养和科学研究基地的学科带头人。

（6）国家三大奖（自然科学奖、科技进步奖、发明奖）一等奖前两名、二等奖第一名获奖人。

（7）国家社会科学基金项目优秀成果奖一等奖（第一名）或中国高校人文社科优秀成果奖一等奖（第一名）获得者。

（8）国家自然基金创新研究群体、教育部"长江学者奖励计划"创新团队的学术带头人。

（9）以第一作者或通讯作者在 Science 或 Nature 杂志上发表论文2篇者。

（10）长期从事某领域研究，已形成特色研究体系，取得国（境）内外同行公认具有世界领先成就者（要求能提供具有说服力的材料）。

学术带头人： 具有较高学术造诣，在本学科专业领域有突出学术成就，具有良好的团结协作精神及较强的组织能力，具备领导本方向赶超国（境）内外先进水平的能力，应具有高级专业技术职务或博士学位，年龄不超过50岁，并具备下列条件中的两项者：

（1）近五年科技成果以主要研究人员身份获得过国家三大奖（自然科学奖、科技进步奖、发明奖）一等奖（前三名）、二等奖（前两名）或国家社会科学基金项目优秀成果奖一等奖（前两名）或中国高校人文社科优秀成果奖一等奖（前两名）或省部级科研一等奖（第一名）。

（2）近五年高等教育国家级优秀教学成果奖特等奖（前两名）、一等奖（第一名）获得者或国家级教学名师。

（3）近五年作为第一负责人承担国家级重点（重大）项目1项（含）以上，

或作为第一负责人承担过两项国家级有资项目（每项经费在25万元及以上）。

（4）近五年主持进款总额在500万元以上的重大横向合作项目，并取得巨大的经济和社会效益。

（5）近五年以第一作者或通讯作者在国内外正式期刊上发表的本学科方向学术论文被SCI、EI、A&HCI收录15篇（含）以上（其中2区及以上文章12篇（含）以上）；或全文被SSCI收录论文8篇（含）以上（其中影响因子2.0以上文章5篇（含）以上）；或在《中国社会科学》发表学术论文2篇（含）以上。

（6）近五年以第一作者或通讯作者在国内外正式期刊上发表的学术论文被SCI、EI、SSCI、A&HCI收录，且单篇被SCI、EI、SSCI、A&HCI源刊论文他引35次（含）以上；或发表在学校规定的B类期刊以上的论文被《新华文摘》《中国社会科学文摘》全文转载累计8篇次（含）以上。

（7）国家有突出贡献专家、中青年专家；或中国科学院"百人计划"入选者或国家"新世纪百千万人才工程"（或原国家"百千万人才工程"）入选第一、第二层次人选或国家级人选；或入选××省"××学者奖励计划"或其他省份同类计划的特聘教授。

（8）近五年作为第一著者正式出版过国（境）内外同行专家公认有重要影响（要求能提供具有说服力且同行专家认可的材料）的个人学术专著2部以上。

第三章　引进待遇及经费管理

第六条　引进的各类高层次人才来校后除享受国家和××省有关政策规定的工资、福利等待遇外，同时享受下列相应条款所规定的待遇。

1. 引进的学科领军人物享受以下待遇：

（1）学校免费提供 300 平方米左右周转房一套，同时提供安家住房补贴 100 万元；

（2）根据实际需要提供科研启动费；

（3）享受岗位津贴每年 50 万元；

（4）配偶随调并在校安排工作；

（5）配备工作助手及用车。

2. 引进的学科带头人享受以下待遇：

（1）学校免费提供 300 平方米左右周转房一套，同时提供安家住房补贴 80 万元；

（2）根据实际需要提供科研启动费；

（3）享受岗位津贴每年 20 万元；

（4）配偶随调并在校安排工作。

3. 引进的学术带头人享受以下待遇：

（1）学校免费提供 200 平方米左右周转房一套，同时提供安家住房补贴 50 万元；

（2）提供科研启动费，理工类 80 万元，人文社科类 30 万元；

（3）享受岗位津贴每年 10 万元；

（4）配偶随调并在校安排工作。

第七条　对学科领军人物、学科带头人的办公用房和实验用房，学校将根据各学院引进人才的实际需求，在充分论证的基础上予以特殊解决；对学术带头人的办公用房和实验用房，原则上由所在学院协调解决。

第八条　对引进的高层次人才，凡符合××省和××市人才政策有关规定的，学校积极申报，争取省级和市级部门资助经费的支持。

第九条　引进人才的安家住房补贴在正式报到后，按服务期年限（八年）平均每月支付。引进人才若购房，可凭本地购房相关证明按学校财务相关规定一次性借出未发的安家住房补贴（以后用学校每月支付的安家住房补贴冲抵）。

第十条 引进人才的科研启动费分两期下达：在正式报到后首次发放总额的 60%，在受聘满 2 年的中期考核合格后下发 40%。对于提前完成考核任务者，根据完成任务情况按相应比例提前发放科研启动费。科研启动费的具体使用办法按学校科研处和财务处的相关规定执行。

学科领军人物、学科带头人的科研启动费发放办法根据工作需要灵活掌握。

第四章　引进人才的管理与考核

第十一条 引进的高层次人才正式报到时必须与学校签订《××大学高层次人才聘用协议书》，在校服务期为八年。在服务期内，学校原则上不予批准引进的高层次人才提出的辞职、调动等申请，若个人坚持要求离开或擅自离职，学校将按有关规定与协议处理。

引进人才的日常管理工作由相关学院负责。

第十二条 高层次人才办公室和学科建设处负责对引进的高层次人才实施目标管理。通过签订《××大学高层次人才聘期履职任务书》，明确工作职责、目标任务等，并按照学校的考核办法（另行制定）进行考核评估。

第十三条 引进的高层次人才每一聘期时间为四年，在聘期内实行聘约管理。其中首任聘期前六个月为试用期，试用期结束时，由相关学院进行考核，提出意见，对于试用期内表现不符合学校要求的引进人才，学校有权解除协议。

第十四条 在首任聘期内，依据《××大学高层次人才聘期履职任务书》

对引进的高层次人才的职责履行情况、工作任务完成情况以及学科建设情况等进行年度考核、中期考核和聘期届满考核。

1. 年度考核由相关学院于每学年末进行，中期考核在聘任满两年时进行，聘期届满考核在四年聘期结束时进行。中期考核、聘期届满考核由高层次人才办公室组织人事处、学科建设处、科研处、社科处、研究生处、教务处、财务处等部门及相关学院完成。

2. 对年度考核不合格者，学校提出警告和整改措施；对中期考核不合格者，学校根据实际情况予以低聘或解聘；对首任聘期届满考核不合格者，学校将予以解聘。

3. 聘期届满考核时，学校将按照本办法第二章高层次人才引进类别及条件，根据《××大学高层次人才考核办法》，对引进的高层次人才在聘期内完成的任务和取得的成绩进行聘期考核（学科领军人物和学科带头人所做的工作要包括作为带头人对本学科建设与发展所做的贡献等），按考核结果（类别）确定下一聘期（四年）的引进待遇。

第五章　工作程序

第十五条　制订计划。每年 10 月根据上级下达的增人计划和学校整体发展目标，高层次人才办公室、学科建设处、人事处研究制定下一年度高层次人才遴选方案及人才引进总体原则。经学校批准后，人事处组织各学院上报具体进人计划，并根据引进原则进行初审，报学校研究通过后，人事处制订公开招聘方案。

第十六条　发布信息。学校通过××省人事信息网及其他相关媒体和渠道，向海内外公开发布人才招聘信息。

第十七条　资格审查。达到高层次人才引进条件的应聘人员向相关学院提供应聘材料。应聘材料包括《××大学高层次人才引进申请表》及其相应证明材料。相关学院对应聘人员材料初步审核，并提出审核意见。

应聘人员提供的材料及填报的信息如有不实，一经发现，随时取消应聘资格。

第十八条 组织考察。

1. 学校成立由校领导、组织部、人事处、学科建设处、科研处、社科处、教务处、研究生处负责人及相关专家组成的人才工作专家委员会，对拟引进的高层次人才进行评议。

学院成立由院党政领导、相关学科教授代表和专业负责人等组成的高层次人才考核小组，对拟引进的高层次人才进行面试。

2. 高层次人才考核小组根据应聘材料、面试情况及外调考察情况对应聘人员的思想道德水平、学术水平、业务能力和发展潜力等进行评议，并采取无记名投票的方式表决，同意票数超过投票人数2/3者，方可提交学校人才工作专家委员会评议。

3. 校人才工作专家委员会召开会议，学院陈述引进理由及考察情况，人才工作专家委员会根据学科发展需要，对应聘人员的知识素质、能力素质和综合素质进行评议，并采取无记名投票的方式表决，同意票数超过投票人数2/3者，方可作为高层次人才引进人选。

第十九条 根据校人才工作专家委员会的评议，形成人才引进方案，提交学校审批。

第二十条 学校审批通过后，启动人才引进工作"一站式"服务。校长办公室下达人才引进任务书，以督办的形式，要求人事处、学科建设处、科研处、资产处、财务处等相关职能部门和学院，在规定期限内落实人才引进工作的具体安排，确保人才引进工作的效率。

第六章 有关说明

第二十一条 引进的高层次人才的专业和研究方向应与学校确定的学科主攻方向一致。对于学科领军人物、学科带头人，若其研究方向与我校学科的主攻方向不一致，如能利用校内外资源组建创新团队，带领本学科在其前沿领域赶超或保持国际或国内先进水平，经校人才工作委员会研究同意后，可以作为引进人选。

第二十二条 对于学校急需的高层次人才，达到了引进条件中的某一类别水平，但不完全符合相应类别的具体引进条件，经学院初审，并报校人才工作专家委员会研究同意后，可作为相应类别的引进人选。

第二十三条 经校人才工作专家委员会认定的成果特别突出人才、学科发展急需人才，或者按学术创新团队引进的人才，经校长办公会研究同意后，特事特办，视具体情况可提高安家住房补贴、科研启动费和岗位津贴等引进待遇。

第二十四条 对引进人才的配偶，一经学校研究决定，人事处将按照部门工作需要、专业对口的原则进行指令性安置，相关单位应无条件接受。

第二十五条 引进高层次人才的岗位津贴由学校支付，同时鼓励各用人单位采取多种配套性措施为引进的人才提供补充经费。

第二十六条 本文件涉及的高层次人才引进属于实质性引进，引进的高层次人才必须全职在校工作，原则上应将人事关系转入学校。人事关系不能转入学校的高层次人才按《××大学特聘教授聘任管理办法》执行。

第七章 附则

第二十七条 人才引进工作是一项系统工程，各学院要高度重视，把人才引进作为师资队伍建设的重要工作来抓，各职能部门要相互支持、通力合作，从而形成"学校主导、学院主体，职能部门配合，齐抓共管"的人才引进体制和工作机制。

第二十八条 各学院根据本办法，制定本单位人才引进的具体计划和招聘措施。学院院长、学科带头人要分别履行本学院、本学科人才引进工作责任人的职责。

第二十九条 高层次人才办公室会同有关职能部门以及各学院，对引进的人才进行跟踪管理与考核，及时发现并协助解决他们在工作中遇到的问题。

第三十条 学校每年将对人才引进工作进行总结，并作为各级领导干部的考核指标之一，对完成人才引进计划较好的学院，学校将给予一定奖励，每引进一名高层次人才，学校将按类别一次性奖励给学院20万元（学科领军人物）、10万元（学科带头人）、5万元（学术带头人），同时学院可根据情况奖励在人才引进工作中做出突出贡献的有关人员。对人才引进不力和对人才引进不重视、造成不良影响的单位，学校将给予批评。

第三十一条 本办法所不能包括的特殊情况，由校长办公会研究决定。本办法自下发之日起施行，原有文件规定与本办法不一致的，以本办法为准，解释权归人事处。

第四节 完善社会主义市场经济体制时期 工资制度改革评价

一、市场化工资决定机制的初步形成

随着用人主体的多元化和劳动力的自由流动，工资决定机制也逐渐由计划经济时期的政府主导型向市场决定型转变。2000年4月6日，全国工资工作会议上提出，企业工资分配制度改革的目标是"市场机制调节，企业自主分配，职工民主参与，政府监控指导"。具体改革措施包括：进一步扩大国有企业内部分配自主权，取消国家统一的企业工资等级标准，允许企业探索管理、技术等生产要素参与收益分配的办法；改革企业工资决定机制，在继续完善国有企业工资总额与经济效益挂钩办法的基础上，开始对自我约束机制比较健全的企业实行企业自主确定工资总额，以经济效益和劳动生产率为标准考核企业的增资幅度；在国有改制企业和部分非国有企业开展工资集体协商试点；建立企业最低工资制度，试行工资指导线制度，逐步推行劳动力市场工资指导制度。企业工资分配从单纯的行政决定方式逐步转向由企业效益和市场共同决定。①

二、岗位绩效工资切实贯彻按劳分配原则，激励作用凸显

岗位绩效工资制度与以往岗位技能工资制度最大的区别在于绩效工资比重大幅上升，激励作用更加凸显，其优点主要有以下几个方面：

第一，岗位绩效工资制切实贯彻了按劳分配的原则，激励作用更加凸显。以往的岗位技能工资制中的技能工资单元，虽然强调了职工技能水平的提高，但高技能水平并不一定代表高绩效水平，岗位技能工资虽然可以起到鼓励职工加强学习、提高技术水平的作用，但与职工的劳动成果关系并不紧密。通过岗位绩效工资制度改革，使职工工资与工作业绩直接挂钩，激励作用更为直接和明显。

第二，岗位绩效工资制度使职工收入与企业效益紧密联系，形成了企业和

---

① 中华人民共和国劳动和社会保障部：《中国劳动和社会保障年鉴（2001）》，中国劳动社会保障出版社2001年版。

职工的利益共同体。岗位绩效工资制不仅和个人绩效表现紧密相连，而且还和企业整体绩效联系更加紧密，这样也使广大职工更关心企业的整体发展。

第三，岗位绩效工资制引入市场机制，强化市场的基础调节作用。通过岗位分析工作，不断根据市场情况调整岗位要素的分值，要向经营、管理、科研等重要岗位以及苦、脏、累、险等一线岗位倾斜，拉开轻便劳动与繁重劳动、简单劳动与复杂劳动之间的工资差距，发挥了工资的杠杆作用，促进劳动力资源的优化配置。

三、公务员工资制度有待进一步改进

2006 年的公务员工资制度改革在规范了公务员的津贴补贴、确保了不同部门以及不同地区公务员之间的待遇公平的同时，公务员工资水平有了较大提高。但仍然存在以下问题：

（1）工资结构较不合理，津贴补贴所占比例不同，地区间工资差距偏大。虽然 2006 年的公务员工资制度改革将一些地方和部门的部分津贴补贴纳入基本工资，适当地提高了基本工资占工资收入的比重，并对津贴补贴进行规范，但是津贴补贴所占总收入比例各地差异悬殊。即使在同一城市的不同区县或部门，因财政收入、经济状况的不同，其公务员的工资也存在较大差距。

（2）基层公务员工资水平低，晋升空间有限。尽管 2006 年的公务员工资制度改革提出向基层公务员倾斜的政策，加大不同职务对应级别的交叉幅度，增加职务对应的职级数，给低职务公务员提供了充分的晋升空间。但是，由于受到机构规格和职位数量的限制，部分公务员职务晋升空间仍较为有限。

（3）工资增长及工资标准确定缺乏科学合理的依据。部分地区的公务员工资水平无法同社会经济增长和物价增长的情况相适应，只能通过依靠地方财政增加津贴补贴来弥补社会平均工资和物价的上涨，缺乏科学合理的公务员工

资增长机制。这对于留住优秀人才，提高公务员的工作积极性都是不利的。

四、事业单位工资制度距离市场化更进一步

此次事业单位工资制度改革，根据不同特点的事业单位，建立了不同的分级分类管理的绩效工资制度，与个人绩效联系更加紧密，同时也更能体现出市场价值，对于一些高层次人才也打破现有的工资制度，尝试进行年薪制管理，充分与市场接轨。事业单位工资制度呈现出半政府主导、半市场化的特点。

事业单位收入分配制度改革与事业单位分类改革、人事制度改革等密切相关，此次工资制度改革是本着"同步考虑，分步实施，制度入轨，逐步到位"的思路进行的。在分步实施、逐步到位的背后，也存在着一些亟待研究和解决的问题。一是不合理的工资收入差距仍然存在。部分行业、单位和个人收入过高，行业间、单位间、个人间收入差距悬殊。二是缺乏科学合理的工资收入水平决定机制。确定事业单位工资收入水平的主要依据和程序有待进一步透明化和可操作化。三是绩效的考核较缺乏规范性和科学性。绩效工资的核心是绩效，但由于人力资源管理中工作研究这样基础工作的缺失，难以对不同岗位做出科学合理的绩效评价。从事业单位绩效考核体系来看，在岗位分析、绩效方案设计、绩效指标确定等方面存在一些问题。有些单位绩效考核流于形式，有的单位甚至把绩效工资直接平均加入到基本工资中，致使绩效工资没有发挥它对于提升绩效的作用。

第六章 工资水平的演变
（1979~2016 年）

第一节 工资水平的增长

一、工资总额和实际平均工资的增长

改革开放以来，中国城镇单位就业人员工资总额①不断增长，其增速波动幅度受政策影响明显。随着 1985 年工资制度的改革，工资总额出现了第一个

---

① 《中国统计年鉴》和《中国劳动统计年鉴》中，工资总额的统计口径有一个变化的过程。1995 年以前工资总额的统计对象为单位职工，指标为"职工工资总额"，不包括本单位的其他从业人员，1995 年以后开始增加"其他从业人员劳动报酬"统计指标，2000~2009 年开始使用"城镇单位从业人员劳动报酬"这一概念来代替"工资总额"，指各单位在一定时期内直接支付给本单位全部从业人员的劳动报酬总额，包括职工工资总额和其他从业人员劳动报酬总额。2010 年又重新使用"工资总额"这一概念，但其内涵发生了变化，"指各单位在一定时期内直接支付给本单位全部就业人员的劳动报酬总额。"所以 1995 年以后的工资总额数据实际上是本单位职工工资总额和本单位其他从业人员劳动报酬的总和，1994 年以前的工资总额统计数据仅为本单位职工工资总额。为行文统一，本书中统一使用"城镇单位就业人员"指标，但 2000 年之前的数据实际上对应的是"职工"相关数据。

快速增长的波峰。而在1993年工资制度改革以后，1994年工资总额又出现了大幅增长。由于受就业人数和物价的影响，工资总额不能准确反映工资水平，而实际平均工资更能准确地反映工资水平。实际平均工资增长大致可分为三个阶段：①1978～1997年，年均增速为4.29%的低速增长阶段，波动幅度大；②1998～2009年，年均增速为12.96%的高速增长阶段，波动幅度小；③2010～2016年，年均增速为8.15%的中速增长阶段，波动幅度小。在第一阶段，改革开放初期工资水平较低，增速较缓慢，虽然在1985年进行了工资制度的改革，工资总额快速增长，但由于1985年的城市居民消费价格指数达到111.9%，远超前几年102%左右的水平，1988年物价闯关，城市居民消费价格指数达到了120.7%，平均实际工资在1988年和1989年甚至出现了负增长。1993年工资制度改革之后，1994年和1995年名义平均工资增速分别达到134.6%和121.2%，但是由于当时经济过热，通货膨胀较严重，1994年和1995年扣除物价因素后的实际平均工资增速分别为107.7%和101.8%[①]，波动幅度较大。1997～2003年的四次工资调整和2006年的工资制度改革，保证了第二阶段职工工资的快速增长，而且波动幅度较小。但是，2010年以后工资增长缺乏动力，增速下滑。

二、工资水平与经济增长

改革开放以来，中国大力发展出口导向型的劳动密集型产业，依靠丰富的劳动力资源及其带来的低工资的成本优势，中国经济高速增长，但工资增长的速度低于经济增长的速度，这也带来了内需增长乏力的负面影响。2011年3月，《中华人民共和国国民经济和社会发展第十二个五年规划纲要》发布，正式确立了"努力实现居民收入增长和经济发展同步、劳动报酬增长和劳动生

---

①　国家统计局：《中国统计年鉴（2010）》，中国统计出版社2010年版。

产率提高同步"（"两同步"）的政策导向。工资总水平是工资总量与经济发展总量之比，通常用工资总额占国内生产总值之比来表示。从静态上看，它反映劳动者的劳动所得占该社会当年创造价值的比重；从动态上看，它反映在经济发展和经济波动中劳动要素所占份额的变化及趋势。具体如表6-1、图6-1、图6-2所示。中国工资总水平在1979~1992年始终维持在15%以上，1992年开始下降到14.49%，并持续下降，2004年降到历史最低点，为10.88%，1998~2008年长期在11%左右徘徊，2009年提高到11.54%，2011年后工资总水平加速提高，2013年的工资总水平上升到15.63%，2015~2016年上升到了16%以上。这也与20世纪90年代以后劳动报酬在国民收入初次分配中的比重下降的结论相吻合。王霞（2009）指出，20世纪90年代末期之后，城镇职工工资总额与城镇职工平均工资的增长速度分别高于同期国内生产总值的增幅和人均国内生产总值的增长速度。依据这一趋势判断，劳动报酬在经济发展过程中的份额应当是不断增加的。产生不同判断的原因在于未纳入劳动工资统计范围的劳动就业人员的劳动所得。[①] 他们劳动报酬占居民获得劳动报酬的3/4~4/5。这些人员包括乡镇企业就业人员、私营企业就业人员和城镇个体劳动者，以及分散独立从事农业生产的农业居民，随着这一队伍日益发展壮大，其对宏观分配格局的影响越来越大。[②]

表6-1　1978~2016年城镇单位就业人员工资总额、实际平均工资和国内生产总值指数

年份	城镇单位就业人员工资总额（亿元）	城镇单位就业人员工资总额指数（上年=100）	国内生产总值指数（上年=100）	城镇单位就业人员平均工资（元）	实际平均工资指数	工资总额占国内生产总值的比重（%）
1978	568.9	110.5	111.7	615	105.8	15.46

<hr />

①② 王霞：《劳动报酬在国民收入中的比重》，《中国统计》2009年第12期。

续表

年份	城镇单位就业人员工资总额（亿元）	城镇单位就业人员工资总额指数（上年＝100）	国内生产总值指数（上年＝100）	城镇单位就业人员平均工资（元）	实际平均工资指数	工资总额占国内生产总值的比重（％）
1979	646.7	113.7	107.6	668	106.6	15.77
1980	772.4	119.4	107.8	762	106.1	16.84
1981	820.0	106.2	105.1	772	98.8	16.61
1982	882.0	107.6	109.0	798	101.4	16.41
1983	934.6	106.0	110.8	826	101.5	15.52
1984	1133.4	121.3	115.2	974	114.8	15.57
1985	1383.0	122.0	113.4	1148	105.3	15.20
1986	1659.7	120.0	108.9	1329	108.2	16.00
1987	1881.1	113.3	111.7	1459	100.9	15.45
1988	2316.2	123.1	111.2	1747	99.2	15.26
1989	2618.5	113.1	104.2	1935	95.2	15.24
1990	2951.1	112.7	103.9	2140	109.2	15.64
1991	3323.9	112.6	109.3	2340	104.0	15.10
1992	3939.2	118.5	114.2	2711	106.7	14.49
1993	4916.2	124.8	113.9	3371	107.1	13.78
1994	6656.4	135.4	113.0	4538	107.7	13.69
1995	8255.8	121.8	111.0	5348	101.8	13.13
1996	9249.4	112.0	109.9	5980	102.8	12.48
1997	9602.4	103.8	109.2	6444	104.5	12.05
1998	9540.2	99.4	107.8	7446	116.2	11.20
1999	10155.9	106.5	107.7	8319	113.3	11.21
2000	10954.7	107.9	108.5	9333	111.3	10.92
2001	12205.4	111.4	108.3	10834	115.3	11.01
2002	13638.1	111.7	109.1	12373	115.4	11.20
2003	15329.6	112.4	110.0	13969	111.9	11.16
2004	17615.0	114.9	110.1	15920	110.3	10.88
2005	20627.1	117.1	111.4	18200	112.5	11.01

续表

年份	城镇单位就业人员工资总额（亿元）	城镇单位就业人员工资总额指数（上年=100）	国内生产总值指数（上年=100）	城镇单位就业人员平均工资（元）	实际平均工资指数	工资总额占国内生产总值的比重（%）
2006	24262.3	117.6	112.7	20856	112.9	11.06
2007	29471.5	121.5	114.2	24721	113.4	10.91
2008	35289.5	119.7	109.7	28898	110.7	11.04
2009	40288.2	114.2	109.4	32244	112.6	11.54
2010	47269.9	117.3	110.6	36539	109.8	11.44
2011	59954.7	126.8	109.5	41799	108.6	12.25
2012	70914.2	118.3	107.9	46769	109.0	13.12
2013	93064.3	131.2	107.8	51483	107.3	15.63
2014	102817.2	110.5	107.3	56360	107.2	15.97
2015	112007.8	108.9	106.9	62029	108.5	16.26
2016	120074.8	107.2	106.7	67569	106.7	16.15

资料来源：根据历年《中国劳动统计年鉴》数据计算整理得到。

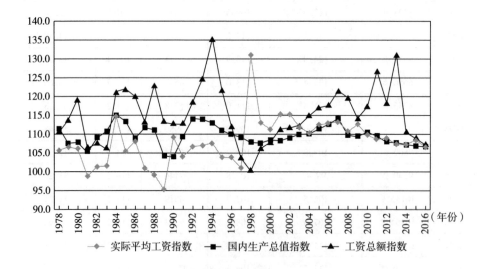

图6-1 1978~2016年城镇单位就业人员实际平均工资指数、

国内生产总值指数与工资总额指数趋势

资料来源：根据历年《中国劳动统计年鉴》数据计算整理得到。

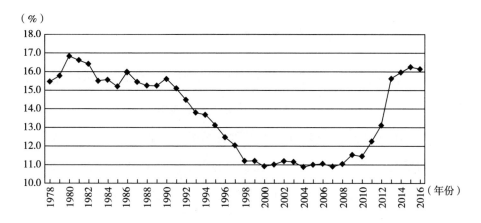

图 6-2 1978~2016 年城镇单位就业人员的工资水平趋势

资料来源：根据历年《中国劳动统计年鉴》计算整理得到。

工资增速低于社会劳动生产率增速与我国当时的分配原则有关。20 世纪 80 年代中期到 90 年代的初次分配格局，出现了国家和集体占比偏低，而收入占比上升较快的问题。1992 年，国务院发布的《国有企业转换经营机制条例》提出"企业工资总额的增长低于经济效益增长，职工实际工资水平的增长低于劳动生产率增长"的"两低于"分配原则，并贯穿于工资分配宏观调控的各项政策中。"两低于"分配原则的长期影响结果是劳动者工资增长赶不上企业利润增长，拉大两者的差距。明显向资本所有者倾斜，出现劳动报酬占初次分配比重下降等问题。《中华人民共和国国民经济和社会发展第十二个五年规划纲要》提出的"两同步"原则涵盖了初次分配和再分配两大领域。"劳动报酬增长和劳动生产率提高同步"原则针对的是初次分配中出现的一线职工工资增长缓慢、劳动报酬占初次分配比重下降等问题，目的是进一步调整劳动要素和资本要素的分配关系，促进劳动报酬实现较快增长，提高劳动者参与初次分配的份额，使改革发展成果更多、更公平地惠及全体人民。

三、工资性收入与居民收入的增长

改革开放以来，由于企业自主分配权逐步扩大、劳动者就业渠道增多等多种因素的影响，城镇居民的收入结构发生了显著变化。从表6-2中可以看出1985~2016年城镇居民人均年收入构成变化情况：一是工资性收入仍然是城镇居民人均年收入的主要来源，但其比重已显著下降，从1985年的84.5%下降到2016年的59.7%；二是个体的经营性收入、转移性收入和财产性收入所占比重相应提高。

表6-2　1985~2016年城镇居民人均年收入构成变化情况

年份	城镇居民平均每人全年收入（元）	其中							
		工资性收入		经营性收入		财产性收入		转移性收入	
		金额（元）	比重（%）	金额（元）	比重（%）	金额（元）	比重（%）	金额（元）	比重（%）
1985	748.9	633.2	84.5	10.2	1.4	3.7	0.5	65.9	8.8
1986	—								
1987	1012.2	839.2	82.9	10.7	1.1	5.6	0.6	113.0	11.2
1988	1192.1	930.3	78.0	16.3	1.4	7.4	0.6	180.9	15.2
1989	1387.8	1062.8	76.6	20.3	1.5	12.0	0.9	222.6	16.0
1990	1522.8	1169.0	76.8	18.7	1.2	15.6	1.0	250.0	16.4
1991	1713.1	1313.0	76.6	25.1	1.5	19.7	1.2	274.4	16.0
1992	2031.5	1642.8	80.9	28.6	1.4	30.5	1.5	237.4	11.7
1993	2583.2	2042.5	79.1	40.7	1.6	45.8	1.8	325.8	12.6
1994	3502.3	2852.7	81.5	61.6	1.8	68.8	2.0	474.3	13.5
1995	4283.0	3367.3	78.6	72.6	1.7	90.4	2.1	725.8	16.9
1996	4838.9	3784.8	78.2	115.9	2.4	112.0	2.3	660.4	13.6
1997	5160.3	3941.1	76.4	168.2	3.3	124.0	2.4	756.9	14.7
1998	5458.3	4049.3	74.2	186.7	3.4	132.9	2.4	1083.0	19.8
1999	5888.0	4275.2	72.6	221.9	3.8	128.7	2.2	1257.2	21.4

续表

年份	城镇居民平均每人全年收入（元）	其中							
		工资性收入		经营性收入		财产性收入		转移性收入	
		金额（元）	比重（%）	金额（元）	比重（%）	金额（元）	比重（%）	金额（元）	比重（%）
2000	6295.9	4480.5	71.2	246.2	3.9	128.4	2.0	1440.8	22.9
2001	6868.9	4829.9	70.3	274.1	4.0	134.6	2.0	1630.4	23.7
2002	8177.4	5740.0	70.2	332.2	4.1	102.1	1.2	2003.2	24.5
2003	9061.2	6410.2	70.7	403.8	4.5	135.0	1.5	2112.2	23.3
2004	10128.5	7152.8	70.6	493.9	4.9	161.2	1.6	2320.7	22.9
2005	11320.8	7797.5	68.9	679.6	6.0	192.9	1.7	2650.7	23.4
2006	12719.2	8767.0	68.9	809.6	6.4	244.0	1.9	2898.7	22.8
2007	14908.6	10234.8	68.6	940.7	6.3	348.5	2.3	3384.6	22.7
2008	17067.8	11299.0	66.2	1453.6	8.5	387.0	2.3	3928.2	23.0
2009	18858.1	12382.2	65.7	1528.7	8.1	431.8	2.3	4515.5	23.9
2010	19109.4	13707.7	71.7	1713.5	9.0	520.3	2.7	5091.9	26.6
2011	23979.2	15411.9	64.3	2209.7	9.2	649.0	2.7	5708.6	23.8
2012	26959.0	17335.6	64.3	2548.3	9.5	707.0	2.6	6368.1	23.6
2013	26467.0	16617.4	62.8	2975.3	11.2	2551.5	9.6	4322.8	16.3
2014	28843.9	17936.8	62.2	3279.0	11.4	2812.1	9.7	4815.9	16.7
2015	31194.8	19337.1	62.0	3476.1	11.1	3041.9	9.8	5339.7	17.1
2016	33616.2	20065.0	59.7	3770.1	11.2	3271.3	9.7	5909.8	17.6

注：1986 年相关数据不详。

资料来源：根据历年《中国统计年鉴》计算整理得到。

第二节　工资水平的结构变化

改革开放之初，收入分配在效率优先理念的影响下，工资水平在快速增长的同时，不同类型、不同行业、不同地区之间的工资差距也逐渐拉开，并引发了新的收入分配不公平问题。进入到完善社会主义市场经济体制时期，在公平与效率并重的理念下，国家采取"提低、控高、扩中"措施，不断缩小工资收入差距。

一、不同经济类型的工资水平变化

（一）城镇非私营单位不同类型就业人员工资水平的结构变化

改革开放之初，不同经济类型单位就业人员平均工资差距不断扩大。1984年①国有单位、城镇集体单位和其他单位之间的工资差距并不明显，它们与全国平均工资之比分别为 1.062、0.833 和 1.076，此后，随着市场化改革的不断深入，公有制以外的多种经济成分在国民经济中的比重逐渐增加，包括股份合作单位、联营单位、有限责任公司、股份有限公司、港澳台商投资单位以及外商投资单位等，它们不仅成为劳动力市场一体化进程的主要推动者，而且其工资水平也体现了劳动力市场的实际供求关系。其他单位与全国平均工资之比也从 1984 年的 1.076 快速上升到 1993 年的 1.473。在其他单位工资迅速增长的同时，集体单位的工资反而增长缓慢，城镇集体单位与全国平均工资之比从 1984 年的 0.833 逐步降低至 2004 年的 0.611，工资增速明显落后国有单位和其他单位，差距不断扩大，2004 年以后工资比值才缓慢回升，差距开始缩小。不同经济类型的单位受外部经济环境影响也存在差异，例如，1997 年亚洲金融危机对中国经济的出口需求造成了较大的影响。由于其他单位是外向型经济的主要组成部分，因此，对这一类企业的就业也造成了很大的压力。作为对这一宏观经济条件变化的反应，其他单位的工资增速在 1998 年下降明显，由 1997 年的 6.7% 降为 1998 年的 1.6%。2000~2004 年，国有企业经历了"减员

---

① 《中国统计年鉴》从 1984 年开始包括其他单位的平均工资数据，本书从 1984 年开始进行对比分析。

增效"的就业制度改革，劳动力市场进一步发育，如图 6-3 和表 6-3 所示，2005 年以后国有单位平均工资开始高于其他单位，与城镇集体单位的工资差距从 2005 年之后开始逐步缩小。

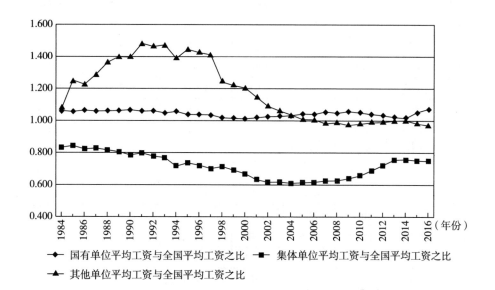

图 6-3　1984~2016 年不同经济类型就业人员平均工资与全国平均工资之比趋势

资料来源：根据历年《中国统计年鉴》计算整理得到。

表 6-3　1984~2016 年不同经济类型就业人员平均工资与全国平均工资之比

年份	全国平均工资（元）	国有单位平均工资（元）	城镇集体单位平均工资（元）	其他单位平均工资（元）	国有单位平均工资与全国平均工资之比	城镇集体单位平均工资与全国平均工资之比	其他单位平均工资与全国平均工资之比
1984	974	1034	811	1048	1.062	0.833	1.076
1985	1148	1213	967	1436	1.057	0.842	1.251
1986	1329	1414	1092	1629	1.064	0.822	1.226
1987	1459	1546	1207	1879	1.060	0.827	1.288
1988	1747	1853	1426	2382	1.061	0.816	1.363
1989	1935	2055	1557	2707	1.062	0.805	1.399

续表

年份	全国平均工资（元）	国有单位平均工资（元）	城镇集体单位平均工资（元）	其他单位平均工资（元）	国有单位平均工资与全国平均工资之比	城镇集体单位平均工资与全国平均工资之比	其他单位平均工资与全国平均工资之比
1990	2140	2284	1681	2987	1.067	0.786	1.396
1991	2340	2477	1866	3468	1.059	0.797	1.482
1992	2711	2878	2109	3966	1.062	0.778	1.463
1993	3371	3532	2592	4966	1.048	0.769	1.473
1994	4538	4797	3245	6302	1.057	0.715	1.389
1995	5348	5553	3934	7728	1.038	0.736	1.445
1996	5980	6207	4312	8521	1.038	0.721	1.425
1997	6444	6679	4516	9092	1.036	0.701	1.411
1998	7446	7579	5314	9241	1.018	0.714	1.241
1999	8319	8443	5758	10142	1.015	0.692	1.219
2000	9333	9441	6241	11238	1.012	0.669	1.204
2001	10834	11045	6851	12437	1.019	0.632	1.148
2002	12373	12701	7636	13486	1.027	0.617	1.090
2003	13969	14358	8627	14843	1.028	0.618	1.063
2004	15920	16445	9723	16519	1.033	0.611	1.038
2005	18200	18978	11176	18362	1.043	0.614	1.009
2006	20856	21706	12866	21004	1.041	0.617	1.007
2007	24721	26100	15444	24271	1.056	0.625	0.982
2008	28898	30287	18103	28552	1.048	0.626	0.988
2009	32244	34130	20607	31350	1.058	0.639	0.972
2010	36539	38359	24010	35801	1.050	0.657	0.980
2011	41799	43483	28791	41323	1.040	0.689	0.989
2012	46769	48357	33784	46360	1.034	0.722	0.991
2013	51483	52657	38905	51453	1.023	0.756	0.999
2014	56360	57296	42742	56485	1.017	0.758	1.002
2015	62029	65296	46607	60906	1.053	0.751	0.982
2016	67569	72538	50527	65531	1.074	0.748	0.970

资料来源：根据历年《中国劳动统计年鉴》计算整理。

（二）城镇私营单位平均工资情况

根据历年《中国劳动统计年鉴》的统计，1992 年以后，国有和集体单位职工人数日益减少，私营和个体单位就业人数逐渐增多。到 2016 年中国城镇私营企业和个体就业人员达 20710.4 万人，远超国有单位和集体单位的就业总人数 6623 万人。国家统计局也从 2009 年开始公布城镇私营单位就业人员的平均工资，从公布的八年数据可以看出，城镇私营单位平均工资明显低于城镇非私营单位，二者之间的绝对差距从 2009 年的 14045 元上升到 2016 年的 24736元，但是二者之间的相对差距呈缩小趋势。2010~2014 年，城镇私营单位的名义平均工资增速远高于城镇非私营单位，二者的平均工资之比也从 2009 年的1.77 下降到 2014 年的 1.55，2015~2016 年城镇私营单位名义平均工资增速低于城镇非私营单位，名义平均工资之比也略有回升（见表 6-4）。

表 6-4　2009~2016 年城镇私营单位和非私营单位平均工资

单位：元

年份	城镇非私营单位		城镇私营单位		平均工资之比
	名义平均工资	工资增速（%）	名义平均工资	工资增速（%）	
2009	32244	11.58	18199	—	1.77
2010	36539	13.32	20759	14.07	1.76
2011	41799	14.40	24556	18.29	1.70
2012	46769	11.89	28752	17.09	1.63
2013	51483	10.08	32706	13.75	1.57
2014	56360	9.47	36390	11.26	1.55
2015	62029	10.06	39585	8.78	1.57
2016	67569	8.93	42833	8.21	1.58

资料来源：根据历年《中国劳动统计年鉴》计算整理。

二、不同行业工资水平的变化

（一）全部行业平均工资的基本状况

如表 6-5 和表 6-6 所示，改革开放以来，随着市场化改革的深入和市场

表6-5 分行业城镇单位就业人员平均工资

单位：元

年份	全国平均工资	农、林、牧、渔业平均工资	采掘业平均工资	制造业平均工资	电力、煤气及水的生产和供应业平均工资	建筑业平均工资	地质勘察业、水利管理业平均工资	交通运输、邮电通讯业平均工资	批发和零售贸易、餐饮业平均工资	金融、保险业平均工资	房地产业平均工资	信息传输、计算机服务和软件业平均工资
1978	615	470	676	597	850	714	708	694	551	610	548	—
1979	668	528	755	664	941	769	782	760	610	652	606	—
1980	762	616	854	752	1035	855	859	832	692	720	694	—
1981	772	637	855	758	1045	869	926	842	704	750	632	—
1982	798	661	869	773	1067	912	955	877	709	768	684	—
1983	826	691	880	789	1104	954	1016	895	724	779	737	—
1984	974	770	1066	955	1321	1154	1176	1082	859	973	919	—
1985	1148	878	1324	1112	1239	1362	1406	1275	1007	1154	1028	—
1986	1329	1048	1569	1275	1497	1536	1604	1476	1148	1353	1216	—
1987	1459	1143	1663	1418	1677	1684	1768	1621	1270	1458	1327	—
1988	1747	1280	1964	1710	1971	1959	2025	1941	1556	1739	1715	—
1989	1935	1389	2378	1900	2241	2166	2199	2197	1660	1867	1925	—
1990	2140	1541	2718	2073	2656	2384	2465	2426	1818	2097	2243	—
1991	2340	1652	2942	2289	2922	2649	2707	2686	1981	2255	2507	—
1992	2711	1828	3209	2635	3392	3066	3222	3114	2204	2829	3106	—
1993	3371	2042	3711	3348	4319	3779	3717	4273	2679	3740	4320	—
1994	4538	2819	4679	4283	6155	4894	5450	5690	3537	6712	6288	—
1995	5348	3522	5757	5169	7843	5785	5962	6948	4248	7376	7330	—
1996	5980	4050	6482	5642	8816	6249	6581	7870	4661	8406	8337	—
1997	6444	4311	6833	5933	9649	6655	7160	8600	4845	9734	9190	—

续表

年份	全国平均工资	农、林、牧、渔业平均工资	采掘业平均工资	制造业平均工资	电力、煤气及水的生产和供应业平均工资	建筑业平均工资	地质勘察业、水利管理业平均工资	交通运输、邮电通讯业平均工资	批发和零售贸易、餐饮业平均工资	金融、保险业平均工资	房地产业平均工资	信息传输、计算机服务和软件业平均工资
1998	7446	4528	7242	7064	10478	7456	7951	9808	5865	10633	10302	—
1999	8319	4832	7521	7794	11513	7982	8821	10991	6417	12046	11505	—
2000	9333	5184	8340	8750	12830	8735	9622	12319	7190	13478	12616	—
2001	10834	5741	9586	9774	14590	9484	10957	14167	8192	16277	14096	—
2002	12373	6314	10992	11152	16296	10212	12226	15818	9439	18023	15384	—
2003	13969	6884	13627	12671	18574	11328	20442	15753	10894	20780	17085	30897
2004	15920	7497	16774	14251	23095	12578	23351	18071	13012	24299	18467	33449
2005	18200	8207	20449	15934	24750	14112	27155	20911	15256	29229	20253	38799
2006	20856	9269	24125	18225	28424	16164	31644	24111	17796	35495	22238	43435
2007	24721	10847	28185	21144	33470	18482	38432	27903	21074	44011	26085	47700
2008	28898	12560	34233	24404	38515	21223	45512	32041	25818	53897	30118	54906
2009	32244	14356	38038	26810	41869	24161	50143	35315	29139	60398	32242	58154
2010	36539	16717	44196	30916	47309	27529	56376	40466	33635	70146	35870	64436
2011	41799	19469	52230	36665	52723	32103	64252	47078	40654	81109	42837	70918
2012	46769	22687	56946	41650	58202	36483	69254	53391	46340	89743	46764	80510
2013	51483	25820	60138	46431	67085	42072	76602	57993	50308	99653	51048	90915
2014	56360	28356	61677	51369	73339	45804	82259	63416	55838	108273	55568	100845
2015	62029	31947	59404	55324	78886	48886	89410	68822	60328	114777	60244	112042
2016	67569	33612	60544	59470	83863	52082	96638	73650	65061	117418	65497	122478

注：2003年以前的统计分类行业中没有信息传输、计算机服务和软件业。

资料来源：根据历年《中国劳动统计年鉴》计算整理。

表6-6 分行业城镇单位就业人员工资与全国平均工资之比

年份	农、林、牧、渔业平均工资与全国平均工资的比值	采掘业平均工资与全国平均工资的比值	制造业平均工资与全国平均工资的比值	电力、煤气及水的生产和供应业平均工资与全国平均工资的比值	建筑业平均工资与全国平均工资的比值	地质勘察业、水利管理业平均工资与全国平均工资的比值	交通运输、邮电通讯业平均工资与全国平均工资的比值	批发和零售贸易、餐饮业平均工资与全国平均工资的比值	金融、保险业平均工资与全国平均工资的比值	房地产业平均工资与全国平均工资的比值	信息传输、计算机服务和软件业平均工资与全国平均工资的比值
1978	0.76	1.10	0.97	1.38	1.16	1.15	1.13	0.90	0.99	0.89	—
1979	0.79	1.13	0.99	1.41	1.15	1.17	1.14	0.91	0.98	0.91	—
1980	0.81	1.12	0.99	1.36	1.12	1.13	1.09	0.91	0.94	0.91	—
1981	0.83	1.11	0.98	1.35	1.13	1.20	1.09	0.91	0.97	0.82	—
1982	0.83	1.09	0.97	1.34	1.14	1.20	1.10	0.89	0.96	0.86	—
1983	0.84	1.07	0.96	1.34	1.15	1.23	1.08	0.88	0.94	0.89	—
1984	0.79	1.09	0.98	1.36	1.18	1.21	1.11	0.88	1.00	0.94	—
1985	0.76	1.15	0.97	1.08	1.19	1.22	1.11	0.88	1.01	0.90	—
1986	0.79	1.18	0.96	1.13	1.16	1.21	1.11	0.86	1.02	0.91	—
1987	0.78	1.14	0.97	1.15	1.15	1.21	1.11	0.87	1.00	0.91	—
1988	0.73	1.12	0.98	1.13	1.12	1.16	1.11	0.89	1.00	0.98	—
1989	0.72	1.23	0.98	1.16	1.12	1.14	1.14	0.86	0.96	0.99	—
1990	0.72	1.27	0.97	1.24	1.11	1.15	1.13	0.85	0.98	1.05	—
1991	0.71	1.26	0.98	1.25	1.13	1.16	1.15	0.85	0.96	1.07	—

续表

年份	农、林、牧、渔业平均工资与全国平均工资的比值	采掘业平均工资与全国平均工资的比值	制造业平均工资与全国平均工资的比值	电力、煤气及水的生产和供应业平均工资与全国平均工资的比值	建筑业平均工资与全国平均工资的比值	地质勘察业、水利管理业平均工资与全国平均工资的比值	交通运输、邮电通讯业平均工资与全国平均工资的比值	批发和零售贸易、餐饮业平均工资与全国平均工资的比值	金融、保险业平均工资与全国平均工资的比值	房地产业平均工资与全国平均工资的比值	信息传输、计算机服务和软件业平均工资与全国平均工资的比值
1992	0.67	1.18	0.97	1.25	1.13	1.19	1.15	0.81	1.04	1.15	—
1993	0.61	1.10	0.99	1.28	1.12	1.10	1.27	0.79	1.11	1.28	—
1994	0.62	1.03	0.94	1.36	1.08	1.20	1.25	0.78	1.48	1.39	—
1995	0.66	1.08	0.97	1.47	1.08	1.11	1.30	0.79	1.38	1.37	—
1996	0.68	1.08	0.94	1.47	1.04	1.10	1.32	0.78	1.41	1.39	—
1997	0.67	1.06	0.92	1.50	1.03	1.11	1.33	0.75	1.51	1.43	—
1998	0.61	0.97	0.95	1.41	1.00	1.07	1.32	0.79	1.43	1.38	—
1999	0.58	0.90	0.94	1.38	0.96	1.06	1.32	0.77	1.45	1.38	—
2000	0.56	0.89	0.94	1.37	0.94	1.03	1.32	0.77	1.44	1.35	—
2001	0.53	0.88	0.90	1.35	0.88	1.01	1.31	0.76	1.50	1.30	—
2002	0.51	0.89	0.90	1.32	0.83	0.99	1.28	0.76	1.46	1.24	—
2003	0.49	0.98	0.91	1.33	0.81	1.46	1.13	0.78	1.49	1.22	2.21
2004	0.47	1.05	0.90	1.45	0.79	1.47	1.14	0.82	1.53	1.16	2.10
2005	0.45	1.12	0.88	1.36	0.78	1.49	1.15	0.84	1.61	1.11	2.13

续表

年份	农、林、牧、渔业平均工资与全国平均工资的比值	采掘业平均工资与全国平均工资的比值	制造业平均工资与全国平均工资的比值	电力、煤气及水的生产和供应业平均工资与全国平均工资的比值	建筑业平均工资与全国平均工资的比值	地质勘察业、水利管理业平均工资与全国平均工资的比值	交通运输、邮电通讯业平均工资与全国平均工资的比值	批发和零售贸易、餐饮业平均工资与全国平均工资的比值	金融、保险业平均工资与全国平均工资的比值	房地产业平均工资与全国工资的比值	信息传输、计算机服务和软件业平均工资与全国工资的比值
2006	0.44	1.16	0.87	1.36	0.78	1.52	1.16	0.85	1.70	1.07	2.08
2007	0.44	1.14	0.86	1.35	0.75	1.55	1.13	0.85	1.78	1.06	1.93
2008	0.43	1.18	0.84	1.33	0.73	1.57	1.11	0.89	1.87	1.04	1.90
2009	0.45	1.18	0.83	1.30	0.75	1.56	1.10	0.90	1.87	1.00	1.80
2010	0.46	1.21	0.85	1.29	0.75	1.54	1.11	0.92	1.92	0.98	1.76
2011	0.47	1.25	0.88	1.26	0.77	1.54	1.13	0.97	1.94	1.02	1.70
2012	0.49	1.22	0.89	1.24	0.78	1.48	1.14	0.99	1.92	1.00	1.72
2013	0.50	1.17	0.90	1.30	0.82	1.49	1.13	0.98	1.94	0.99	1.77
2014	0.50	1.09	0.91	1.30	0.81	1.46	1.13	0.99	1.92	0.99	1.79
2015	0.52	0.96	0.89	1.27	0.79	1.44	1.11	0.97	1.85	0.97	1.81
2016	0.50	0.90	0.88	1.24	0.77	1.43	1.09	0.96	1.74	0.97	1.81

注：2003年以前的统计年鉴行业分类中没有信息传输、计算机服务和软件业。

资料来源：根据历年《中国劳动统计年鉴》计算整理。

经济的发展，中国各行业平均工资普遍增长，年平均工资较低的农、林、牧、渔业从 1978 年的 470 元增长到 2016 年的 33612 元；年平均工资较高的金融、保险业从 1978 年的 610 元增长到 2016 年的 117418 元，行业间工资增长差异明显。从各行业历年排名情况看，农、林、牧、渔业与批发和零售贸易、餐饮等服务类行业的平均工资长期较低，而平均工资较高的行业则有一个变化过程。改革开放初期，平均工资较高的行业主要集中在电力、煤气及水的生产和供应业，地质勘察业、水利管理业，建筑业，采掘业等条件较为艰苦的行业，20 世纪 90 年代以后，随着房地产、金融业的市场化改革，以及 21 世纪计算机信息产业的兴起，房地产业，金融、保险业，信息传输、计算机服务和软件业的工资快速增长，1988 年房地产业的年平均工资排名较靠后，到 1993 年年平均工资排名行业第一，2003 年以后，行业排名前两位始终被金融、保险业与信息传输、计算机服务和软件业占据。

（二）各行业与全国平均工资比值的标准差变化趋势

改革开放初期，各行业平均工资差异并不明显，以 1978 年为例，平均工资最高的电力、煤气及水的生产和供应业的平均工资是 850 元，约是平均工资为 392 元的社会服务业的 2.17 倍。如图 6-4 所示，从各行业平均工资与全国

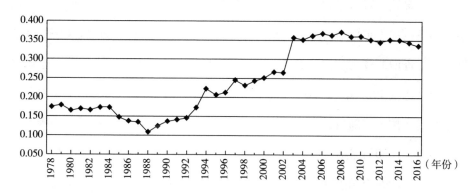

图 6-4　1978~2016 年各行业平均工资与全国平均工资比值的标准差变化趋势

资料来源：根据历年《中国劳动统计年鉴》计算整理。

平均工资比值的标准差变化趋势来看，改革开放初期各行业间的工资差距实际上还在缩小，1988 年降至历史最低 0.108，随着市场化改革的深入发展，行业间工资差距逐渐扩大，到 2002 年比值标准差已提高到 0.265，2003 年以后由于国家对行业分类重新调整，2003 年这一数值上升到 0.357，并持续在高位徘徊，2010~2016 年，标准差数值呈现下降趋势，行业间工资差距相对开始缩小。

三、不同地区工资水平的变化

地区工资差异在中国有着悠久的历史。1956 年工资制度改革时，依据各地自然条件、物价和生活水平、工资状况，适当照顾重点发展地区和艰苦地区，将全国分为 11 类工资区。规定以一类地区为基准，每高一类，工资标准增加 3%。但在计划经济时期，地区间工资差异并不大。改革开放以后，经过 1985 年和 1993 年的工资体制改革，中国工资体制经历了很大的变动，地区工资类别制度的作用逐渐萎缩，市场机制的作用逐步加强，从而影响地区工资水平的因素也逐渐从政策因素转向经济因素。[1]

在"鼓励一部分地区一部分人通过诚实劳动和合法经营先富起来"的政策影响下，加之东部沿海地区优越的地理位置，中国东部沿海地区经济的快速崛起，工资增速较高。如图 6-5 和表 6-7 所示，东部地区平均工资与全国平均工资之比从 1987 年的 1.07 一路上升到 2000 年的 1.26，区域间工资差距在此期间迅速扩大。随后，中国区域经济发展战略从非均衡发展模式向均衡发展模式转变。2000 年实施西部大开发战略后，西部地区平均工资增速开始超过东部地区，2004 年在振兴东北、中部崛起等战略的带动下，东北地区的平均

---

① 张建红、J. Paul Elhorst、Arjen van Witteloostuijn：《中国地区工资水平差异的影响因素分析》，《经济研究》2006 年第 10 期。

工资增速从 2005 年开始超过东部，中部地区平均工资与全国平均工资之比也经历了一个探底回升的过程。

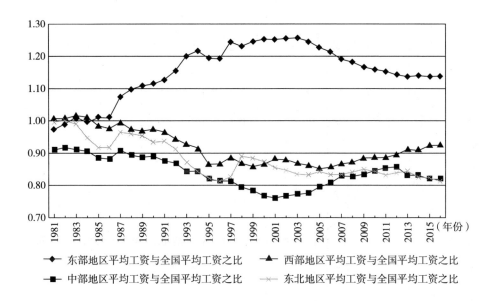

图 6-5　1981~2016 年不同地区平均工资与全国平均工资之比变化趋势

资料来源：根据历年《中国劳动统计年鉴》计算整理。

四、工资收入差距呈现先扩大再缩小的走势

不同经济类型、不同行业以及不同地区间工资收入差距均呈现先扩大再缩小的走势。在改革开放之初，不同经济类型单位的工资差距不大，1984 年，其他单位与国有单位年平均工资仅相差 14 元，到 1993 年二者已相差 1434 元，其他单位平均工资约是国有单位平均工资的 1.4 倍，差距持续扩大。直到 1998 年以后，其他单位与国有单位的工资差距开始明显缩小。而城镇集体单位工资水平偏低，它与全国平均工资之比从 2004 年的 0.611 缓慢回升，到 2016 年二

表6-7 1981~2016年不同地区平均工资与全国平均工资之比

年份	全国平均工资（元）	东部地区平均工资（元）	东部地区平均工资与全国平均工资的比值	中部地区平均工资（元）	中部地区平均工资与全国平均工资的比值	西部地区平均工资（元）	西部地区平均工资与全国平均工资的比值	东北地区平均工资（元）	东北地区平均工资与全国平均工资的比值
1981	772	751	0.97	703	0.91	777	1.01	770	1.00
1982	798	791	0.99	732	0.92	803	1.01	799	1.00
1983	826	835	1.01	752	0.91	840	1.02	818	0.99
1984	974	969	1.00	883	0.91	985	1.01	923	0.95
1985	1148	1159	1.01	1017	0.89	1131	0.98	1053	0.92
1986	1329	1341	1.01	1172	0.88	1297	0.98	1219	0.92
1987	1459	1567	1.07	1326	0.91	1453	1.00	1407	0.96
1988	1747	1919	1.10	1561	0.89	1701	0.97	1677	0.96
1989	1935	2146	1.11	1717	0.89	1875	0.97	1846	0.95
1990	2140	2385	1.11	1905	0.89	2083	0.97	1998	0.93
1991	2340	2638	1.13	2051	0.88	2259	0.97	2192	0.94
1992	2711	3131	1.16	2355	0.87	2559	0.94	2476	0.91
1993	3371	4050	1.20	2842	0.84	3127	0.93	2938	0.87
1994	4538	5522	1.22	3830	0.84	4158	0.92	3823	0.84
1995	5348	6567	1.23	4502	0.84	4759	0.89	4521	0.85
1996	5980	7401	1.24	5051	0.84	5380	0.90	5044	0.84
1997	6444	8051	1.25	5262	0.82	5742	0.89	5343	0.83
1998	7446	9206	1.24	5938	0.80	6491	0.87	6658	0.89
1999	8319	10397	1.26	6542	0.79	7163	0.86	7383	0.89

续表

年份	全国平均工资（元）	东部地区平均工资（元）	东部地区工资与全国平均工资的比值	中部地区平均工资（元）	中部地区工资与全国平均工资的比值	西部地区平均工资（元）	西部地区工资与全国平均工资的比值	东北地区平均工资（元）	东北地区工资与全国平均工资的比值
2000	9333	11738	1.26	7192	0.77	8109	0.87	8183	0.88
2001	10834	13609	1.26	8272	0.76	9576	0.88	9287	0.86
2002	12373	15527	1.25	9500	0.77	10884	0.88	10481	0.85
2003	13969	17557	1.26	10779	0.77	12123	0.87	11662	0.83
2004	15920	19849	1.25	12353	0.78	13725	0.86	13250	0.83
2005	18200	22336	1.23	14469	0.80	15494	0.85	15328	0.84
2006	20856	25311	1.21	16822	0.81	17850	0.86	17371	0.83
2007	24721	29450	1.19	20478	0.83	21428	0.87	20605	0.83
2008	28898	34161	1.18	23917	0.83	25155	0.87	24302	0.84
2009	32244	37618	1.17	26889	0.83	28536	0.88	27390	0.85
2010	36539	42354	1.16	30913	0.85	32357	0.89	30795	0.84
2011	41799	48229	1.15	35701	0.85	37064	0.89	34787	0.83
2012	46769	53437	1.14	40079	0.86	41863	0.90	39236	0.84
2013	51483	58559	1.14	42803	0.83	46928	0.91	43429	0.84
2014	56360	64249	1.14	46815	0.83	51180	0.91	46513	0.83
2015	62029	70551	1.14	50826	0.82	57299	0.92	51063	0.82
2016	67569	76930	1.14	55292	0.82	62455	0.92	54872	0.81

资料来源：根据历年《中国统计年鉴》计算整理。

者之比是 0.748，工资差距不断缩小。

随着市场化改革的不断深入，行业间平均工资差距从 1988 年开始不断扩大。1988 年平均工资最高的地质勘查业、水利管理业仅约是平均工资最低的农、林、牧、渔业的 1.58 倍，到 2006 年，平均工资最高的信息传输、计算机服务和软件业约是平均工资最低的农、林、牧、渔业的 4.69 倍，行业间工资差距明显，而且行业间工资差距带有明显的垄断属性。随着社会主义市场经济体制的建立，私营、个体和"三资"企业快速发展，形成了国有企业和非国有企业相互竞争的态势。政府逐渐放松或放弃了对大多数行业的管制，但是国家在关系到国计民生的一些行业，如电力、电信、金融、铁路、民航等，仍然保持了全面或部分垄断，对非国有企业的进入实行了严格的限制[1]，垄断行业与竞争行业的工资差距自 2000 年以来有逐渐扩大趋势，2007 年以后，随着对垄断行业的加速改革，金融、保险业等垄断行业工资增速开始低于农、林、牧、渔业等竞争行业的工资增速，垄断行业与竞争行业之间的工资差距也逐渐缩小，但二者差距仍然偏大。行政垄断等制度性因素是造成垄断行业与竞争性行业工资差距的主要原因，所以消除行政垄断，是缩小垄断行业和竞争行业工资差距的重要举措：一是降低垄断行业的进入壁垒，全面进行股份制改革，加快发展混合所有制经济；二是全面放开垄断行业内部劳动力市场，建立统一的劳动力市场，发挥市场在劳动力资源配置中的决定性作用。[2]

改革开放初期，中国地区间工资差距并不明显，之后在东部沿海开放战略的影响下，东部地区工资快速提高，1987 年以后与其他地区工资差距迅速拉大。2000 年以后，中国区域经济发展战略从非均衡发展模式向均衡发展模式

---

① 晋利珍：《劳动力市场双重二元分割与工资决定机制研究》，首都经济贸易大学博士学位论文，2008 年。

② 张杰、张建武：《中国垄断行业与竞争行业的工资差异——基于 CHIPS 数据的经验研究》，《宏观经济研究》2015 年第 4 期。

转变，各地区间工资差距开始逐步缩小。

第三节　刘易斯转折点与农民工工资增长

2004年春，东南沿海地区的一些主要城市爆发了改革开放以来的首次"民工荒"，此后，随着沿海企业纷纷向中部地区搬迁，江西、安徽、湖南等省份的"民工荒"现象也陆续出现。2010年春节以后，"民工荒"现象更为普遍，发展成为包括劳动力输出地在内的全国性劳动力短缺。以"民工荒"从东南沿海向内陆地区蔓延为标志，中国劳动力市场供求开始从"无限供给"转入"有限剩余"的新阶段，农民工工资也呈现了快速上涨的趋势。

一、"民工荒"的出现

"民工荒"是指民工短缺现象，反映的是农村适龄外出务工人员供不应求的问题。2004年春，广东、福建、浙江等沿海发达地区相继出现了"民工荒"现象，特别是珠江三角洲地区民工短缺形势相当严峻。于是，原劳动和社会保障部课题组就对珠江三角洲、长江三角洲、闽东南、浙东南等主要的劳动力输入地区和湖南、四川、江西、安徽等几个劳动力输出大省的民工短缺情况展开了重点调查。调查结果显示：珠江三角洲是缺工最为严重的地区，闽东南、浙东南等用工较多的城市也存在不同程度的招工难问题。从行业领域看，缺工严重的主要是从事"三来一补"的劳动密集型企业，如制鞋、玩具制造、电子装配、纺织服装加工、塑料制品加工等行业，其中部分台资企业和中小型私营企业缺工更为严重。从调查的企业情况看，民工短缺与工资待遇有直接关系，月平均工资在700元（含加班费）以下的企业普遍招工较难；月平均工资为700~1000元的企业招技工较难，但用工基本可以保证；月平均工资为1000元以上的企业招工没有问题。这就是说，"民工荒"现象主要是市场调节的结果，而不是政策性因素造成的。从短缺对象看，企业需求量大且严重短缺的主要是18~25岁的年轻女工和有一定技能的熟练工。调查发现，一些企业为了自身生存开始到其他企业或周边地区"挖工"，从而使缺工问题由个别企业扩散开来，造成局部地区缺工矛盾激化。①

2004年的"民工荒"主要是由于外出务工农民供给跟不上劳动力需求快速增长导致的，同时，也与农民工的权利意识增强、选择性增大有关。在2004年的"民工荒"中外出务工农民的绝对量和增量都是增加的，从总体上来看并没有减少。"民工荒"预示着中国经济发展正趋于面临劳动力资源瓶颈的问题。

由于2008年全球金融危机的影响，沿海地区企业普遍裁员，大量的外出农民工被迫失业，"民工荒"演化为"民工慌"。② 来自广州、深圳、东莞、佛山等珠三角城市劳动力市场的信息显示，这个接纳全国近1/3农民工的地区，劳动力市场求人倍率为1：1.14~1：1.51，即每个求职的人有1个以上岗位虚位以待；在温州，2009年8月，用工缺口占比已超过了73%，两个月就上升了21%。③ 2010年2月，人力资源和社会保障部发布的"企业春季用工需求调查"和"农村外出务工人员就业情况调查"结果显示：春节后企业用工需求比2009年正常用工量净增15%，在被调查企业中有70%的企业预期招工"有困难"或"有一定困难"，与往年相比上升了5%。就农民工供给情况来看，

---

① 劳动和社会保障部课题组：《关于民工短缺的调查报告》，《劳动保障通讯》2004年第11期。
② "民工慌"是指由于经济危机导致企业不振，农民工被裁减而恐慌的现象。
③ 徐有龙等：《"民工荒"，"荒"的是什么?》，《观察与思考》2010年第4期。

明确表示继续外出务工的人数较往年略有下降，有 62% 的返乡务工人员明确
表示春节后要继续外出务工，与 2008 年同期调查相比降低了 6%；有 8% 的
返乡务工人员表示不再外出务工。同时，中西部地区比东部地区的用工需求
更显旺盛，比 2008 年同期调查高出了 16%，准备外出务工人员中打算去中
西部的比往年增长了 7%。企业招工岗位中近 1/3 都要求具备一定的职业资
格。其中，要求具备初级工水平的岗位占 25%，要求达到中级工及以上水平
的占 7%。企业招工要求初中文化程度的占 49%，要求高中及以上文化程度
的占 25%。①

　　造成"民工荒"的一个重要原因就是中国劳动年龄人口增速减缓，农村
劳动力从无限剩余转向有限供给。劳动力供给的基础是劳动年龄人口，而劳动
年龄人口的增减与生育政策以及生育率密切相关。进入 21 世纪以来，劳动年
龄人口的增长率已开始迅速减缓，每年平均只有 1% 左右。② 国家统计局公布
的数据显示，2012 年 15~59 岁劳动年龄人口在相当长时期里第一次出现了绝
对下降，比 2011 年减少 345 万人。③ 同时，城市经济增长所需要的劳动力供给
几乎有一半来自农村。由于农村劳动年龄人口的增长也在减缓，农村劳动力已
从无限剩余转向了有限供给。

二、刘易斯转折点的到来

　　1954 年，发展经济学的代表人物、诺贝尔经济学奖获得者阿瑟·刘易斯
（W. Arthur Lewis）发表了题为《劳动无限供给条件下的经济发展》的论文，
阿瑟·刘易斯利用劳动力市场的二元性，解释了发展中国家的经济发展及其过

---

　　① 夏宜：《人社部发布企业用工需求和农村外出务工人员就业调查结果》，《劳动保障世界》2010
年第 4 期。

　　② 蔡昉：《"民工荒"现象：成因及政策涵义分析》，《开放导报》2010 年第 2 期。

　　③ 中华人民共和国国家统计局：《中华人民共和国 2012 年国民经济和社会发展统计公报》，《人
民日报》2013 年 2 月 23 日。

程。这种二元性主要表现为劳动生产率在传统部门和现代部门①之间的不对称性，即现代部门劳动的边际生产率高，能够产生经济剩余，而传统部门存在着相对于资本和土地来说严重过剩的劳动力，因而劳动的边际生产率低，甚至是零或负数，从中转移出部分劳动力不仅不会减少总产量反而会提高人均产出水平。现代部门通过把剩余再投资形成资本，使其不断扩张。随着现代部门的扩张，在工资水平没有实质性增长的情况下，传统部门的剩余劳动力逐渐转移到现代部门就业，形成一个二元经济发展过程。这一扩张过程将一直持续到现代部门把传统部门中的剩余劳动力吸收殆尽，直至出现一个城乡一体化的劳动力市场为止，这时传统部门与现代部门之间劳动生产率差异消失，二元经济增长被合成为一体化的和均衡的现代经济增长。此时，劳动力市场上的工资便是按新古典学派的方法确定的均衡工资。

2004 年以来，随着"民工荒"现象的蔓延，中国经济发展的"刘易斯转折点"问题引起了学术界的广泛关注和热烈讨论。2007 年前后，蔡昉提出"随着人口转变新阶段的到来，中国经济迎来其发展的刘易斯转折点，即劳动力无限供给的特征逐渐消失"。② 不少学者对此持肯定的态度，认为"民工荒"从局部到全国的全面蔓延、农民工工资上涨、农业边际劳动生产率变化等，都预示着中国进入了刘易斯转折点。但也有一些学者对此持否定态度，认为中国作为一个人口众多、劳动力资源充沛的大国，特别是农村仍然存在大量剩余劳动力，在目前收入阶段上谈所谓的刘易斯转折点为时尚早。③ 但是，从刘易斯转折点变化的两个重要标志——农业剩余劳动力数量大幅度下降和农业工资率

---

① 阿瑟·刘易斯使用的划分是"维持生计的部门"（主要指传统农业）和"资本主义部门"（主要指现代工业）。但是，他也指出，前者并不仅限于农业经济，也包括其他具有分享收入特征的传统部门，而后者的核心不在于经济制度本身，而在于工资决定的依据是劳动力的边际生产力。

② 蔡昉：《中国经济面临的转折及其对发展和改革的挑战》，《中国社会科学》2007 年第 3 期。

③ 郭金兴、王庆芳：《中国经济刘易斯转折的悖论、争议与共识》，《政治经济学评论》2013 年第 3 期。

大幅度上升来看，中国已进入了刘易斯转折点。①

三、农民工工资增长

改革开放以后，农村剩余劳动力开始逐渐向城市转移，到 2016 年农民工总量达到 28171 万人。② 随着"民工荒"和刘易斯转折点的出现，农民工的工资呈现了快速上涨的趋势，但与城镇职工工资相比仍然较低，而且一些合法权益也难以得到保障。

相关统计年鉴并没有系统记录历年农民工的工资情况，尤其是改革开放初期的数据资料更加缺乏，现有的关于农民工的工资资料多为特定年份的工资调查数据，缺少对农民工工资长期走势的跟踪。卢锋（2012）通过对国家统计局农村调查系统抽样调查提供的全国范围的农民工工资数据、其他部门和机构提供的全国范围的农民工工资数据、特定专题研究项目提供的局部范围的农民工工资数据、各类研究人员提供的个体农民工工资访谈数据，对其进行搜集、梳理和甄别，并对 1979~2010 年的农民工工资水平进行了估算。③ 2008 年以后，国家统计局发布的农民工监测调查报告开始提供农民工工资数据，并收入《中国住户调查年鉴》。本书采用卢锋（2012）和由国家统计局发布的历年农民工监测调查报告所提供的农民工工资数据，1979~2016 年农民工名义平均工资与城镇单位就业人员平均工资如表 6-8 所示。

对比城镇单位就业人员平均工资，以 1995 年为分界线，可以把农民工工资走势大体分为两个阶段：1979~1995 年，农民工名义平均工资高于城镇单位就业人员平均工资；1996~2016 年，农民工名义平均工资低于城镇单位就业人员平均工资。从农民工名义工资增速来看，大体可以分为"两慢两快"四个阶

---

① 王德文：《中国刘易斯转折点：标志与含义》，《人口研究》2009 年第 2 期。
② 国家统计局住户调查室：《中国住户调查年鉴（2019）》，中国统计出版社 2019 年版。
③ 卢锋：《中国农民工工资走势：1979—2010》，《中国社会科学》2012 年第 7 期。

表 6-8 1979~2016 年的农民工名义平均工资与城镇单位就业人员平均工资

年份	农民工名义平均工资（元/月）	城镇单位就业人员平均工资（元/月）	农民工名义平均工资增速（%）	年份	农民工名义平均工资（元/月）	城镇单位就业人员平均工资（元/月）	农民工名义平均工资增速（%）
1979	90.0	55.7	100.0	1998	609.1	620.5	56.2
1980	85.0	63.5	−5.6	1999	488.9	693.3	−19.7
1981	80.0	64.3	−5.9	2000	517.8	777.8	5.9
1982	92.0	66.5	15.0	2001	574.6	902.8	11.0
1983	75.0	68.8	−18.5	2002	628.8	1031.1	9.4
1984	240.0	81.2	220.0	2003	806.0	1164.1	28.2
1985	116.7	95.7	−51.4	2004	822.0	1326.7	2.0
1986	120.6	110.8	3.3	2005	960.8	1516.7	16.9
1987	151.3	121.6	25.5	2006	1014.4	1738.0	5.6
1988	221.8	145.6	46.6	2007	1145.3	2060.1	12.9
1989	182.9	161.3	−17.5	2008	1180.5	2408.2	3.1
1990	190.0	178.3	3.9	2009	1421.7	2687.0	20.4
1991	252.8	195.0	33.1	2010	1690.0	3044.9	18.9
1992	341.2	225.9	35.0	2011	2049.0	3483.3	21.2
1993	324.0	280.9	−5.0	2012	2290.0	3897.4	11.8
1994	394.4	378.2	21.7	2013	2609.0	4290.3	13.9
1995	483.5	445.7	22.6	2014	2864.0	4696.7	9.8
1996	449.8	498.3	−7.0	2015	3072.0	5169.1	7.3
1997	390.0	537.0	−13.3	2016	3275.0	5630.8	6.6

资料来源：根据《中国农民工工资走势：1979—2010》和《中国住户调查年鉴（2019）》公布的相关数据整理得到。

段：一是 20 世纪 80 年代增速较慢，从 1979 年的 90.0 元上升到 1990 年的 190.0 元，约增长了 1.1 倍，而城镇单位就业人员平均工资从 1979 年的 55.7 元增加到 1990 年的 178.3 元，约增长了 2.2 倍；二是 20 世纪 90 年代前期增长较快，从 20 世纪 90 年代初的 200 元左右增长到 20 世纪 90 年代中期的接近 500 元；三是 20 世纪 90 年代后期到 21 世纪初增速较慢；四是 2002 年以来增长较快，其中，2003 年农民工名义平均工资增速高达 28.2%，2009~2011 年农民工名义平均工资增速在 20%左右。

改革开放初期，农民工名义平均工资大幅高于城镇单位就业人员平均工资，主要有以下两方面原因：一是农民工以个体劳动者的身份自由进入劳动力市场，其工资水平更接近市场化的工资水平；二是当时城镇单位就业人员平均工资制度刚从计划经济时期的等级工资制开始改革，虽然工资有所上涨，但仍然维持在较低水平，与此同时，企业提供了工资以外大量福利，如住房、医疗、养老等，这些并未体现在城镇单位就业人员平均工资当中。进入 21 世纪，随着两次"民工荒"的出现，农村剩余劳动力无限供给的形式也发生逆转，劳动力供给开始小于需求，农民工名义平均工资呈现了快速上涨，这些都表明农民工的工资更接近市场化的工资水平。

第七章　结论和启示

第一节　中国工资制度改革的经验与成绩

一、工资制度改革具有明显的渐进式和"双轨"特征

经济体制改革是资源配置方式的改革，劳动力资源是要素资源的重要组成部分，工资作为劳动力的价格，在资源配置中起到关键作用，所以工资制度改革必然遵循经济体制改革的步骤与逻辑，具有明显的渐进式和"双轨"特征。

改革开放以前，国家实行高度集中的计划经济体制，国家以指令性计划替代市场机制对社会资源在全国范围内进行集中配置，工资由国家制定，用人单位没有包括工资决定权在内的各项用工自主权，国有部门在工资决定上实行的是"计划轨"。改革开放以后，"三资"企业、私营企业等非国有部门逐渐发展壮大，这些企业在建立之初就实行市场化的工资水平，在工资决定上实行的

是"市场轨"。在由计划经济向市场经济转轨的过程中，国有部门工资和非国有部门工资双轨并行，相互影响。国有企业工资制度改革逐渐引入市场化的因素，逐步与非国有部门的市场化的工资接轨；同时，国有部门的每一次工资制度改革和工资调整也会带动整体市场工资水平的提升，进而影响非国有部门的工资水平。

随着国有企业放权让利和建立现代企业制度的改革，工资制度也进行了改革，企业的工资决定权限逐步扩大，逐渐与市场接轨。1978年开始恢复并改进计件和奖励工资制度，企业开始获得了一定的奖金分配自主权限。1985年进行"工效挂钩"的工资制度改革以后，企业的自主权限进一步扩大，企业可以自主选择不同形式的工资分配制度，国家只在工资总额上进行控制。进入20世纪90年代，国家又将工资总额控制调整为实行弹性劳动工资计划，并通过建立健全工资指导线、劳动力市场工资指导价位制度、工资控制线、最低工资制度、工资集体协商制度等工资收入的宏观指导体系，政府逐渐从工资决定的主体转变为工资收入分配的指导者和监管者，企业的自主权不断扩大。随着市场经济体制改革的深化，国有企业逐渐成为自主经营、自负盈亏、自担风险、自我约束、自我发展的独立市场主体，公平地参与到市场竞争中，国有企业工资制度实现了与市场的并轨。

在国有企业工资制度改革的同时，行政机关和事业单位也进行了工资制度改革，但工资制度缺乏激励机制和与市场化工资水平或物价水平挂钩的科学调整机制。直到2006年，事业单位开始进行绩效工资制度改革，事业单位在绩效奖金方面有了决定权，可以根据单位的效益和个人贡献来进行奖金分配，但基础工资部分仍然由政府制定。

二、工资制度改革要处理好公平和效率的关系

在计划经济时期，工资决定以满足职工基本生活需要为基础，工资增长与国民经济增长、劳动生产率增长不成比例，缺乏激励作用，工资长期在低水平徘徊，工资分配公平有余、效率不足。改革开放以后，在收入分配制度上开始打破以往的平均主义倾向，强调效率优先、多劳多得，合理拉开差距，公平与效率的关系逐步调整（见表7-1）。随着社会主义市场经济体制的建立，在效率优先理念的带动下和所有制的多元化发展，不同地区、不同行业、不同所有制之间的收入差距逐渐扩大，在工资分配上效率有余、公平不足。党的十六大报告中提出"初次分配注重效率"和"再分配注重公平"。党的十七大报告中更加强调了在收入分配中注重公平，收入分配原则进一步调整为："初次分配和再分配都要处理好效率和公平的关系，再分配更加注重公平。"至此，个人收入分配理念实现了由社会主义市场经济体制建立之初的效率优先、兼顾公平逐步向完善社会主义市场经济体制时期的效率与公平并重，更强调公平转变。

表7-1　公平与效率关系的变化

时间	会议	文件	内容
1993年11月	党的十四届三中全会	《中共中央关于建立社会主义市场经济体制若干问题的决定》	个人收入分配要坚持以按劳分配为主体、多种分配方式并存的制度，体现效率优先、兼顾公平的原则。劳动者个人劳动报酬要引入竞争机制，打破平均主义，实行多劳多得，合理拉开差距。坚持鼓励一部分地区一部分人通过诚实劳动和合法经营先富起来的政策，提倡先富带动和帮助后富，逐步实现共同富裕
2002年11月	党的十六大	《全面建设小康社会，开创中国特色社会主义事业新局面》	初次分配注重效率，发挥市场的作用，鼓励一部分人通过诚实劳动、合法经营先富起来。再分配注重公平，加强政府对收入分配的调节职能，调节差距过大的收入。规范分配秩序，合理调节少数垄断性行业的过高收入，取缔非法收入。以共同富裕为目标，扩大中等收入者比重，提高低收入者收入水平
2007年10月	党的十七大	《高举中国特色社会主义伟大旗帜　为夺取全面建设小康社会新胜利而奋斗》	初次分配和再分配都要处理好效率和公平的关系，再分配更加注重公平。逐步提高居民收入在国民收入分配中的比重，提高劳动报酬在初次分配中的比重

三、工资增长要处理好企业效益和经济增长的关系

计划经济时期，工资增长与企业效益和经济增长没有直接关系，在企业效益和经济增长的同时，职工生活并没有得到明显改善。改革开放以后，企业在资金分配上的自主权逐步扩大，开始试行奖励制度和计件工资制度，并对计划经济时期的低工资进行了补偿性的调整。1992 年 7 月，国务院发布《全民所有制工业企业转换经营机制条例》，明确了企业享有工资、奖金分配权在内的多项权利，政府对企业的工资决定更多地由直接控制转为间接调控。1992 年颁布了《劳动部关于从一九九三年起普遍实行动态调控的劳动工资计划的通知》（劳计字〔1992〕82 号），规定从 1993 年起，劳动部对各地不再下达指令性的职工人数、工资总额和技工学校招生等计划指标，普遍实行动态调控的弹性工资计划。弹性劳动工资计划的核定原则坚持"两低于"原则。这实际意味着资本要素和劳动要素在参与收益分配中，资本分配优于劳动分配，在同等份额的生产投入中，资本要素要比劳动要素获得更高的产出收益，劳动者获得的工资收入则明显低于其价值创造与价值贡献。"两低于"原则在促进中国国有企业从小到大从弱到强方面发挥了历史性作用。但是，长期实行"两低于"原则，劳动者实际获得的工资收入长期低于其价值创造与价值贡献，与企业经济效益和经济增长不成比例，这是造成劳动者工资收入水平长期持续偏低的一个重要原因。

随着中国经济发展，劳动者收入偏低、内需不足的矛盾凸显出来。为此，2012 年，党的十八大明确提出"两同步"原则，"努力实现居民收入增长和经济发展同步、劳动报酬增长和劳动生产率提高同步"。"两同步"原则取代"两低于"原则后，劳动要素获得的收益有较大提高，工资增长与经济增长趋于同步，从根本上解决劳动者收入偏低问题，通过提高收入，扩大内需，形成

经济发展与工资增长的良性循环。①

四、工资制度改革离不开劳动力市场的发展与完善

1992 年，党的十四大明确提出我国经济体制改革的目标是建立社会主义市场经济体制，强调要发挥市场在资源配置中的基础性作用。1993 年党的十四届三中全会通过的《中共中央关于建立社会主义市场经济体制若干问题的决定》提出要形成统一、开放、竞争有序的大市场。此后，劳动力市场不断发展完善。为工资制度改革提供了条件。

（一）多元化的市场用人主体形成

在计划经济时期，中国的用人主体以全民所有制和集体所有制单位为主。劳动者就业主要依靠国营经济和集体经济单位，就业渠道单一。随着市场化改革的不断深入，各类非公有制经济组织快速发展，所有制多元化的市场用人主体逐步形成。1992~2016 年，在城镇单位就业人员中，国有单位就业人员从1992 年的 10889 万人下降到 2016 年的 6170 万人，占城镇单位就业人员总数的比例从 1992 年的 73.6% 下降到 2016 年的 34.5%；其他单位就业人员从 1992年的 281.8 万人上升到 2016 年的 11264.9 万人，占城镇单位就业人员总数的比例从 1992 年的 0.2% 大幅提升到 2016 年的 62.97%。而城镇私营和个体就业人员在 2016 年已经达到 20710.4 万人，② 其规模已经超过城镇单位就业人员的总和。

（二）劳动力自由流动的社会环境逐步完善

劳动者自主择业和自由流动是人力资源市场化配置的前提条件。在传统的计划经济时期，用人单位以"固定工"制度为主，实行统一的计划分配就业

---

① 谭中和：《中国薪酬发展报告（2017）》，社会科学文献出版社 2018 年版。
② 国家统计局：《中国统计年鉴（2017）》，中国统计出版社 2017 年版。

政策，劳动者自主择业和自由流动受到很大限制。社会主义市场经济体制建立以后，为了推进人力资源的市场化配置，政府逐步放宽和消除户籍制度对劳动者跨地区流动的限制。

五、工资制度由注重资历向注重能力再向注重结果转变，激励作用明显加强

计划经济时期实行的是以"低工资"为特征的等级工资制度，虽然它满足了国家优先发展重工业的发展战略，但是过于平均化的工资水平缺乏对员工的激励作用。等级工资制要求根据职工的能力和技术水平等进行工资等级评定，但在计划经济体制下，在实际操作过程中，往往更多地表现出了年功序列工资制度①的特点，职工工资升级往往是按照工龄长短来进行，更加注重职工的资历而不是能力，企业工资分配存在着较严重的平均主义倾向。改革开放以后，国有企业开始实行"工效挂钩"，工资制度也出现多样化，企业拥有一定的工资分配自主权，浮动工资和奖金比重加大，企业工资制度出现了由注重资历向注重能力转变的倾向。

20世纪90年代初，岗位技能工资制开始在国有企业推广和普及，新的工资制度更强调个人的知识水平、技术水平和能力。岗位技能工资制设计的初衷是通过以技术水平为工资确定标准的管理方式，激发职工努力提高个人的技能水平，从而达到提高企业生产效率的目的，但是技能水平的提高并不能完全转化为最终的劳动成果。岗位技能工资制在鼓励职工学习技术、提高技能水平方面起到了积极的作用，实现了企业工资制度由注重资历向注重能力的转变。

---

① 年功序列工资制是日本企业按职工年龄、企业工龄、学历等条件，逐年给职工增加工资的一种工资制度，其特点是工资与劳动质量和数量没有直接关系，而是随着企业工龄的增长而增长。

以能力为基础的工资制度并不能完全体现"按劳分配"原则，2000 年以后企业开始推行岗位绩效工资制。岗位绩效工资中岗位工资由市场决定，绩效工资由个人劳动成果决定，岗位绩效工资制与以往工资制度最大的区别在于绩效工资的比重大幅上升，切实体现了按劳分配原则。工资制度也从注重能力向注重结果转变，激励作用明显增强。

六、人口红利日渐式微，产业升级转型迫在眉睫

人口红利是指一个国家的劳动年龄人口占总人口比重较大，抚养率比较低，为经济发展创造了有利的人口条件，整个国家的经济呈高储蓄、高投资、高增长的"三高"局面。人口红利的存在与否会影响到劳动者工资，人口红利拐点的出现会抬高工资，中国出现的"经济增长奇迹"，人口红利被认为是重要源泉。[①]

随着人口转变进入新的阶段，中国已经跨过最大化收获人口红利的时期，经济增长不再主要依靠传统意义上的人口红利。中国经济增长的引擎既不再是就业的增长，也不可能是资本劳动比（每位从业人员对应的固定资产净值）的提高，而是越来越依赖于全要素生产率的贡献份额。提高全要素生产率可以有诸多途径，其中，加快技术进步和自主创新、推进产业结构的优化升级是重要途径。我们应该逐步放弃依靠廉价劳动力的低技术含量的产业，而转向附加值更高的高科技产业，把传统制造业改造为先进制造业，提高核心竞争力。

---

① 蒋伏心、谈巧巧：《民工荒、刘易斯拐点和人口红利拐点——基于经济学角度的再认识》，《江苏社会科学》2014 年第 2 期。

第二节 历史启示：中国工资制度改革的策略选择

一、建立以市场化为改革方向的工资决定机制

改革开放以来，工资决定机制逐渐由计划经济时期的政府主导型向市场决定型转变，市场化因素逐步增加。我们要不断深化工资制度改革，建立健全劳动力市场，提升工资收入分配的市场化水平，建立反映劳动力市场供求关系变化的市场化的工资决定机制，透过劳动力市场价格信号，实现劳动力由低工资部门向高工资部门流动、由低工资行业向高工资行业流动、由低工资区域向高工资区域流动，缓解工资收入分配差距。

二、坚持市场化改革方向与加强政府宏观调控相结合

在坚持市场化改革的同时，也必须加强政府的宏观调控，以弥补市场失灵和市场不足的缺陷。主要措施有：

（1）加强工资指导线制度建设。优化工资指导线决定机制，为推动工资指导线制度、缩小工资收入分配差距提供制度保障。建立工资指导线全国协调机制，合理收窄不同区域工资增长基准水平差距，调节不同区域工资收入分配差距。探索不同所有制企业工资指导线确定机制，建立工资指导线行业协调机制，合理调节不同行业工资收入分配差距，收窄不同行业工资增长基准水平差距。探索不同所有制企业工资指导线确定机制，为相同行业不同所有制企业合理调整工资增长提供指导，调节不同所有制企业工资收入分配差距。

（2）加强劳动力市场工资指导价位制度建设。进一步深化、细化劳动力市场工资指导价位，推出基于行业、所有制、规模等的指导价位，提升劳动力市场工资指导价位对于劳动力跨行业、跨所有制、跨企业规模流动的引导作用，调节行业、所有制、不同规模企业工资收入分配差距。进一步优化基础信息统计调查流程，及时做好劳动力市场工资指导价位的制定和发布工作，提高时效性；进一步加大宣传力度、优化基础信息的审核工作，推动企业提供工资数据的真实性和准确性；进一步深挖劳动力市场工资指导价位统计数据，扩充工资指导价位内容序列，将不同职业的企业报价、求职者报价、市场均衡价、市场最低价、市场最高价等纳入统计调研和披露序列，最大限度地发挥工资指导价位服务企业招聘、服务劳动者选择职业的信号作用，切实推动不同职业劳动力的正常流动，合理配置劳动力资源，调节不同职业劳动力的工资收入分配差距。

（3）加强企业人工成本预测预警制度建设。优化调查方法，加大对企业的宣传力度，及时披露人工成本预测预警信息，提升人工成本数据的代表性、真实性和及时性，为行业企业开展人工成本管理、调节人工成本提供参考，逐步缩小工资分配的区域差距、行业差距、企业差距。

（4）加强最低工资保障制度建设。完善最低工资保障制度，引导各地区合理有序地调节最低工资标准，稳步提升低收入群体的工资水平，切实保障低工资收入群体的基本生活与合法权益。加强地区之间最低工资标准调整的相互协调，通过最低工资推动经济单位向低收入地区合理流动，提升低收入地区整体收入水平，调节地区之间工资收入差距。[①]

三、建立长效工资增长机制

在"两同步"原则取代"两低于"原则后，企业职工工资能够随着企业

---

① 谭中和：《中国薪酬发展报告（2017）》，社会科学文献出版社 2018 年版。

经济效益提高和经济增长保持同步增长，但是，公务员和事业单位的工资调整都是非周期性的，缺乏与市场工资水平或物价水平挂钩的长效增长机制。我们应该建立起综合考虑市场平均工资、经济发展水平、政府财政状况和物价水平等因素的长效工资增长机制，定期调整工资水平。

四、完善公务员工资制度改革

为了能够有效解决中国公务员工资制度存在的种种问题，政府需要具备战略眼光，注重"顶层设计"，踏实有效地实施中国公务员工资改革的措施。

（1）调整工资结构，降低津补贴所占比例，缩小地区、部门间工资差距。可以参照国外的经验，对公务员基本工资、津补贴在工资结构中占的比例加以规制。其中，基本工资应占主体，制定出台津补贴相关制度文件，进一步规范并取消一些不合理的地方津补贴，缩小地区、部门间工资差距。同时，针对目前社会舆论诟病最多的公务员工资以外的福利问题，将能够纳入工资范围内的福利待遇货币工资化，无法纳入工资范围的福利待遇要公开、透明，接受社会监督。只有这样公务员工资改革才能得到社会支持。

（2）建立起科学的绩效考核机制，将奖金和公务员的工作绩效挂钩，切实起到激励作用。公务员工作多数属于行政事务性工作，而且许多协作性任务难以分解，这使绩效目标的制定和评价成为难度最大的两个环节。我们可以采取部门绩效加个人绩效相结合的办法，根据年初各部门制定的工作目标和任务，按年底完成情况首先对部门进行奖励。然后，各部门再根据部门内每个公务员的工作实绩，采用评价结果强制分布的办法，规定出每一绩效等次的比例，以使绩效评价结果保持合理的区分度。

（3）加快公务员分类改革，拓展晋升空间，提高基层公务员待遇。缓解职位设置的压力、稳定公务员队伍，政府部门应加快公务员分类改革，为专业技术类、执法类公务员提供一种不同于综合类公务员的工资报酬方式，使技术等级的工资水平与行政序列保持平行。在这种双阶梯生涯通道下，鼓励他们最大限度发挥自己的特长，使各个专业技术岗位上和行政执法岗位上的公务员有更多的发展机会，从而激发他们的工作积极性。既促进他们充分发挥自己的专业特长，又实现了分配公平。在拓展晋升空间的同时，还要结合工资调查比较制度，提高基层公务员的职务工资和级别工资标准。

（4）建立公务员和企业相当人员工资调查比较制度和科学合理的工资增长机制。根据《中华人民共和国公务员法》的要求，我们应尽快落实工资调查比较机制，通过对处于同一职位等级上的政府公务员工资与企业员工工资水平进行比较，政府就可以合理确定公务员的工资水平调整方向以及调整幅度。公务员工资增长要根据国民经济发展、财政状况和物价水平等因素，确定调整公务员基本工资标准的幅度。利用调查收集到的工资数据，客观分析公务员和企业相当人员工资收入构成，将公务员的工资与其他相当人员进行比较，衡量收入的风险、支出的成本、社会的地位，以及整个人生的收益。遵循"同地区、同职位、同学历、同工作年限"的"四同原则"，建立公务员与企业相当人员的收入对应关系，实现公务员工资的外部公平和内部公平。要把公务员工资制度作为收入分配制度整体改革的组成部分来统筹考虑，需要多方面配套改革，包括对党政机构改革、加快转变政府职能、科学定编定员、改革养老保险制度等。①

---

① 于东阳、苏少之：《中国公务员工资制度和水平的演变探析——基于1992—2012年的改革实践》，《中国人力资源开发》2014年第22期。

参考文献

［1］《1997 年度劳动事业发展统计公报》，《中国劳动》1998 年第 7 期。

［2］《邓小平文选》（第二卷），人民出版社 1994 年版。

［3］《关于深化国有企业内部人事、劳动、分配制度改革的意见》，《中华人民共和国国务院公报》2002 年第 7 期。

［4］《机关工作人员工资制度改革方案》，《中华人民共和国国务院公报》1993 年第 27 期。

［5］《机关事业单位工资制度改革现状与发展——人事部机关、事业单位工资改革专题调研报告》，《中国人才》1998 年第 3 期。

［6］《进一步深化企业内部分配制度改革的指导意见》，《劳动世界》2001 年第 4 期。

［7］《事业单位工作人员工资制度改革方案》，《中华人民共和国国务院公报》1993 年第 27 期。

［8］《中共中央关于建立社会主义市场经济体制若干问题的决定（中国共产党第十四届中央委员会第三次全体会议 1993 年 11 月 14 日通过）》，《人民日报》1993 年 11 月 17 日。

［9］《中共中央关于完善社会主义市场经济体制若干问题的决定》，《人民日报》2003 年 10 月 22 日。

［10］《中共中央关于制定国民经济和社会发展十年规划和"八五"计划的建议》，《中华人民共和国国务院公报》1991 年 3 月 27 日第 2 版。

［11］《中华全国总工会关于积极开展行业性工资集体协商工作的指导意见》，《中国工运》2009 年第 8 期。

［12］中华人民共和国劳动和社会保障部：《中国劳动和社会保障年鉴（2006）》，中国劳动社会保障出版社 2007 年版。

［13］Joseph E. Stiglitz, The Causes and Consequences of the Dependence of Quality on Price, *Journal of Economic Literature*, 1987, Vol. 25, No. 1.

［14］蔡昉、都阳、王美艳：《中国劳动力市场转型与发育》，商务印书馆 2005 年版。

［15］蔡昉：《"民工荒"现象：成因及政策涵义分析》，《开放导报》2010 年第 2 期。

［16］蔡昉：《中国经济面临的转折及其对发展和改革的挑战》，《中国社会科学》2007 年第 3 期。

［17］蔡昉：《中国劳动与社会保障体制改革 30 年研究》，经济管理出版社 2008 年版。

［18］曾培炎：《新中国经济 50 年》，中国计划出版社 1999 年版。

［19］曾湘泉：《劳动经济学》，复旦大学出版社 2012 年版。

［20］陈邦全：《二轻集体企业工资制度的初步改革》，《中国劳动》1984 年第 16 期。

［21］陈湘州：《我国国企高管薪酬制度演化与改革启示》，《中国人力资源开发》2011 年第 8 期。

［22］陈晓征、刘永梅：《马克思工资理论及其建立现代企业工资决定机制的意义》，《中外企业家》2013 年第 5 期。

［23］陈瑛：《我国劳动力市场分割到一体化的演进趋势分析（1949—2010）》，《经济界》2012 年第 4 期。

［24］大卫·李嘉图：《政治经济学及赋税原理》，商务印书馆 1962 年版。

［25］董克用：《人力资源管理概论》，中国人民大学出版社 2015 年版。

［26］郭金兴、王庆芳：《中国经济刘易斯转折的悖论、争议与共识》，《政治经济学评论》2013 年第 3 期。

［27］国家发展和改革委员会就业和收入分配司、北京师范大学中国收入分配研究院：《中国居民收入分配年度报告（2016）》，社会科学文献出版社 2016 年版。

［28］国家发展和改革委员会就业和收入分配司、北京师范大学中国收入分配研究院：《中国居民收入分配年度报告（2017）》，社会科学文献出版社 2018 年版。

［29］国家统计局：《中国统计年鉴（1988）》，中国统计出版社 1988 年版。

［30］国家统计局：《中国统计年鉴（2010）》，中国统计出版社 2010 年版。

［31］国家统计局：《中国统计年鉴（1992）》，中国统计出版社 1992 年版。

［32］国家统计局：《中国统计年鉴（2017）》，中国统计出版社 2017 年版。

［33］国家统计局人口和就业统计司、人力资源和社会保障部规划财务

司：《中国劳动统计年鉴（2010）》，中国统计出版社 2010 年版。

[34] 国家统计局人口和社会科技统计司、劳动和社会保障部规划财务司：《中国劳动统计年鉴（2000）》，中国统计出版社 2000 年版。

[35] 国家统计局社会统计司、劳动部综合计划司：《中国劳动统计年鉴（1991）》，中国劳动出版社 1991 年版。

[36] 国家统计局社会统计司、劳动部综合计划司：《中国劳动统计年鉴（1995）》，中国统计出版社 1996 年版。

[37] 国家统计局住户调查室：《中国住户调查年鉴（2019）》，中国统计出版社 2019 年版。

[38] 侯碧波：《湖南株洲化工集团员工岗位绩效工资体系研究》，中南大学硕士学位论文，2004 年。

[39] 侯玲玲：《经济全球化视角下的中国企业工资形成机制研究》，华中师范大学出版社 2007 年版。

[40] 胡放之：《我国当前工资决定机制研究》，《求实》2006 年第 11 期。

[41] 胡锦涛：《高举中国特色社会主义伟大旗帜　为夺取全面建设小康社会新胜利而奋斗——在中国共产党第十七次全国代表大会上的报告》，《人民日报》2007 年 10 月 25 日。

[42] 胡锦涛：《坚定不移沿着中国特色社会主义道路前进，为全面建成小康社会而奋斗——在中国共产党第十八次全国代表大会上的报告》，《人民日报》2012 年 11 月 18 日。

[43] 黄定康、舒克勤：《中国的工资调整与改革 1949—1991》，四川人民出版社 1991 年版。

[44] 江泽民：《加快改革开放和现代化建设步伐，夺取有中国特色社会主义事业的更大胜利——在中国共产党第十四次全国代表大会上的报告》，

《人民日报》1992年10月21日。

[45] 江泽民：《全面建设小康社会，开创中国特色社会主义事业新局面——在中国共产党第十六次全国代表大会上的报告》，《人民日报》2002年11月18日。

[46] 蒋伏心、谈巧巧：《民工荒、刘易斯拐点和人口红利拐点——基于经济学角度的再认识》，《江苏社会科学》2014年第2期。

[47] 晋利珍：《劳动力市场双重二元分割与工资决定机制研究》，首都经济贸易大学博士学位论文，2008年。

[48] 康士勇：《改革开放30年我国分配改革理论与实践的演进》，《北京劳动保障职业学院学报》2009年第1期。

[49] 孔泾源：《中国居民收入分配年度报告（2004）》，经济科学出版社2005年版。

[50] 劳动和社会保障部课题组：《关于民工短缺的调查报告》，《劳动保障通讯》2004年第11期。

[51] 李稻葵、刘霖林、王红领：《GDP中劳动份额演变的U型规律》，《经济研究》2009年第1期。

[52] 李富生：《浅议实施弹性劳动工资计划》，《中国劳动科学》1993年第5期。

[53] 李善民：《国企经营者年薪制试行中的问题及其解决》，《学术研究》1998年第12期。

[54] 李文军：《我国科技人员工资水平演变与优化对策研究》，《厦门特区党校学报》2014年第4期。

[55] 令狐安、孙桢：《中国改革全书（1978—1991）——劳动工资体制改革卷》，大连出版社1992年版。

［56］刘惠利：《改革三十年我国企业收益分配制度的变迁及评析》，《财会学习》2009 年第 3 期。

［57］刘杰三：《企业工资改革实用手册》，中国城市经济社会出版社 1988 年版。

［58］刘军胜：《收入分配制度改革在艰难中行进》，《中国人力资源社会保障》2016 年第 1 期。

［59］刘晓滨、金思宇、李兆熙：《大老板该挣多少钱？——国有重要骨干企业经营者的薪酬研究》，《中国第三产业》2002 年第 4 期。

［60］刘昕：《对公务员工资制度改革的几点认识》，《光明日报》2006 年 7 月 12 日。

［61］刘昕：《薪酬管理》，中国人民大学出版社 2014 年版。

［62］刘学民：《中国薪酬发展报告（2010 年）》，中国劳动社会保障出版社 2011 年版。

［63］刘学民：《中国薪酬发展报告（2011 年）》，中国劳动社会保障出版社 2012 年版。

［64］刘学民：《中国薪酬发展报告（2012 年）》，中国劳动社会保障出版社 2013 年版。

［65］刘学民：《中国薪酬发展报告（2013—2014 年）》，中国劳动社会保障出版社 2014 年版。

［66］刘渝琳、梅斌：《行业垄断与职工工资收入研究——基于中国上市公司数据的分析》，《中国人口科学》2012 年第 1 期。

［67］卢锋：《中国农民工工资走势：1979—2010》，《中国社会科学》2012 年第 7 期。

［68］马小丽：《我国人工成本宏观管理发展历程》，《人事天地》2015 年

第 2 期。

［69］马歇尔:《经济学原理（下卷）》，商务印书馆 1994 年版。

［70］毛飞:《中国公务员工资制度改革研究》，中国社会科学出版社 2008 年版。

［71］莫荣、廖骏:《工资增长:经济发展方式转变的要求》，《中国劳动》2011 年第 7 期。

［72］宁光杰:《中国市场化进程中的工资形成机制——来自各省面板数据的证据》，《财经研究》2007 年第 2 期。

［73］欧绍华、吴日中:《中国国企高管薪酬制度改革的路径分析——基于制度变迁理论的视角》，《宏观经济研究》2012 年第 7 期。

［74］潘胜文:《垄断行业高收入的形成机理分析及改革思路》，《湖北社会科学》2009 年第 6 期。

［75］彭红碧:《农民工工资决定的圈层结构:一般性分析框架》，《经济论坛》2014 年第 4 期。

［76］彭红碧:《中国农民工工资形成机制（1985—2016 年）》，经济管理出版社 2017 年版。

［77］邱小平:《工资收入分配（第二版）》，中国劳动社会保障出版社 2004 年版。

［78］阮联耕、杨长水:《中外合资企业——上海三菱电梯有限公司的工资改革》，《上海企业》1989 年第 5 期。

［79］沈琴琴:《基于制度变迁视角的工资集体协商:构架与策略》，《中国人民大学学报》2011 年第 5 期。

［80］宋晶、孟德芳:《国有企业高管薪酬制度改革的几个问题》，《财经问题研究》2012 年第 6 期。

［81］宋晶、孟德芳：《企业工资决定：因素、机制及完善对策研究》，《财经问题研究》2013 年第 5 期。

［82］宋士云等：《中国劳动经济史（1949—2012）》，中国社会科学出版社 2021 年版。

［83］宋士云：《1992—2001 年中国居民收入的实证分析》，《中国经济史研究》2007 年第 1 期。

［84］苏树厚、任洪彦：《论工资决定的市场化》，《聊城师范学院学报（哲学社会科学版）》1997 年第 1 期。

［85］孙新玲：《完善基本工资制度的几点意见》，《山东劳动》1998 年第 10 期。

［86］谭中和：《中国薪酬发展报告（2017）》，社会科学文献出版社 2018 年版。

［87］唐伶：《国有企业工资制度改革的回顾与思考》，《特区经济》2010 年第 6 期。

［88］王德文：《中国刘易斯转折点：标志与含义》，《人口研究》2009 年第 2 期。

［89］王洪仁：《国有企业薪酬制度改革实证研究——以邯郸钢铁为例》，武汉科技大学硕士学位论文，2008 年。

［90］王霞：《劳动报酬在国民收入中的比重》，《中国统计》2009 年第 12 期。

［91］王学力：《我国行业工资关系变化趋势与政策建议》，《中国劳动》2013 年第 8 期。

［92］王询、彭树宏：《中国行业工资差距的演化与特征》，《中国人口科学》2012 年第 5 期。

［93］王亚柯、罗楚亮：《经济转轨背景下的中国劳动力市场发育》，《中国人民大学学报》2012 年第 3 期。

［94］翁天真：《企业工资管理》，劳动人事出版社 1988 年版。

［95］吴佳强、潘文轩：《提高初次分配中劳动所得比重问题研究：基于工资决定机制的分析》，《当代经济管理》2013 年第 5 期。

［96］吴木銮：《60 年来，中国公务员怎样发工资》，《南方周末》2014 年 8 月 28 日。

［97］夏宜：《人社部发布企业用工需求和农村外出务工人员就业调查结果》，《劳动保障世界》2010 年第 4 期。

［98］晓亮：《十年来劳动工资制度改革述评》，《经济体制改革》1990 年第 3 期。

［99］谢勇、王艳丽：《中国的最低工资标准：发展、构成和水平》，《开发研究》2015 年第 6 期。

［100］徐萍：《国有企业工资制度演化内在逻辑》，经济科学出版社 2012 年版。

［101］徐有龙等：《"民工荒"，"荒"的是什么?》，《观察与思考》2010 年第 4 期。

［102］徐自学、沙本业：《常州色织厂将岗位工资制改为岗位等级工资制》，《劳动》1959 年第 14 期。

［103］严忠勤：《当代中国的职工工资福利和社会保险》，中国社会科学出版社 1987 年版。

［104］杨峰挺：《南街村乡镇企业工资加供给制分配形式探索》，《乡镇企业研究》1999 年第 6 期。

［105］杨瑞龙：《工资形成机制变革下的经济结构调整——契机、路径与

政策》，中国人民大学出版社 2012 年版。

[106] 杨云善：《论私营企业分配制度的建立与完善》，《江汉论坛》2008 年第 2 期。

[107] 姚先国、黎煦：《效率工资理论的微观假定及其对报酬激励的启示》，《广东社会科学》2004 年第 5 期。

[108] 于东阳、苏少之：《中国公务员工资制度和水平的演变探析——基于 1992—2012 年的改革实践》，《中国人力资源开发》2014 年第 22 期。

[109] 于东阳：《A 集团薪酬制度再造个案分析》，《人才资源开发》2005 年第 1 期。

[110] 于东阳：《改革开放以来我国工资制度研究评述》，《中国劳动》2014 年第 12 期。

[111] 于东阳：《工资决定理论评析及其对我国工资制度改革的启示》，《商业时代》2013 年第 29 期。

[112] 袁伦渠：《中国劳动经济史》，北京经济学院出版社 1990 年版。

[113] 约翰·贝茨·克拉克：《财富的分配》，商务印书馆 1959 年版。

[114] 岳颖：《事业单位薪酬管理——内部收入分配的决定基础与模式选择》，中国劳动社会保障出版社 2009 年版。

[115] 张东升：《中国居民收入分配年度报告（2007）》，中国财政经济出版社 2008 年版。

[116] 张东升：《中国居民收入分配年度报告（2008）》，经济科学出版社 2008 年版。

[117] 张东升：《中国居民收入分配年度报告（2009）》，经济科学出版社 2009 年版。

[118] 张东升：《中国居民收入分配年度报告（2010）》，经济科学出版

社 2010 年版。

［119］张东升：《中国居民收入分配年度报告（2012）》，经济科学出版社，2013 年版。

［120］张贺全：《新形势下国有企业薪酬体制改革》，《人民论坛》2014 年第 17 期。

［121］张厚义等：《中国私营企业发展报告 No. 4》，社会科学文献出版社 2002 年版。

［122］张建红、J. Paul Elhorst、Arjen van Witteloostuijn：《中国地区工资水平差异的影响因素分析》，《经济研究》2006 年第 10 期。

［123］张杰、张建武：《中国垄断行业与竞争行业的工资差异——基于 CHIPS 数据的经验研究》，《宏观经济研究》2015 年第 4 期。

［124］张军等：《中国的工资：经济学分析》，中国人民大学出版社 2012 年版。

［125］张力：《中国公务员工资收入决定机制转换研究》，首都经济贸易大学出版社 2008 年版。

［126］赵德馨、赵凌云：《中国经济通史（第十卷下）》，湖南人民出版社 2002 年版。

［127］赵东宛、谢文雄、李树泉：《二十世纪九十年代前后我国两次工资制度改革历程回顾》，《中共党史研究》2016 年第 9 期。

［128］赵洪山：《我国学者对劳动收入份额决定因素的研究综述》，《宁夏大学学报（人文社会科学版）》2011 年第 5 期。

［129］赵兰香：《科研事业单位薪酬制度变化及其影响》，《中国科技论坛》2007 年第 3 期。

［130］赵凌云：《转轨与摩擦：1979—1991 年中国二元经济体制格局的历

史分析》,《中国经济史研究》2006年第3期。

[131] 赵文祥:《工资学》,北京燕山出版社1993年版。

[132] 郑言:《建立适应社会主义市场经济体制的机关、事业单位工资制度》,《经济研究参考》1993年第Z6期。

[133] 中国劳动人事年鉴编辑部:《中国劳动年鉴（1992—1994）》,中国劳动出版社1996年版。

[134] 中华人民共和国劳动和社会保障部:《中国劳动和社会保障年鉴（2000）》,中国劳动社会保障出版社2001年版。

[135] 中华人民共和国劳动和社会保障部:《中国劳动和社会保障年鉴（2001）》,中国劳动社会保障出版社2001年版。

[136] 中华人民共和国劳动和社会保障部:《中国劳动和社会保障年鉴（2003）》,中国劳动社会保障出版社2003年版。

[137] 中华人民共和国劳动和社会保障部:《中国劳动和社会保障年鉴（2004）》,中国劳动社会保障出版社2005年版。

[138] 中华人民共和国劳动和社会保障部:《中国劳动和社会保障年鉴（2005）》,中国劳动社会保障出版社2005年版。

[139] 中华人民共和国劳动和社会保障部:《中国劳动和社会保障年鉴（2007）》,中国劳动社会保障出版社2008年版。

[140] 中华人民共和国劳动和社会保障部:《中国劳动和社会保障年鉴（2008）》,中国劳动社会保障出版社2009年版。

[141] 周小葵:《高校实行绩效工资制度存在的问题与对策》,《财务与金融》2010年第3期。

[142] 祝晏君、王文华、苏海南等:《市场经济条件下的企业工资管理》,人民邮电出版社1995年版。